STYLISCHE SOCKEN SELBST HÄKELN

NEUE IDEEN FÜR **EINSTEIGER** UND **FORTGESCHRITTENE**

ROHN STRONG

stv

Umschlaggestaltung: DSR – Werbeagentur Rypka, A-8143 Dobl/Graz
Titelbild: Deana Travers
Bildnachweis: Deana Travers

Titel der englischen Originalausgabe: Rohn Strong: Step Into Crochet. Crocheted Sock Techniques from Basic to Beyond.

Aus dem Englischen ins Deutsche übertragen von Mag. Heidemarie Nedwid.

Bibliographische Information der Deutschen Nationalbibliothek
Die Deutsche Nationalbibliothek verzeichnet diese Publikation in der Deutschen Nationalbibliographie; detaillierte bibliographische Daten sind im Internet über
http://dnb.d-nb.de abrufbar.

Hinweis:
Dieses Buch wurde auf chlorfrei gebleichtem Papier gedruckt. Die zum Schutz vor Verschmutzung verwendete Einschweißfolie ist aus Polyethylen chlor- und schwefelfrei hergestellt. Diese umweltfreundliche Folie verhält sich grundwasserneutral, ist voll recyclingfähig und verbrennt in Müllverbrennungsanlagen völlig ungiftig.

Auf Wunsch senden wir Ihnen gerne kostenlos unser Verlagsverzeichnis zu:
Leopold Stocker Verlag GmbH
Hofgasse 5 / Postfach 438
A-8011 Graz
Tel.: +43 (0)316/82 16 36
Fax: +43 (0)316/83 56 12
E-Mail: stocker-verlag@stocker-verlag.com
www.stocker-verlag.com

ISBN 978-3-7020-1690-6

Satz: DSR – Werbeagentur Rypka, A-8143 Dobl/Graz

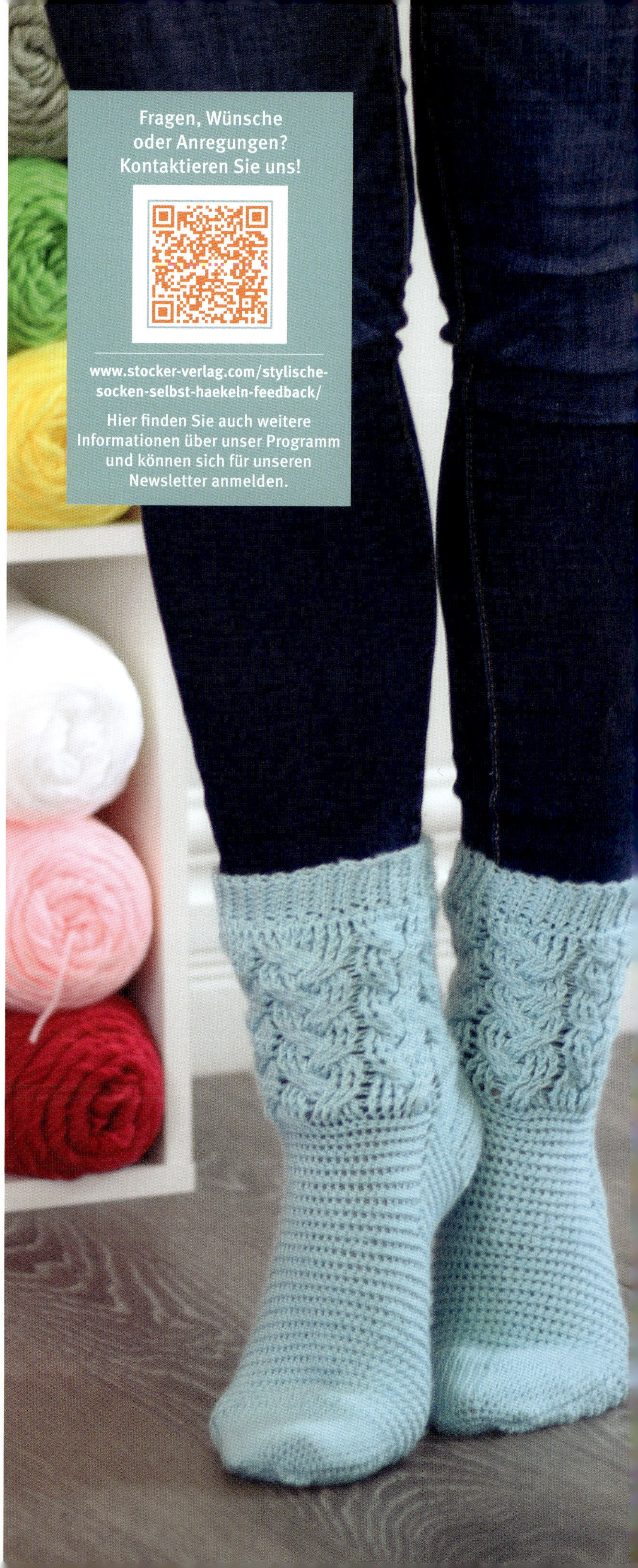

INHALT

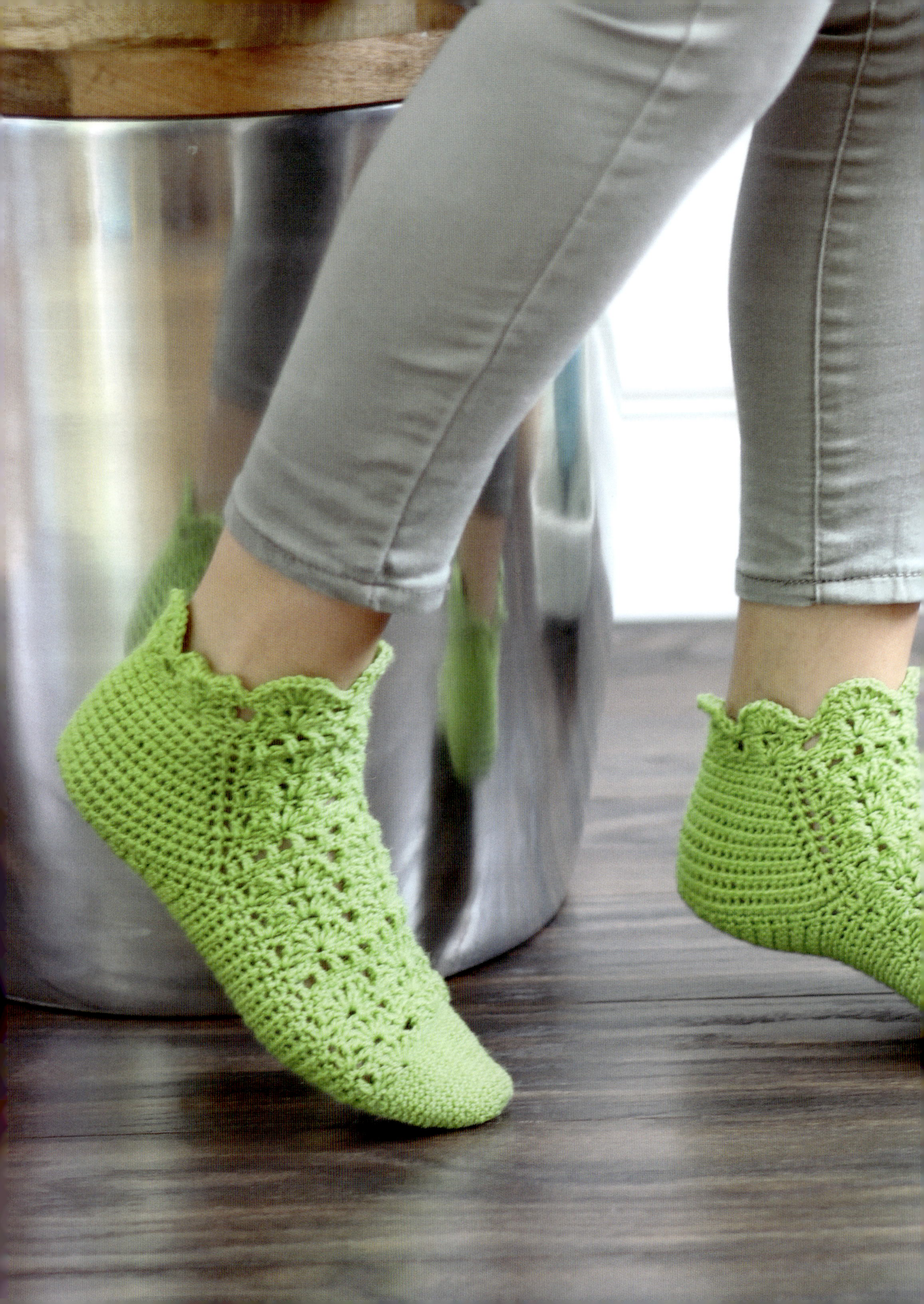

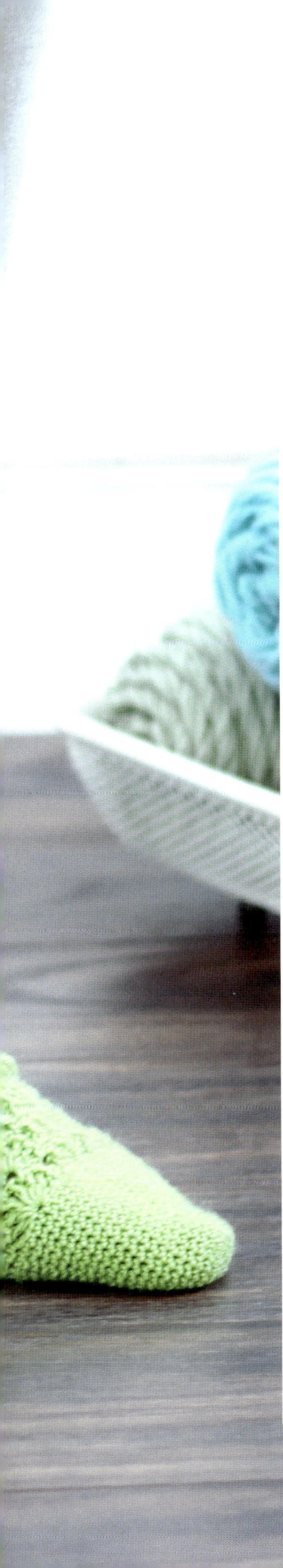

EINLEITUNG

Die Frage, ob sie jemals Socken gehäkelt haben, werden die meisten Häkelfreunde so beantworten:

1. „Ja, aber die haben nie gepasst, also habe ich es wieder aufgegeben."

Oder

2. „Nein, aber ich wollte es immer schon einmal versuchen."

Diese Antworten haben mich zu dem vorliegenden Buch inspiriert.

Manche Häkelfans haben jahrelang mit Begeisterung und Erfolg Socken gehäkelt, aber ebenso viele fanden es frustrierend – ich gehörte zu den letzteren: das erste Paar Socken, das ich fabrizierte, passte nicht.

Ich wusste nicht, warum; ich kaufte das richtige Garn, hielt mich an die Anleitung und machte sogar eine Maschenprobe. Das Problem?

Die Anleitung war nicht für Leute mit kräftigen Knöcheln gedacht, sondern für den Durchschnitt – genau das, was ich nicht war –, sodass ich das Muster an meine Maße anpassen musste. Also experimentierte ich herum, bis es funktionierte. Das Ergebnis war die erste Anleitung, die ich je veröffentlicht habe – die Dowding-Socken, die bis heute sehr beliebt sind.

Aus dieser Experimentierfreude ist „Stylische Socken selbst häkeln" entstanden. Es verrät Ihnen alles, was Sie wissen müssen, um Socken zu häkeln, die gut passen: richtiges Maßnehmen, Maschenaufbau, Garnwahl, mehrfarbige Muster, die maßgenaue Anpassung – alles wird präzise erklärt.

Das Buch enthält 18 originelle und eigenwillige Anleitungen – mit viel Liebe zum Detail, wie Zopfmuster, Spitzenmuster, mehrfarbige Muster, die aber ebenso Raum für Variationen lassen.

Ich habe auch vier einfache Anleitungen entwickelt mit den zwei empfohlenen Maschen für gut sitzende Socken, zwei Anleitungen von der Spitze beginnend (toe-up) und zwei vom Bündchen beginnend (cuff-down); diese sind ideal, um mit der Technik vertraut zu werden und die individuelle Anpassung zu lernen.

„Stylische Socken selbst häkeln" habe ich geschrieben, damit Sie individuelle Socken häkeln können, die passen und bequem sind. Dieses Buch vermittelt Ihnen die dafür nötigen Kenntnisse.

Ran an die Socken!

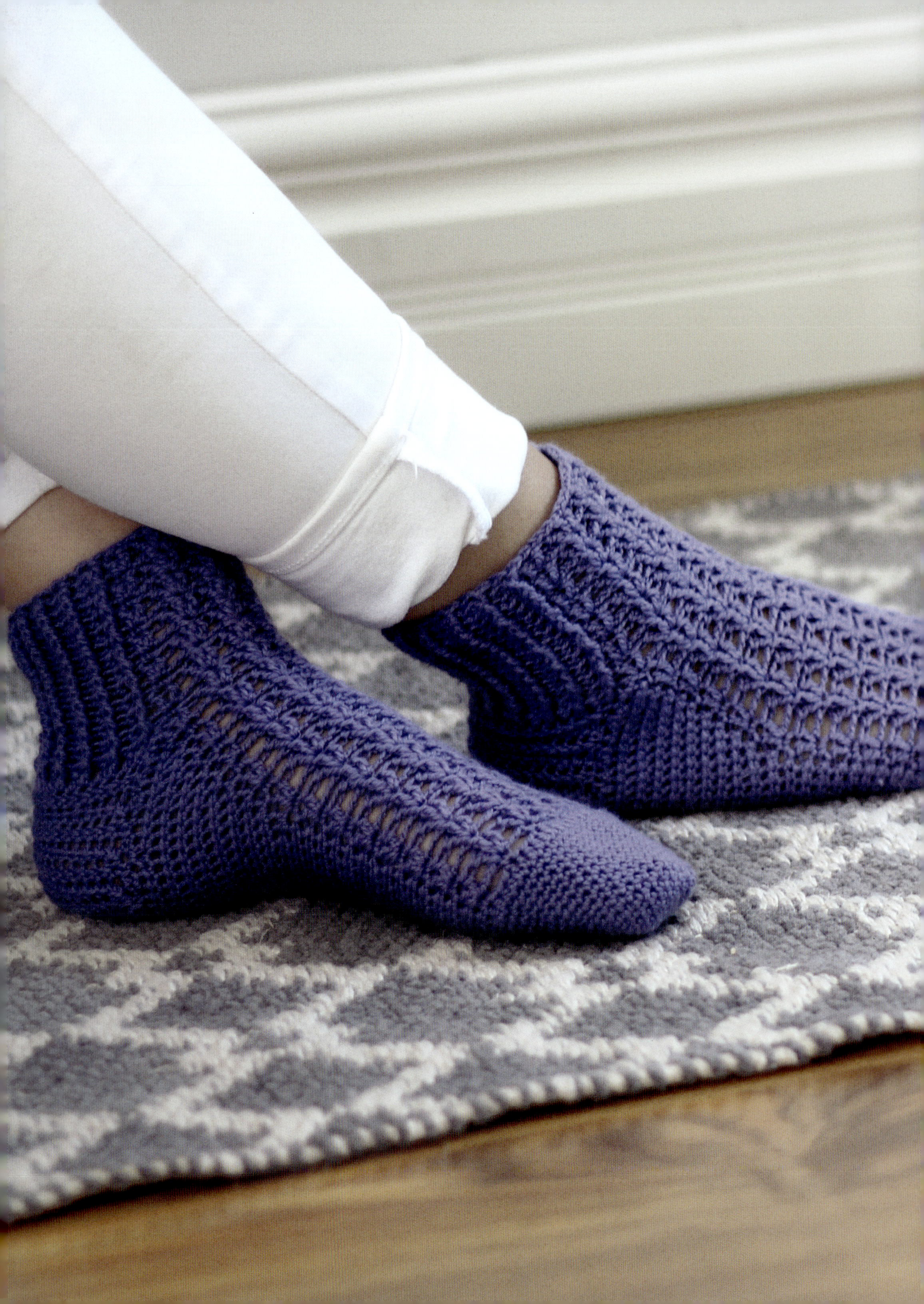

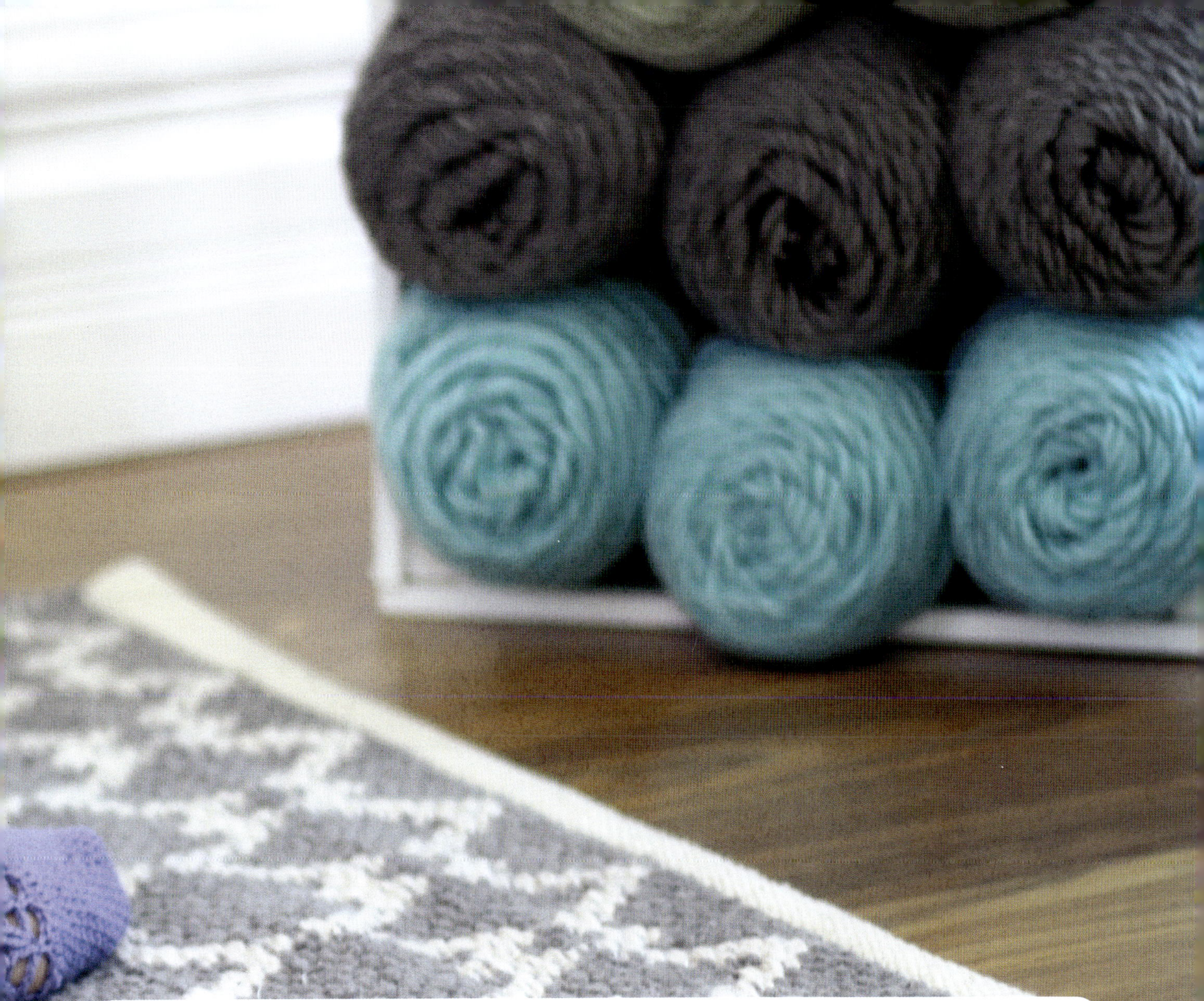

KAPITEL 1

SOCKEN HÄKELN, DIE PASSEN

Wenn man die Geheimnisse gut sitzender Socken kennt, ist es einfach, sie zu häkeln: die Maße des Fußes, die Wahl des Garns – vieles muss man beachten, um Socken zu häkeln, die dem Fuß passen, für den sie bestimmt sind.

NICHT ZU LOCKER, NICHT ZU ENG – SOCKEN, DIE WIE ANGEGOSSEN PASSEN

Jeder, der erstmals Socken häkelt, fragt: „Was muss ich tun, damit meine Socken passen?“

Die Antwort ist lang und mannigfaltig. Sie müssen die verschiedenen Teile eines Häkelsockens kennen, die vielen Abmessungen des Fußes und Sie müssen wissen, wie man eine Anleitung an den individuellen Fuß anpasst.

>>>

MASSNEHMEN FÜR DIE RICHTIGE GRÖSSE

Sie werden bemerken, dass die meisten Anleitungen zwei Endmaße angeben: den Fußumfang und den Knöchelumfang. Damit kann man zwar eine durchschnittliche Passform erreichen, keinesfalls aber eine individuelle. Manche Anleitungen verzichten sogar auf diese Endmaße und arbeiten nur mit den Standard-Größen small, medium, large und extralarge – bei diesen Anleitungen ist Vorsicht geboten, weil manche Designer unterschiedliche Vorstellungen von diesen Standard-Größen haben.

Die korrekte Sockengröße können Sie nur durch das Abmessen des Fußes ermitteln. Die Socken werden wirklich gut sitzen, wenn Sie nach spezifischen Maßen arbeiten. Socken sollten mit negativem Spielraum gemacht werden, das heißt, sie sollten etwas kleiner sein als Ihre tatsächliche Fußgröße.

Die meisten Designer verwenden vier Abmessungen zur Größenermittlung: die Umfänge von Fuß, Knöchel und Zwickel sowie die Fußlänge; weitere drei Abmessungen sind sinnvoll bei stärkeren Beinen und nicht-durchschnittlichen Füßen: der Wadenumfang, die Fersendiagonale und die Länge der Zehen.

A. **Fußumfang:** der Umfang auf der Höhe des Ballens.

B. **Knöchelumfang:** der Umfang auf der Höhe der schmalsten Stelle des Knöchels.

C. **Zwickelumfang:** der Umfang rund um das Fußgewölbe, direkt vor der Ferse.

D. **Fußlänge:** die Länge des Fußes von der Spitze der längsten Zehe bis zur Rückseite der Ferse.

E. **Umfang der unteren Wade:** der Beinumfang, gemessen 15 cm vom Boden weg.

F. **Fersendiagonale:** der Umfang der Diagonale von der höchsten Stelle des Fußes vor dem Knöchel bis zur unteren Rückseite der Ferse.

G. **Zehenlänge:** die Länge der längsten Zehe.

ELASTIZITÄT FÜR GUTEN SITZ

Socken müssen dehnbar sein. Wenn Sie Ihre Lieblingssocken aus dem Laden betrachten, werden Sie sehen, dass diese um einiges kleiner sind als Ihre Füße. Socken aus der Fabrik bestehen meist aus einer Baumwoll-Polyester-Mischung mit einem elastischen Anteil, wie z. B. Latexgummi; das macht die Socken dehnbar, sodass sie für Füße verschiedener Größen passen. Bei gehäkelten Socken würde das allerdings kaum funktionieren, sodass wir mit einem negativen Spielraum von nur 5 % arbeiten (d. h. die Socken sind 5 % kleiner als der Fuß), anstelle der 30 % bei Fabrikswaren.

Für optimalen Sitz und Tragekomfort muss der Socken 5 % oder 1,3 cm kleiner sein als der Fußumfang. Die Fußlänge des Sockens sollte sogar 10 % oder 2,5 cm kürzer sein als die Länge des Fußes, weil gehäkeltes Gewebe sich eher vertikal dehnt als horizontal. Dabei gehe ich davon aus, dass die Sohle aus festerem Gewebe gemacht ist.

MASS NEHMEN

Weil jeder Fuß einzigartig ist, müssen Sie nach den Maßen des individuellen Fußes arbeiten; benützen Sie zum Eintragen der Maße die Tabelle auf dieser Seite.

Das Abmessen dauert nur fünf Minuten und Sie brauchen dafür ein flexibles Maßband aus Stoff, idealerweise ein neues oder wenig abgenütztes, damit die Ergebnisse unverfälscht sind.

FUSSUMFANG

Diesen Umfang messen Sie an der breitesten Stelle des Fußes, das ist normalerweise auf der Höhe des Ballens.
Diesem Maß entspricht eine Sockengröße, deren Umfang ca. 1,3–2,5 cm kürzer ist als der gemessene Fußumfang. Die oben ausgeführte 5-%-Regel kann man auf bis zu 10 % auflockern (dann eben die 2,5 cm), so erhält man Socken, die sicher passen, aber keinesfalls zu eng sind.

KNÖCHELUMFANG

Legen Sie das Maßband rund um das Bein auf der Höhe des Knöchels. Dieses Maß ist wichtig, um eine Passform zu erhalten, die den Socken nicht hinunterrutschen lässt. Häkelsocken sind oft rund um den Knöchel ausgebeult, weil viele Anleitungen irrigerweise davon ausgehen, dass Fußumfang und Knöchelumfang gleich sind.

Normalerweise ist der Knöchelumfang etwas größer als der Fußumfang, weshalb viele Häkelfreunde Probleme haben, gut sitzende Socken herzustellen.

Wenn Fuß- und Knöchelumfang ähnlich sind, können Sie einfach eine Größe wählen, die 5 % kleiner ist als das größere Maß; beträgt die Differenz zwischen den beiden mehr als 1,3 cm, sollten Sie den Socken beim Häkeln individuell anpassen: ist der Knöchelumfang 24 cm und der Fußumfang 21,5 cm, folgen Sie für den Schaft einer Anleitung, die eine Nummer größer ist und für den Fuß einer Anleitung, die eine Nummer kleiner ist, wobei Sie im Zwickelbereich die Maschen abnehmen. Ist der Fußumfang größer als der des Knöchels, machen Sie es umgekehrt.

ZWICKELUMFANG

Messen Sie den Umfang des Fußes auf der Höhe des Fußgewölbes, vor der Ferse. Dieses Maß ist wichtig für einen guten Sitz des Zwickels.

Der Zwickel ist ein kniffliger Teil des Sockens, und wenn Sie in diesem Bereich auf jeder Seite des Fußes Gewebe hinzufügen,

MASSE	LINKER FUSS	RECHTER FUSS
A: FUSSUMFANG		
B: KNÖCHELUMFANG		
C: ZWICKELUMFANG		
D: FUSSLÄNGE		
E: UMFANG DER UNTEREN WADE		
F: FERSENDIAGONALE		
G: ZEHENLÄNGE		

indem Sie Maschen zunehmen, wird sich die Passform des Sockens ändern, was entweder Ausbuchtungen erzeugt oder Bereiche, die zu eng sind. Durch schnelleres oder langsameres Ab- oder Zunehmen von Maschen können Sie den Sitz des Sockens beeinflussen.

Ich empfehle, den Socken anzuprobieren, sobald der Zwickel fertig ist; wenn er ein bisschen zu eng oder zu locker sein sollte, ist das kein Problem, alles darüber hinaus muss sofort korrigiert werden.

FUSSLÄNGE

Für dieses Maß sollten die Füße flach auf dem Boden stehen, dann wird von der Spitze der längsten Zehe bis zur Rückseite der Ferse gemessen.

Üblicherweise behandeln die Anleitungen dieses Maß als eines der beiden wichtigsten, allerdings ist es problemlos möglich, die Länge an individuelle Bedürfnisse anzupassen, indem man einfach mehr oder weniger Runden häkelt.

Die Länge des fertigen Sockens sollte 7,5 cm kürzer sein, als die gemessene Länge des Fußes.

Für eine Fußlänge von 25,5 cm sollte der fertige Socken 18 cm lang sein, entweder von der Rückseite der Ferse oder der Spitze; dann bleiben 5 cm für die Spitze oder die Ferse übrig und die nun auf die 25,5 cm fehlenden 2,5 cm sind dann eben der negative Spielraum von 10 %. Wenn eine Anleitung die Endmaße des Fußes nicht angibt, arbeiten Sie die Fußlänge einfach so lange, wie es nach dem Muster sinnvoll ist, und setzen Sie dann mit Ferse oder Spitze fort.

UMFANG DER UNTEREN WADE

Diesen Umfang messen Sie gleich oberhalb des Knöchelumfangs. Dieses Maß braucht man, um die Anzahl der für das Bündchen nötigen Maschen zu ermitteln; diese Anzahl sollte größer sein als der Knöchelumfang, wenn dieser eher groß ist, müssen Sie vielleicht in diesem Bereich Maschen ab- oder zunehmen, je nach Arbeitsrichtung. Für eine stärkere Wade sind mehr Maschen nötig, um den Socken am Hinunterrutschen zu hindern. Socken, die zu klein oder zu groß sind, rutschen leichter hinunter. Indem Sie an der Rückseite des Schafts Maschen zu- oder abnehmen, können Sie einen perfekt sitzenden Socken arbeiten.

FERSENDIAGONALE

Beginnend an der Unterseite der Ferse führen Sie das Maßband um den Knöchel, bis Sie wieder an der Ferse ankommen. Dieses Maß halbieren Sie und erhalten so die Fersendiagonale, die das größte aller genommenen Maße sein sollte.

Man braucht die Fersendiagonale, damit der Socken ausreichend dehnbar ist, um Ferse und Knöchel Platz zu bieten, trotzdem ist sie nicht in allen Anleitungen zu finden.

Am Socken vergleicht man dieses Maß am besten nach Fertigstellung des Fersenbereichs, wenn er flach ausgebreitet wird.

Wenn ein gehäkelter Socken nicht passt, liegt es meistens daran, dass dieses Maß in der Anleitung ignoriert wurde, obwohl es durch simples Zunehmen vor der Fersenformung angepasst werden kann.

ZEHENLÄNGE

Für dieses Maß sollten die Füße flach auf dem Boden stehen, dann messen Sie die Länge der längsten Zehe – das Ergebnis liegt fast immer zwischen 3,8 und 5 cm.

Dieses Maß sollte beachtet werden, besonders wenn die Sockenspitze ziemlich lang oder ziemlich kurz ist, dementsprechend muss man Maschen zu- oder abnehmen.

Bei einer kürzeren Sockenspitze muss man meistens in jeder Runde zu- oder abnehmen statt in jeder zweiten, bei einer längeren Sockenspitze eher in jeder dritten statt in jeder zweiten.

Eine Anmerkung zur Schaftlänge: Dieses Maß hat praktisch keine Auswirkung auf den Arbeitsvorgang und kann daher individuell entschieden werden; die meisten Anleitungen gehen von Schaftlängen von 18 cm, 12,5 cm oder 5 cm aus.

Die Beachtung all dieser Maße führt zu dem gewünschten Ergebnis: Socken, die passen wie angegossen. Und falls eine Anleitung an individuelle Maße angepasst werden muss, so ist das mit Hilfe dieser Abmessungen möglich.

GRÖSSENTABELLEN FÜR SOCKEN

Der Schlüssel für gut sitzende Socken ist also die Übertragung der Maße des Fußes auf den Socken; wenn aber der zukünftige Sockenträger nicht anwesend ist und seine Füße daher nicht gemessen werden können, ist es dennoch möglich, Socken mit guter Passform zu häkeln, wenn man seine Schuhgröße oder seinen Fußumfang kennt. Diese sind natürlich nicht so präzise wie die oben erläuterten Maße, aber zur Not kommt man damit durch.

Diese Standard-Größen-Tabellen (herausgegeben vom Craft Yarn Council) können Sie nutzen, wenn Sie jemanden mit gehäkelten Socken überraschen wollen oder wenn es auf die perfekte Passform nicht ankommt.

Dennoch muss ich nochmals betonen, dass das Häkeln nach diesen Tabellen keine perfekt sitzenden Socken garantieren kann. Die Träger haben vielleicht stärkere Waden, kräftige Knöchel oder sogar längere Zehen – all dies kann dazu führen, dass der Socken anders sitzt, als die Tabelle es erwarten ließ. Überdies variieren die Schuhgrößen leicht von Land zu Land, die Tabellen sind auch deshalb mit Bedacht zu benützen.

Der Sockenumfang und die Maße der Sockenlängen sind mit dem negativen Spielraum der Endmaße angegeben, deshalb sind sie kleiner als die geschätzten oder gemessenen Maße des konkreten Fußes.

Alle Maße sind aufgerundet. Wenn Ihre Maße keine exakte Entsprechung in der Tabelle haben, runden sie hinunter, der Socken wird dadurch etwas fester sitzen.

Der Fußumfang in der Tabelle ist mit 1,3 cm negativem Spielraum angegeben, ein Socken für Erwachsene wird damit korrekt sitzen.

Socken für Kinder sind annähernd gleich groß wie die tatsächlichen Fußmaße, weil bei Kindersocken üblicherweise mit weniger negativem Spielraum gearbeitet wird.

Die Fußlänge ist in der Tabelle mit 2,5 cm negativem Spielraum angegeben, das heißt, die Fußlänge des fertigen Sockens wird

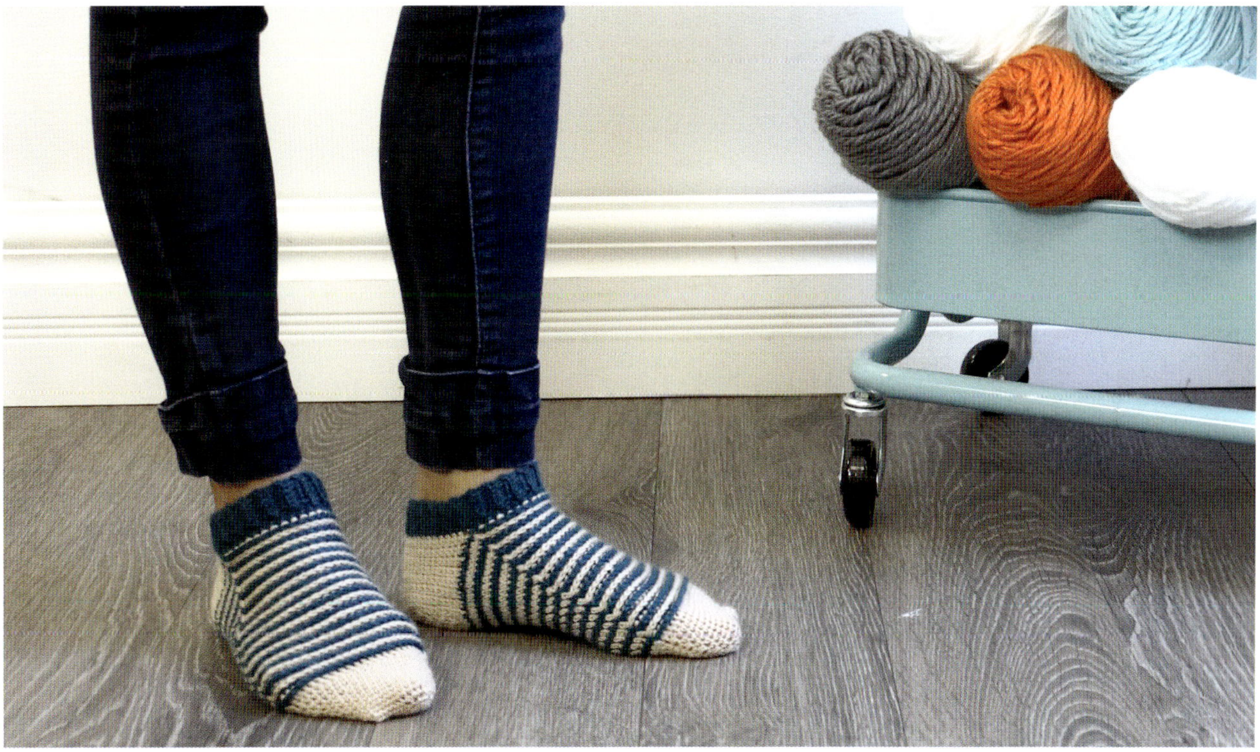

KINDER: SCHUHGRÖSSE	ALTER	FUSSLÄNGE
18	6–12 Monate	10 cm
20	6–12 Monate	10 cm
22	1–3 Jahre	12,5 cm
24	1–3 Jahre	12,5 cm
26	3–5 Jahre	15 cm
28	3–5 Jahre	19 cm
30	5–9 Jahre	19,5 cm
32	7–13 Jahre	20,5 cm
34	7–13 Jahre	21,5 cm

DAMEN: SCHUHGRÖSSE	FUSSLÄNGE	FUSSUMFANG
37	23 cm	20,5 cm
38	23,5 cm	21 cm
38	24 cm	21,5 cm
40	25 cm	22 cm
41	25,5 cm	23 cm
41	26 cm	23,5 cm
42	26,5 cm	24 cm
44	27,5 cm	25 cm
44	28 cm	25,5 cm
45	28,5 cm	26 cm

HERREN: SCHUHGRÖSSE	FUSSLÄNGE	FUSSUMFANG
38	24 cm	18 cm
40	25 cm	19 cm
41	25,5 cm	19,5 cm
42	26,5 cm	20,5 cm
44	27,5 cm	21,5 cm
44	27,5 cm	22 cm
44	28 cm	23 cm
45	28,5 cm	24 cm
46	29 cm	25 cm
46	29 cm	25,5 cm
47	30 cm	26,5 cm
47	30 cm	27,5 cm

2,5 cm kürzer sein als der konkrete Fuß, um das vertikale Nachgeben der Häkelmaschen auszugleichen. Bei Kindersocken wird üblicherweise die Fußlänge mit nur 1,3 cm negativem Spielraum gearbeitet.

DIE ANWENDUNG DER FUSSABMESSUNGEN

In diesem Abschnitt erkunden wir, wie man die Abmessungen eines konkreten Fußes in die Maße für einen guten Sitz umwandelt (das sind die konkreten Abmessungen minus dem negativen Spielraum und das ist dann die Größe des fertigen Sockens).

Für das folgende Beispiel habe ich die Fußmaße eines meiner Studenten gewählt.

FUSS-, ZWICKEL-, KNÖCHEL- UND WADENUMFANG

Beginnen Sie mit den Abmessungen für A, B und C; da es sich dabei um Umfangmaße handelt, wird ein negativer Spielraum von 5 % bei einer Maschenprobe von 6 bis 7 verlängerten festen Maschen pro 2,5 cm genommen – indem Sie 1,3 cm abziehen.

Hinweis: Wenn Sie eine andere Maschenprobe haben, multiplizieren Sie die konkreten Fußabmessungen mit 0,95. So erhalten Sie automatisch ein Endmaß, das 5 % kleiner ist als die konkreten Abmessungen.

In unserem Beispiel beginnen wir mit folgenden Fußabmessungen:

A) 21,5 cm
B) 23,5 cm
C) 23,5 cm
E) 30 cm
F) 29 cm

Nachdem wir 1,3 cm abgezogen haben, erhalten wir (gerundet):

A) 20,5 cm
B) 22 cm
C) 22 cm
E) 28,5 cm
F) 28 cm

Dies sind die Endmaße, die der fertige Socken haben sollte.

Oder wir wenden die oben erklärte Rechnung an (und runden):

A) 21,5 x 0,95 = 20,425 = 20,5
B) 23,5 x 0,95 = 22,325 = 22
C) 23,5 x 0,95 = 22,325 = 22
E) 30 x 0,95 = 28,5 = 28
F) 29 x 0,95 = 27,55 = 27,5

A, B und C sind bei beiden Methoden gleich, E und F fallen bei der Multiplikationsmethode 6 mm kleiner aus, was keinen großen Einfluss auf die Passform des Sockens hat, außer vielleicht bei einem sehr kleinen Fuß. Dennoch bekommt man so Endmaße, die passgenaue Socken ergeben.

Wenn Sie in einer Anleitung keine Größe finden, die Ihren Maßen entspricht, wählen Sie einfach die nächstkleineren Maße.

Wenn z. B. in der Anleitung nur Größen 20,5 cm und 21,5 cm angegeben sind und Sie ein Endmaß von 22 cm benötigen, arbeiten Sie nach 21,5 cm. Allerdings dürfen Sie keine Größe wählen, die mehr als 2,5 cm kleiner ist als Ihre konkreten Fußmaße, weil der Socken dann nicht elastisch genug wird.

Das Maß F (Fersendiagonale) ist nicht entscheidend für den Gesamtaufbau des Sockens, wohl aber für einen Zwickel, der gut auf dem Knöchel sitzt. Weil es ein kniffliger Punkt ist, sollte man den Socken anprobieren, wenn man diesen Bereich macht, um eventuell sofort korrigieren zu können, indem man Maschen ab- oder zunimmt, dann wird der Socken bequem sitzen.

Das Anprobieren fällt natürlich aus, wenn Sie jemanden überraschen möchten. In diesem Fall können Sie einen Test durchführen, indem Sie den Socken an der Ferse und an der höchsten Stelle des Fußes halten; wenn der Socken sich dabei auf ca. die halbe Länge des Fußmaßes dehnen lässt, sollte er passen, außer der zu beschenkende Fuß ist sehr ungewöhnlich gebaut.

FUSSLÄNGE

Wenn Sie die Fußlänge des Sockens arbeiten, ziehen Sie von der gemessenen Fußlänge 2,5 cm ab oder multplizieren Sie diese mit 0,90 (nicht mit 0,95!), das ergibt einen Socken, der 10 % kürzer ist als der konkrete Fuß.

Für die Fußlänge des Sockens sind nur Abmessungen D und G zu beachten, und weil G eigentlich nur ein Teil von D ist, müssen wir G nur gesondert beachten, wenn die Differenz 5 cm beträgt.

In unserem Beispiel erhalten wir, nachdem wir 2,5 cm abgezogen haben: D) 18,5 cm. Mit der Multiplikation erhalten wir: D) 21 x 0,90 = 18,9 (abgerundet auf 18,5 cm).

Manche Anleitungen ignorieren die Zehenlänge und weisen an: „Arbeiten Sie, bis der Fuß von der Hinterseite der Ferse an 13,5 cm misst; beginnen Sie die Spitze." Hier wird angenommen, dass die konkrete Zehenlänge 5 cm beträgt; in meinem Beispiel beträgt sie aber nur 3,2 cm.

In diesem Fall ignorieren wir die Anweisung und arbeiten, bis die Fußlänge 3,2 cm kürzer ist als die für die Person errechneten Endmaße: Also man arbeitet in diesem Beispiel, bis der Fuß von der Hinterseite der Ferse an 15 cm lang ist, dann macht man eine 3,2 cm lange Zehe, sodass der fertige Socken insgesamt ca. 18,5 cm lang sein wird und perfekt an dem 21 cm langen Fuß sitzen wird.

BEISPIEL-FUSSABMESSUNGEN	LINKER FUSS	RECHTER FUSS
A) Fußumfang	21,5 cm	21,5 cm
B) Knöchelumfang	23,5 cm	23,5 cm
C) Zwickelumfang	23,5 cm	23,5 cm
D) Fußlänge	21 cm	21 cm
E) Umfang der unteren Wade	30 cm	30 cm
F) Fersendiagonale	29 cm	29 cm
G) Zehenlänge	3,2 cm	3,2 cm

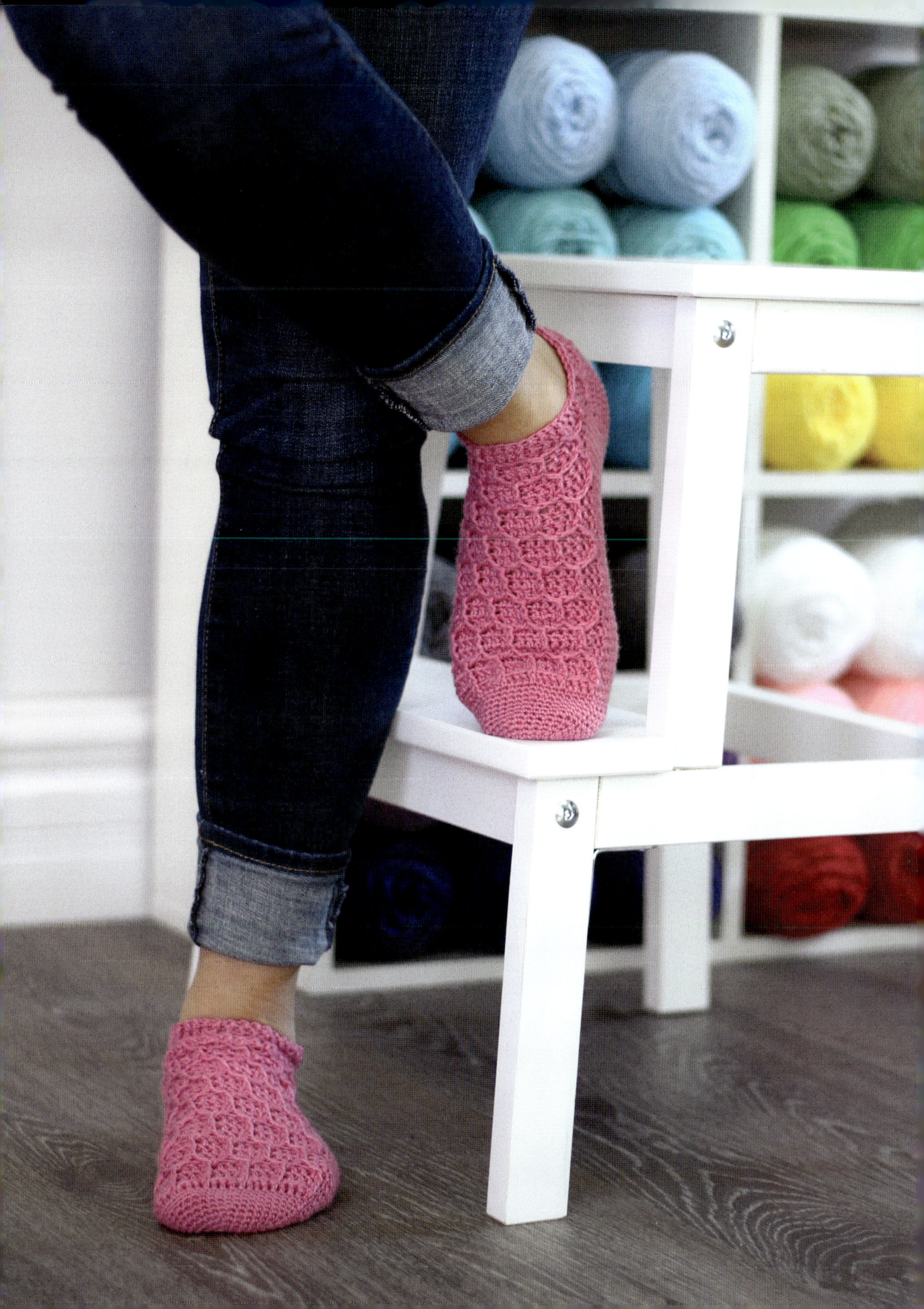

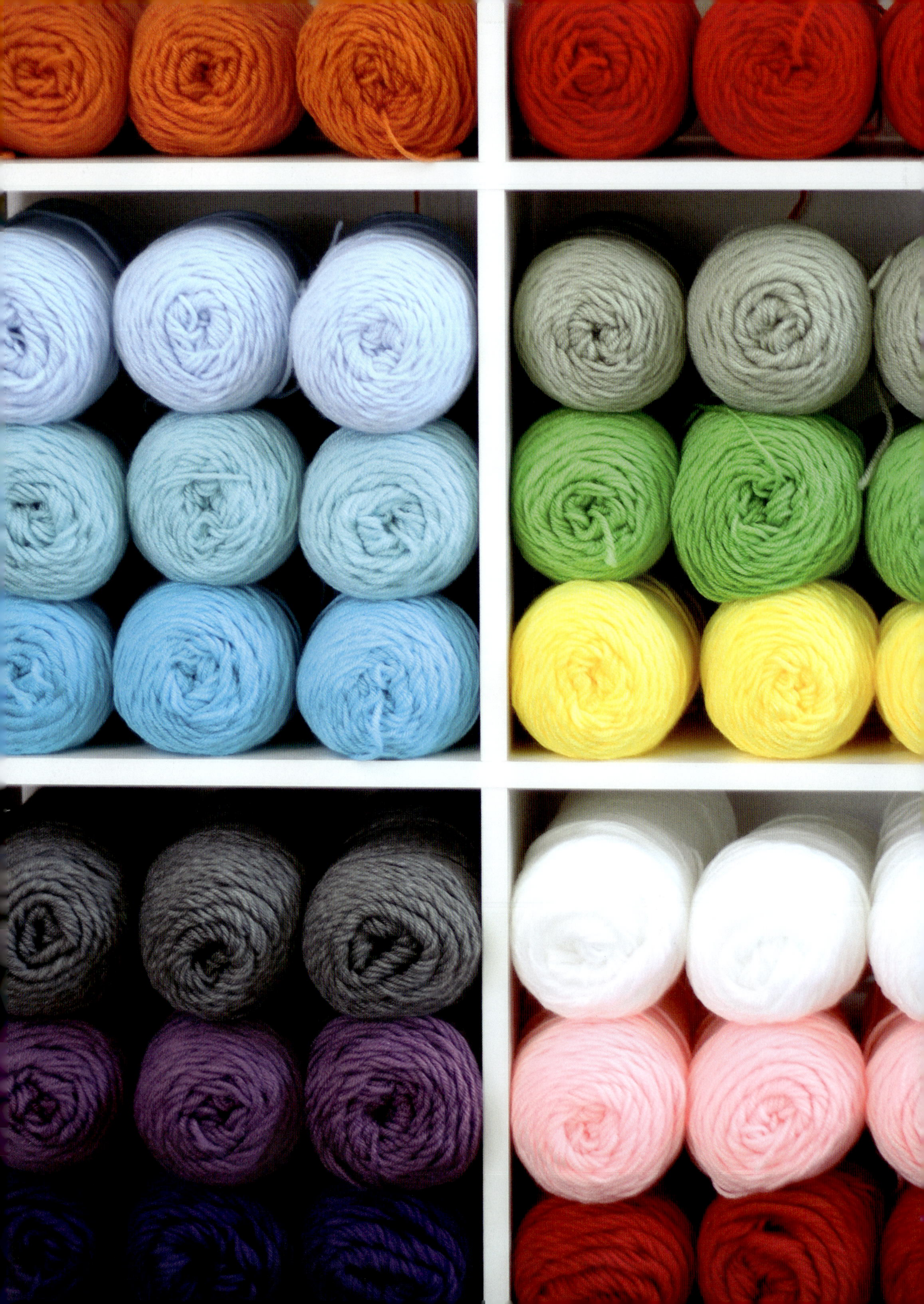

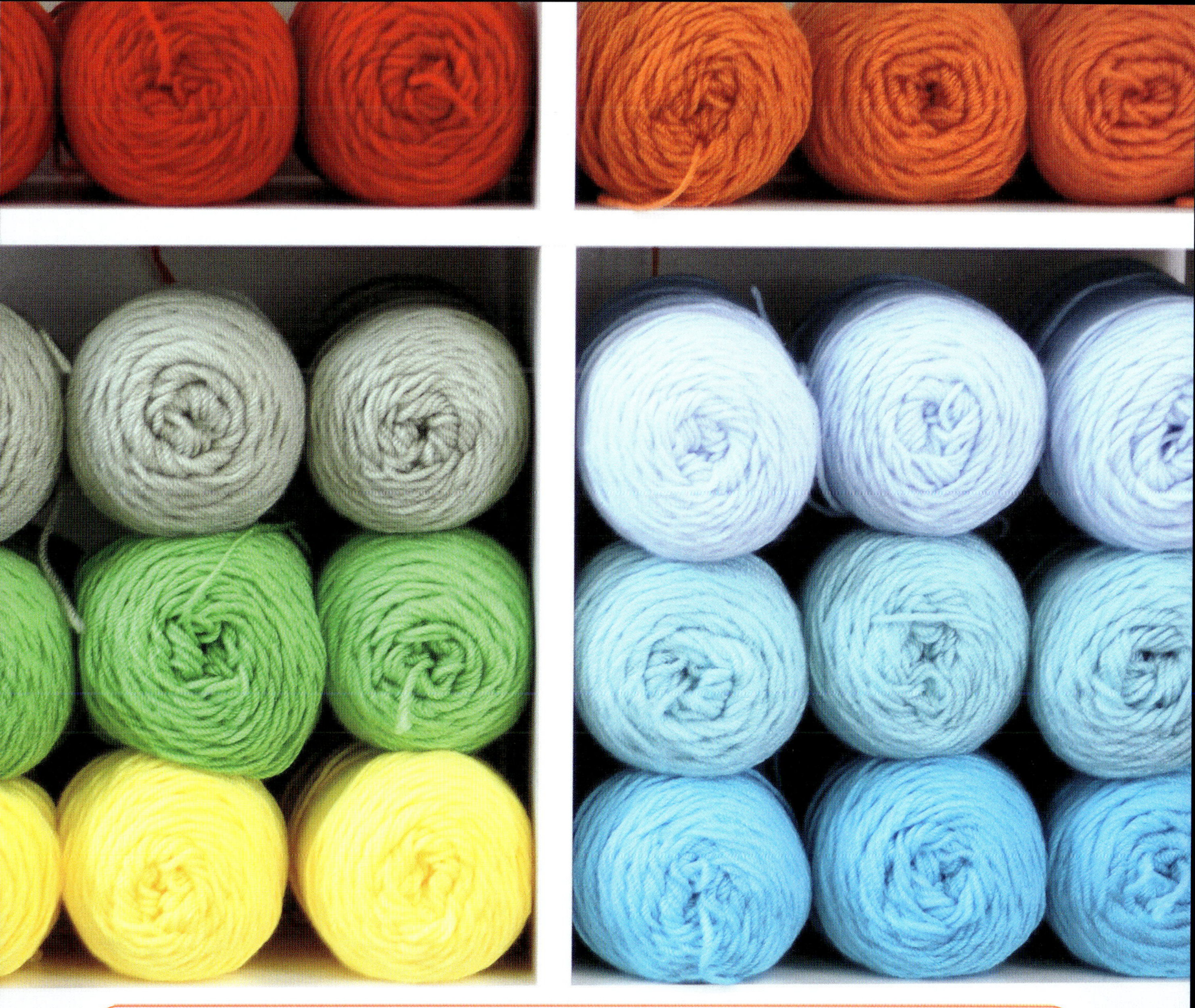

KAPITEL 2

DAS RICHTIGE GARN WÄHLEN

Das Garn ist das Um und Auf des Sockens. Hier erfahren Sie alle Dinge, die Sie wissen müssen, um das richtige Garn zu wählen.

NICHT JEDES GARN IST FÜR SOCKEN GEEIGNET

Häkelfans haben ein schwieriges Verhältnis zu Garn. Die meisten von uns lernen das, wenn sie zunächst beim Diskonter ein Acryl-Kammgarn Nummer 4, Aran-Garn, kaufen. Damit kann man aber keine Socken machen.

Für Socken braucht man Sockengarn, das elastisch, feuchtigkeitsableitend und robust ist und meistens aus reiner Wolle oder einer Wollmischung besteht.

Ich empfehle, mehrere verschiedene Sockengarne zu kaufen und auszuprobieren, welches am besten geeignet ist. Der Preis ist übrigens meistens kein Anzeichen für Qualität, Sie werden auch um wenig Geld etwas Gutes finden.

DAS IDEALE SOCKENGARN

Ein gutes Sockengarn hat drei Eigenschaften: Elastizität, Robustheit und Saugfähigkeit.

ELASTIZITÄT

Das ist die Fähigkeit des Garns, sich über den Fuß dehnen zu lassen, aber sogar nach einem ganzen Tag des Tragens wieder zurück in die Ursprungsform zu kehren, ebenso wie nach dem Waschen.

ROBUSTHEIT

Socken müssen hart im Nehmen sein, daher muss es auch das Garn sein, und aus je mehr Fäden ein Garn besteht, desto robuster ist es, weil mehr Fäden enger gedreht werden müssen – solche Garne können jahrelang halten.

SAUGFÄHIGKEIT

Sockengarn sollte die natürliche Feuchtigkeit des Fußes aufnehmen und ableiten können. Wolle hat diese Eigenschaft und hält die Füße deshalb angenehm trocken, wodurch auch die Entstehung von Gerüchen und Blasen verhindert wird. Wolle verlängert durch die Reduzierung von Feuchtigkeit auch die Lebensdauer des Sockens, weil Feuchtigkeit in Verbindung mit Reibung die Fasern verfilzen lässt.

FASER

Wolle ist das beste Material für Häkelsocken, deshalb habe ich sie auch für alle Anleitungen in diesem Buch gewählt.

Viele glauben, dass Wolle rauh ist und kratzt, tatsächlich ist moderne Wolle aber genau das Gegenteil. Trotzdem ist auch die weichste Wolle nicht immer für Socken geeignet.

Oft ist eine Wollmischung die richtige Entscheidung, Bambus zum Beispiel ist eine perfekte Beimischung, weil er das Garn robuster macht, aber gleichzeitig weich hält.

Sockengarne enthalten oft auch einen kleinen Anteil Polyamid, was durchaus von Vorteil ist, aber nicht unbedingt nötig. Häkelgewebe ist an sich dicht und deshalb stark, sodass die Socken länger halten.

Ist das Acryl-Knäuel von oben immer noch eine Versuchung? Nehmen Sie es nicht; Acryl atmet nicht so wie Wolle und würde Ihnen unangenehm feuchte Füße bescheren.

FÄDEN

Das sind die einzelnen Fasern, die zu Garn gesponnen werden, in Sockengarn sind sie oft sehr fein gesponnen. Die Anzahl der Fäden bestimmt die Qualität des Garns und ist auch für die Eignung als Sockengarn entscheidend. Es gilt: je mehr Fäden, desto besser.

Die größere Fadenzahl verlangt auch eine engere Drehung, die dann dem Garn Sprungkraft und Energie gibt.

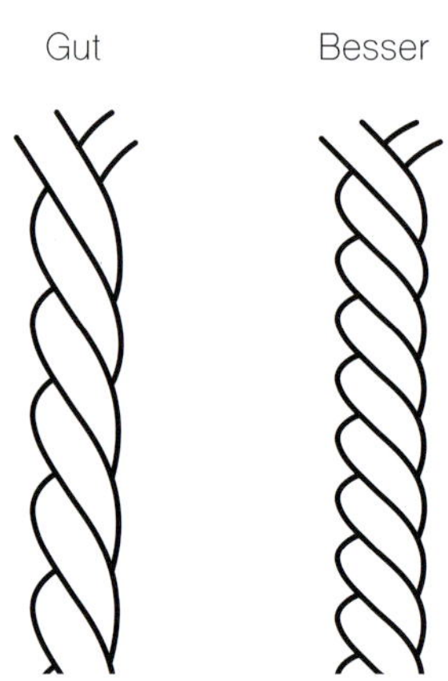

Eine enge Drehung macht das Garn zäher – das kann sich grob und ein bisschen hart anfühlen, aber bei Socken ist das kein Problem, unsere Füße sind nicht so empfindlich wie unsere Hände und Köpfe, also ist hier kein extrem weiches Garn nötig.

LESEN SIE DIE ETIKETTEN

Die Etiketten von Sockengarn enthalten wichtige Informationen, die Sie brauchen, um die für die Maschenprobe ideale Häkelnadel zu wählen; außerdem erfahren Sie die Art der Faser, die Menge an Garn, die das Knäuel enthält, und dessen Gewicht; weiters die empfohlene Maschenprobe, die richtige Nadelstärke sowie Name oder Nummer der Farbe und die Waschanleitung.

Beachten Sie, dass Gewicht und Länge der Garne oft variieren. 100 g von einem Sockengarn enthalten vielleicht 398 m, während 100 g eines anderen nur 352 m enthalten. Wählen Sie deshalb Garn niemals nur nach Gewicht. Sie sollten auch nur nach Anleitungen arbeiten, die die ungefähr benötigte Garnlänge angeben und dann ca. 25 % mehr davon kaufen. So haben Sie bestimmt ausreichend Material, um Ihr Projekt auch vollenden zu können.

Jede Anleitung und jedes Muster benötigen eine andere Menge an Garn. Zopfmuster brauchen eher viel Garn, jedenfalls mehr als Spitzenmuster, und einfache Socken liegen irgendwo dazwischen.

In der Tabelle finden Sie Richtwerte für Garnmengen, basierend auf Maschenprobe und Fußumfang, die oft die für ein Paar Socken nötige Menge an Garn bestimmen. Im Allgemeinen gilt: Je größer der Socken, desto mehr Garn braucht man.

PREIS ODER QUALITÄT?

Für viele Häkelfans sind die Kosten von Sockengarn durchaus ein Problem, weil man für gehäkelte Socken mehr Garn braucht als für gestrickte, sodass man einige Knäuel kaufen muss. Wenn ein Knäuel dann zwischen **€** 8 und **€** 11 kostet, kommt schnell eine hübsche Summe zusammen.

Wie bereits gesagt, ist der Preis kein Erkennungsmerkmal für Qualität. Manchmal nützen sich sogar die teuersten Sockengarne am schnellsten ab.

Manche Garne, auch die in diesem Buch verwendeten, sind sowohl günstig als auch ihren Preis wert.

Je größer der Socken und je feiner die Maschenprobe, desto mehr Garn ist nötig, sodass allein dadurch schon höhere Kosten entstehen.

Die meisten Handarbeitsläden bieten einige günstige (acrylfreie!) Sockengarne an. Dieser niedrige Preis bedeutet nicht, dass die Qualität schlechter ist, sondern ergibt sich aus einer größeren Produktionsmenge, die eben den Endpreis pro Stück senkt.

Bei der Garnwahl muss man, wie oben ausgeführt, einige Dinge beachten, dennoch ist die letzte Entscheidung eine persönliche. Das beste Sockengarn ist das, mit dem Sie gut zurechtkommen und das Ihnen gefällt.

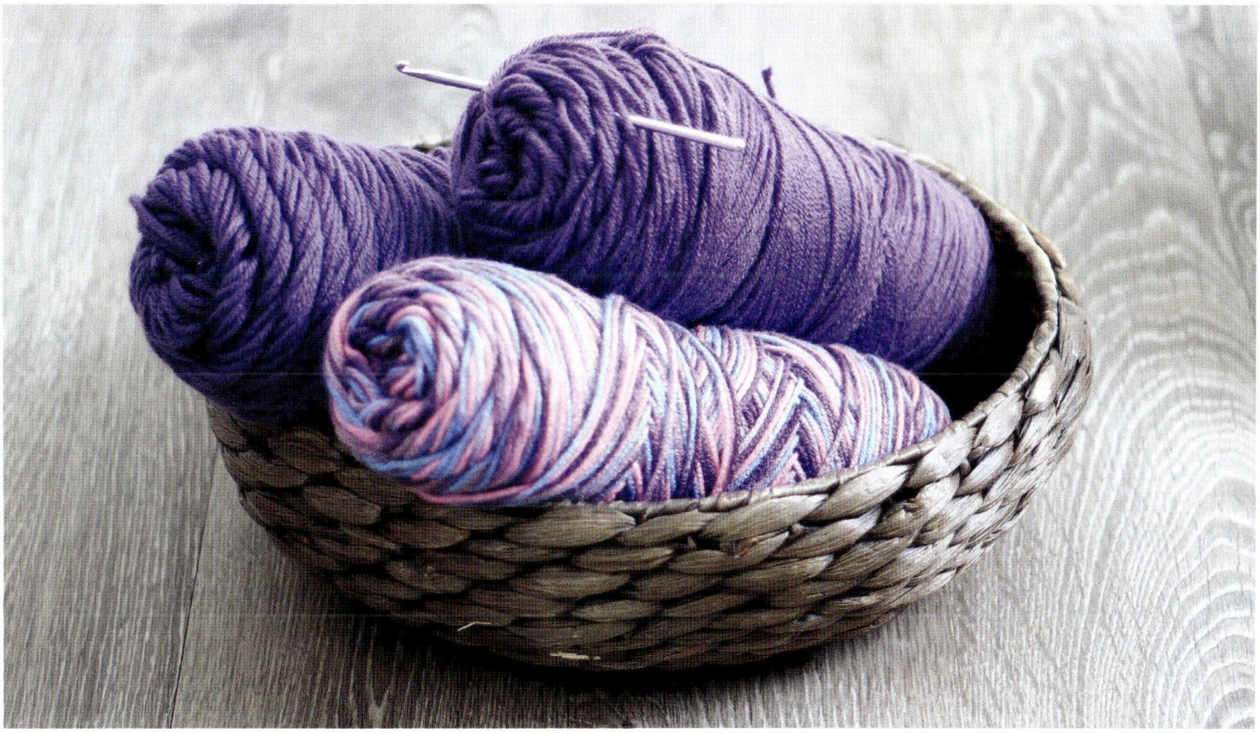

WASCHEN UND SPANNEN

Socken werden gewaschen und gespannt, damit sich die Fasern nach dem Tragen wieder in die ursprüngliche Form ausrichten. Die durch das Tragen erzeugte Dehnung leiert die Socken aus und durch das Waschen und Spannen bleiben sie elastisch und halten länger.

Socken werden öfter getragen als andere Kleidungsstücke und müssen auch deshalb häufiger gewaschen werden.

Die meisten Sockengarne können in der Maschine gewaschen und getrocknet werden, dennoch ziehe ich die Handwäsche vor, da sie den Tragekomfort erhöht und das Verfilzen verhindert.

Die Handwäsche ist kein großer Aufwand: Füllen Sie ein Becken mit warmem Wasser und Wollwaschmittel (oder mildem Geschirrspülmittel), tauchen Sie die Socken ein und drücken Sie sie durch, damit sie die Lauge gut aufnehmen, lassen Sie sie 20 Minuten darin weichen, dann spülen Sie sie gut aus und drücken so viel Wasser wie möglich heraus; solange die Socken nass sind, sollten Sie sie nicht wringen oder an ihnen ziehen; nun wickeln Sie sie in ein Handtuch, um weiteres Wasser herauszubekommen oder lassen Sie sie in der Maschine schleudern – oder sogar in einer robusten Salatschleuder!

Zum Trocken können Sie die Socken flach ausbreiten oder aufhängen oder Sockenspanner gemäß Gebrauchsanweisung benutzen. Danach sind Ihre frisch gewaschenen Socken bereit für neues Tragevergnügen!

SOCKEN-UMFANG	LAUFLÄNGE FÜR MASCHENPROBE (MASCHEN/2,5 CM)					
	4	5	5,5	6	6,5	7
20,5 cm	293 m	320 m	347,5 m	375 m	402 m	430 m
21,5 cm	302 m	338 m	375 m	411,5 m	448 m	485 m
23 cm	311 m	357 m	402 m	485 m	494 m	539,5 m
24 cm	320 m	375 m	430 m	485 m	539,5 m	594 m
25,5 cm	329 m	393 m	457 m	521 m	585 m	649 m
26,5 cm	338 m	411,5 m	485 m	558 m	648 m	704 m

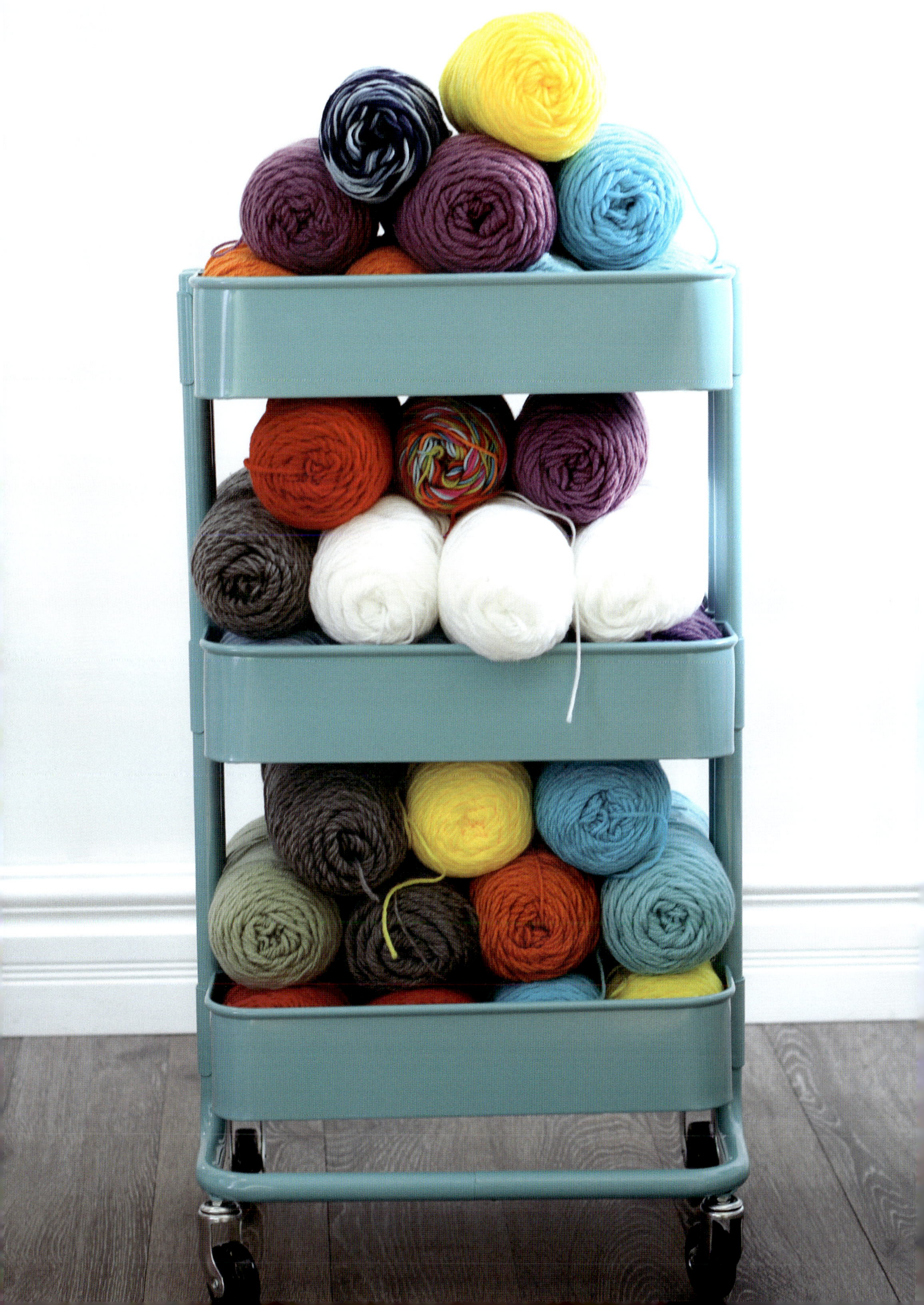

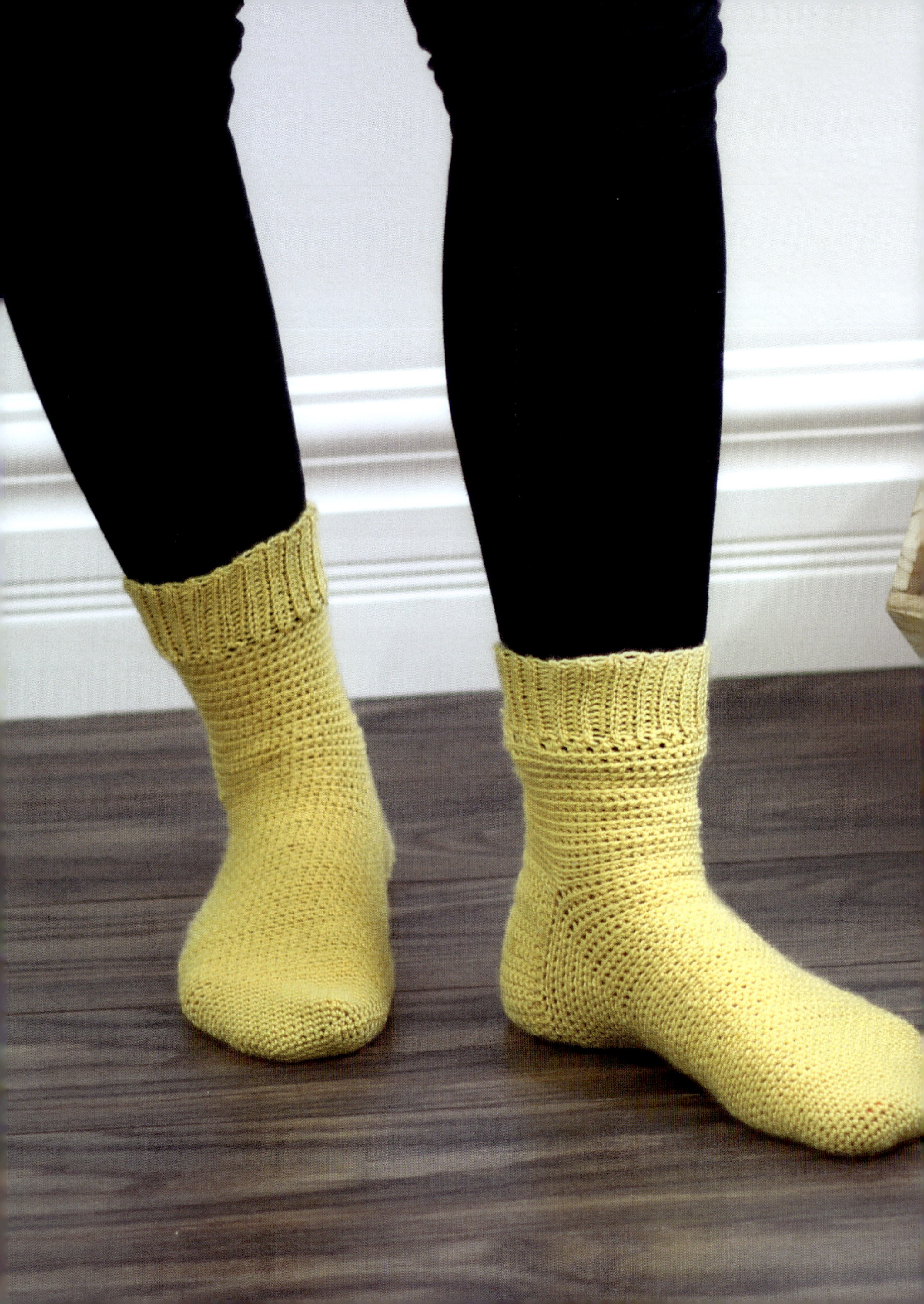

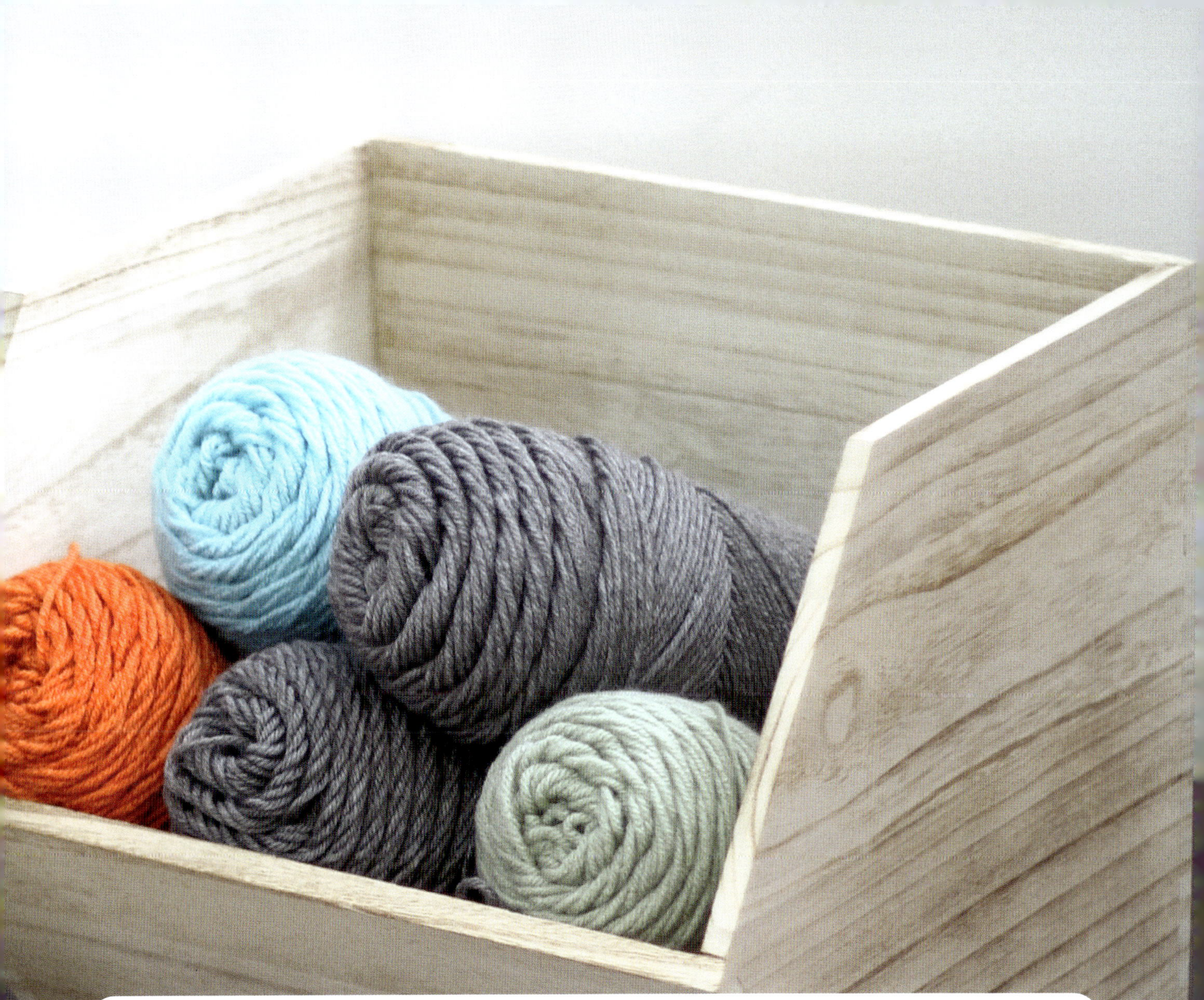

KAPITEL 3

DER GRUNDAUFBAU DES SOCKENS

Sie haben das richtige Werkzeug und das richtige Garn, jetzt fehlt nur noch das Know-how, um gut sitzende Socken herzustellen. In diesem Kapitel lernen Sie die einzelnen Bestandteile eines Sockens kennen und die Maschen, mit denen man sie häkelt.

WO FÄNGT MAN AN – VON DEN ZEHEN HINAUF ODER VOM BÜNDCHEN HINAB?

Gut sitzende Socken müssen elastisch sein und die Dehnbarkeit hängt vom Gewebe ab, aus dem sie gemacht sind. Beim Häkeln von Socken ist es wichtig, die Eigenschaften der Häkelmaschen zu kennen und zu berücksichtigen.

Gehäkeltes Gewebe besteht aus einer Reihe von Knoten, die aufeinander aufgebaut sind. Jede Masche hat ihren eigenen Aufbau und ihre eigene Elastizität. Da jede Masche aus Knoten besteht, ist ihre horizontale Dehnbarkeit begrenzt, die vertikale hingegen ist beachtlich, da die Maschen aufeinander aufgesetzt sind.

Die Anleitungen in diesem Buch wirken diesem Problem entgegen. Gehäkeltes Gewebe ist nicht sehr elastisch, was man allerdings durch die Verwendung von bestimmten Maschen, wie z. B. verlängerten festen Maschen oder verbundenen halben Stäbchen, deutlich verbessern kann. Meine Anleitungen, egal, ob sie von der Zehe aufwärts oder vom Bündchen hinunter zu häkeln sind, verwenden Maschen und Muster, die sowohl horizontal dehnbar sind als auch gut sitzen und ein Gewebe erzeugen, das angenehm für Ihre Fußsohlen ist.

DIE GRUNDMASCHEN

Meine Lieblingsmasche für meine Sockenmuster ist das verbundene halbe Stäbchen (vhStb, **Abb. 1**, siehe auch „Maschentechnik“). Das vhStb überrascht mich immer wieder mit seiner Dehnbarkeit.

Durch die Verbindung ist es sogar diagonal gut dehnbar, ähnlich wie gestricktes Gewebe, gleichzeitig erzeugt es aber eine solide Struktur, anders als das traditionelle halbe Stäbchen (hStb, siehe „Maschentechnik“).

Es dauert etwas länger, ein vhStb zu häkeln, als das übliche hStb, aber das Ergebnis ist einzigartig, weil es ein Gewebe ergibt, das bequem zu tragen, robust und elastisch ist.

Die Arbeitstechnik des vhStb ist der des hStb ähnlich, aber jedes vhStb wird mit seinem Vordermann verbunden, indem man in den horizontalen Balken des Vordermannes sticht.

Eine andere Masche, die sehr gut für Socken geeignet ist, ist die verlängerte feste Masche (vfM), sie ist gut dehnbar, ist aber auf den Fußsohlen stärker spürbar als die verbundenen Maschen. Die zusätzliche Luftmasche, die am Grund der vfM entsteht, gibt der Masche eine Basis und macht sie horizontal und vertikal elastisch, zwar nicht so sehr wie Fabriksware, aber doch für einen guten Sitz ausreichend, sodass viele Häkelfreunde die vfM als geeignete Abhilfe für die Probleme, die beim Sockenhäkeln auftauchen können, betrachten.

Allerdings können diese Maschen beim Anpassen einer Anleitung schwierig sein. Der Mangel an horizontaler Dehnbarkeit kann bei Spitzenmustern oder mehrfarbigen Mustern ein Problem werden.

Die meisten Häkelmaschen sind nicht dafür gedacht, horizontal dehnbar zu sein und Spitzenmuster oder mehrfarbige Muster arbeiten nicht mit negativem Spielraum. Das bedeutet, dass manche Häkelsockendesigns nicht jedem Fuß passen werden. Gehäkelte Zopfmuster hingegen sind sehr elastisch und daher das perfekte Muster für Häkelsocken.

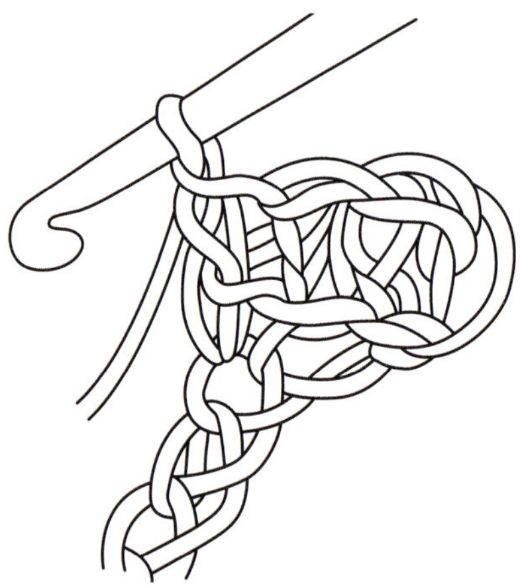

Abb. 1

» DIE MASCHENPROBE MACHT DEN ERFOLG «

Die Maschenprobe ist die Anzahl der Maschen und Reihen (oder Runden) auf 2,5 cm fertigem Häkelgewebe. Wenn man die Maschen- und die Reihendichte einer Anleitung befolgt, wird das Ergebnis ein Socken in der korrekten Größe sein. Überraschenderweise ist die vorgegebene Maschenprobe beim Häkeln schwieriger einzuhalten als beim Stricken. Beim Häkeln muss man nicht nur die Breite der Maschen berücksichtigen, sondern auch deren Höhe, die aber von der Häkelnadel, dem Garn und sogar von der Art, wie man das Garn hält, abhängt. Die Maschen werden nicht von einem bestimmten Nadelumfang bestimmt, sondern von der Person, die häkelt.

Beim Häkeln von Socken ist die Einhaltung der Maschenprobe noch schwieriger. Das Gewebe von Häkelsocken sollte ziemlich dicht sein, weil die Socken dadurch robuster und langlebiger werden. Eine Maschenprobe von 6–7 Maschen auf 2,5 cm ist perfekt für Socken, dichter sollte das Gewebe nicht sein, da dies die Elastizität verringert und die Socken damit unbequem werden.

Obwohl Maschendichte und Reihendichte für das Ergebnis entscheidend sind, ist die Maschendichte noch wichtiger. In einem Socken sollte die Maschendichte gleich bleiben, und zwar unabhängig vom Muster. Wenn man versucht, eine fehlerhafte Maschendichte durch Ab- oder Zunehmen von Maschen mitten im Socken zu korrigieren, wird dies die Passform des Sockens ändern.

Wichtiger ist die Reihendichte bei Spitzen- und Zopfmustern, aber die Länge des Sockens kann jederzeit angepasst werden.

DIE MASCHENPROBE

Die Maschenprobe sollte mit dem Maschenmuster des Sockens rundgehäkelt werden, weil man die tatsächliche Maschendichte des fertigen Sockens kennen muss. Die Probe sollte mindestens 10 x 10 cm groß sein und mit dem Garn, das Sie für die Socken gewählt haben und der dafür empfohlenen Häkelnadel angefertigt werden. Ich empfehle eine Maschenprobe von 30 Maschen rundgehäkelt auf 10–12,5 cm.

Legen Sie nun ein Lineal auf die Maschen in der Mitte der Probe – achten Sie aber darauf, das Lineal nicht zu sehr in das Gewebe zu drücken, weil Sie dadurch das Messergebnis verfälschen würden. Messen Sie in zwei bis drei verschiedenen Bereichen der Probe. Zählen Sie ganze und halbe Maschen, die sich sonst summieren würden, wenn Sie sie nicht extra ausweisen, in der Breite, die die Anleitung angibt.

Zum Beispiel: die Maschendichte für die Rumpelstilzchen toe-up-Socken ist 28 Maschen und 24 Reihen auf 10 cm Probe, gearbeitet in verbundenen Halbstäbchen. Wenn Sie mehr als 28 Maschen in Ihrer Probe haben, häkeln Sie zu fest – das können Sie mit einer Häkelnadel mit größerer Nadelstärke ausgleichen. Wenn Sie aber weniger Maschen haben, häkeln Sie zu locker und können es mit einer Nadel mit kleinerer Nadelstärke versuchen.

DIE HÄKELNADEL

Die richtige Häkelnadel entscheidet über den Erfolg Ihrer Bemühungen. Das Material, der Griff und die Größe der Nadel haben eine direkte Auswirkung auf die Maschendichte.

Es gibt Häkelnadeln aus Holz, Metall und Plastik, wobei Metall am beliebtesten ist. Ich persönlich neige dazu, mit einer Holznadel ziemlich locker zu häkeln, mit einer Metallnadel erreiche ich meistens die nötige Maschendichte. Wenn Sie Schwierigkeiten haben, die richtige Maschendichte zu häkeln, versuchen Sie einfach, eine Häkelnadel aus einem anderen Material zu benützen.

DER GRIFF DER HÄKELNADEL

Viele Häkelnadeln haben weiche Griffe, die ergonomisch sind und stundenlanges Häkeln ohne Beschwerden ermöglichen. Das ist natürlich angenehm, kann aber die Art beeinflussen, wie Sie die Nadel halten, und somit auch die Maschendichte. Ich benutze Nadeln mit starken Griffen für fein gehäkelte Dinge wie eben Socken, das schont zwar meine Hände, meine Maschendichte wird dadurch aber ziemlich locker, sodass ich eine kleinere Nadelstärke nehmen muss.

DER SCHAFT DER HÄKELNADEL

Das ist der Teil direkt unter dem Haken und beeinflusst die Maschengröße. Der Schaft bestimmt den Umfang der Schlinge jeder Masche. Die Länge des Schafts kann auch eine gewisse Auswirkung auf die Maschendichte haben. Wenn ich eine Nadel mit längerem Schaft benutze (der es leichter macht, die Nadel durch die Masche zu führen), wähle ich dafür eine größere Nadelstärke. Nach Jahren von „trial and error" habe ich erkannt, dass ich mit einer Nadel mit längerem Schaft fester häkle.

Empfohlene Größe der Häkelnadel für bestimmte Maschendichten

3,5 mm = 6 Maschen/2,5 cm

3,25 mm = 6,5 Maschen/2,5 cm

3,0 mm = 7–7,5 Maschen/2,5 cm

2,75 mm = 7,5 Maschen/2,5 cm

DIE ANATOMIE EINES SOCKENS

Jeder Socken, unabhängig davon ob er von der Zehe aufwärts (toe-up) oder vom Bündchen abwärts (cuff-down) gehäkelt wird (**Abb. 2**), besteht aus dem Bündchen, dem Schaft, der Ferse, dem Fuß (das ist der Rist und die Sohle) sowie der Spitze. Die meisten Socken haben auch einen Zwickel, der aber manchmal in toe-up-Socken fehlt. Jeder Teil hat eine bestimmte Aufgabe.

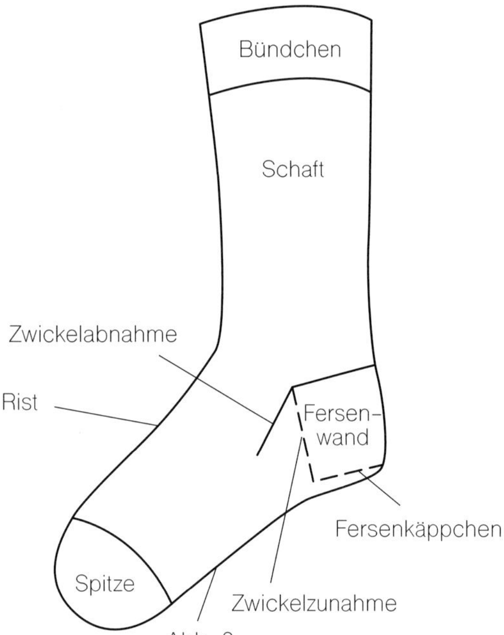

Abb. 2

DAS BÜNDCHEN

Das Bündchen ist ein elastisches, geripptes Gewebe, dessen einzige Aufgabe es ist, den Socken oben zu halten. Side-to-side-Rippenmuster, so wie die beiden, die ich in diesem Buch verwende, sind eine attraktive und praktische Alternative zu traditionellen Rippenmustern. Sie werden nicht, wie gestrickte Bündchen, von oben nach unten rund gearbeitet, sondern quer in Reihen und zum Schluss zusammengenäht.

Die Eigenschaft dieses Bündchens profitiert von der vertikalen Elastizität von gehäkeltem Gewebe und ergibt ein Bündchen, das einen ganzen Tag lang elastisch bleibt.

DER SCHAFT

Der Schaft ist ein gerader Schlauch, der elastisch genug sein muss, um die Differenz zwischen Knöchel- und Wadenumfang zu überbrücken. Das verbundene Halbstäbchen und die verlängerte feste Masche sind ausreichend dehnbar, um jede Wade unterzubringen. Wenn aber der Schaft aus einem Muster besteht, das wenig bis gar nicht elastisch ist, muss man seinen Umfang mit Bündchen- und Knöchelumfang in Einklang bringen, um eine gute Passform zu erhalten.

DIE FERSE UND DER ZWICKEL

Die Ferse besteht aus mehreren Teilen. Die eigentliche Ferse befindet sich an der Hinterseite des Fußes und ist meistens 6,5 cm lang. Ihre Breite entspricht dem halben Umfang des fertigen Sockens.

Der Zwickel wird bei toe-up-Socken vor der Fersenwand gehäkelt oder bei cuff-down-Socken nach ihr.

Der Zwickel ist ein kleines Dreieck auf jeder Seite des Fußes, das eine Reserve an zusätzlichem Gewebe bietet und so dem Socken eine Passform nach Maß verleiht.

DER FUSS

Der Fuß ist ein gerader Schlauch, wie der Schaft, und verbindet die Ferse mit der Spitze. Der Rist ist der obere Teil und die Sohle der untere. Der Rist kann in einem Muster gearbeitet sein, die Sohle sollte aber in soliden Maschen gemacht werden, damit sie robust ist.

DIE SPITZE

Die Spitze ist der am meisten beanspruchte Teil des Sockens, weil sie bei jedem Schritt belastet wird und den ganzen Tag im Schuh steckt, wo sie auch durch die Bewegung unserer Zehen (und deren Nägeln) aufgerieben wird. Kein Wunder also, dass dieser Teil des Sockens besondere Aufmerksamkeit braucht. Deshalb sollte sie in festen Maschen (fM) gearbeitet sein, den stärksten von allen Häkelmaschen. Falls Ihre Zehen, so wie meine, besonders grob zu Ihren Socken sind, können Sie in diesem Bereich einen Nylonfaden mithäkeln, der das Gewebe verstärkt.

ARBEITSRICHTUNG VOM BÜNDCHEN HINUNTER (CUFF-DOWN)

Die meisten Häkelfreunde häkeln ihre ersten Socken nach dieser Methode, weil sie vom Beginn an einfach ist, wenig Vorbereitung braucht und trotzdem gut sitzende Socken ergibt, die man auch während der Arbeit leicht anpassen kann.

Man fängt also mit dem Häkeln des Bündchens an und arbeitet dann in dieser Reihenfolge weiter (eben hinunter):

Bündchen > Schaft > Ferse > Fersenkäppchen > Zwickel > Fuß > Spitze

Das ist eine althergebrachte, bewährte Methode des Sockenhäkelns. Wenn das Bündchen fertiggestellt ist, werden Maschen rund um das Rippenmuster zugenommen. Der Schaft wird von diesen Maschen bis zur Ferse gearbeitet, die Ferse wird vorwärts und rückwarts in Reihen gehäkelt und dann wird das Fersenkäppchen fertiggestellt. Rund um die Fersenwand und die Unterseite des Fußes werden Maschen zugenommen, dann wird für den Zwickel abgenommen, danach folgt der Fuß (Rist und Sohle) und schließlich wird der Socken mit der Spitze abgeschlossen. Der Grashüpfer-cuff-down-Socken ist ein wunderbares Beispiel für diese Methode.

ARBEITSRICHTUNG VON DER SPITZE HINAUF (TOE-UP)

Socken beginnend von der Spitze zu häkeln, ist eine neue und ungewöhnliche Methode. Die neuen Kombinationen von Spitzen- und Fersentechniken, die erfindungsreiche Designer auf der ganzen Welt entwickelt haben, sind für Häkelfans eine Inspiration und bieten Alternativen zu den herkömmlichen Methoden.

Der Arbeitsablauf ist einfach die Umkehrung der cuff-down-Methode:

Spitze > Fuß > Zwickel > Fersenkäppchen > Ferse > Schaft > Bündchen

Diese Arbeitsrichtung ändert sowohl die Ausrichtung der Maschen als auch die Art, wie der Socken am Fuß sitzt. Für den Zwickel werden Maschen zu- und nicht abgenommen. Die Ferse wird rückwärts und vorwärts mit einem Fersenkäppchen gehäkelt, aber mit einer Drehung; sie wird in umgekehrter Abfolge gehäkelt, beginnend mit dem Fersenkäppchen, danach wird die Fersenwand nach der „join-as-you-go"-Methode gearbeitet (die beiden Teile des Sockens werden verbunden, indem in jeweils eine Masche der beiden Teile eingestochen wird). Das Bündchen wird nach der „side-to-side, join-as-you-go"-Methode gemacht, die die gleiche Dehnbarkeit und das gleiche Tragegefühl wie die cuff-down-Version ergibt.

Für diese Methode ist der Rumpelstilzchen-toe-up-Socken ein wunderbares Beispiel.

ZWICKEL

Zwickel sind kleine Bereiche des Gewebes, die in Kleidungsstücken an Stellen eingefügt werden, die besonders beansprucht werden, wie die Seiten des Fußes (**Abb. 3**).

Beim Häkeln sind Zwickel besonders hilfreich, wenn das Werkstück gut sitzen soll.

Wenn Sie die Maße Ihres Fußes betrachten, werden Sie sehen, dass der Zwickelumfang etwas größer ist als Ihr Fußumfang. Häkelsocken sind oft nicht

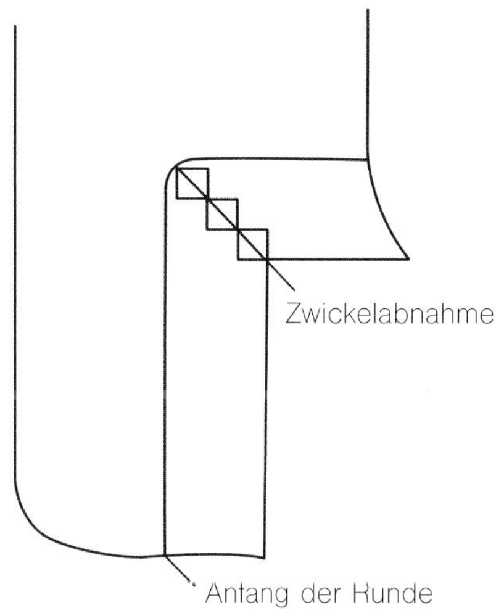

Abb. 3

elastisch genug, um den stärksten Teil des Fußes unterzubringen, besonders der Bereich um Ferse und Knöchel. Indem man auf beiden Seiten des Fußes einen Zwickel einfügt, kann man dieses Problem lösen.

Bei stärkerem Wadenumfang kann man auch an der Rückseite des Schafts einen Zwickel einarbeiten.

Dafür fügt man die für den größeren Wadenumfang nötige Anzahl an Maschen ein, gemäß Ihrer Maschenprobe pro 2,5 cm, und nimmt dann wieder Maschen ab, wenn der Wadenumfang kleiner wird (nur, falls er das tatsächlich tut). Dadurch wird der Wadenbereich so groß wie nötig, aber die Anleitung bleibt unverändert.

SOCKEN SOLLEN GUT AUSSEHEN

Die meisten Häklerinnen und Häkler möchten Socken häkeln, die entweder aus hübschem Garn oder mit einem schönen Muster gemacht sind. Abgesehen von der richtigen Passform und der Frage, welche Art von Spitze oder Ferse gehäkelt wird, müssen Socken so aussehen, dass man sie mit Stolz tragen kann.

Denn wozu soll man sich die Mühe machen, Socken selbst zu häkeln, wenn sie dann nicht anders aussehen als Fabriksware?

Selbst gehäkelte Socken sind eben einzigartig und man kann ruhig damit angeben, denn die Wahrscheinlichkeit, dass ein anderer Häkelfreund anwesend ist, der genau das gleiche Paar hat, ist äußerst gering, besonders wenn Sie die Maschenmuster aufpeppen, indem Sie Zopf- oder Spitzenmuster oder Strukturen hinzufügen.

ZOPFMUSTER

Zopfmuster haben eine lange Tradition in der Kunst des Häkelns. Die Verwendung von Reliefmaschen (siehe Maschentechnik) gibt dem Gewebe Form und Plastizität, aber auch die Stabilität von Häkelgewebe an sich wird verbessert.

Ich persönlich empfinde für Zopfmuster eine Art Hassliebe: ich mag, dass es sich weich angreift, aber ich finde, dass es den Socken doch etwas zu voluminös macht.

Reliefmaschen werden häufig verwendet, um Zopfmuster zu häkeln, sie werden rund um den Hals von einem Stäbchen oder einer ähnlich hohen Masche gearbeitet (auf einer festen Masche oder einem Halbstäbchen geht das eher nicht), dabei wird der Faden eben um den Hals einer (ausreichend hohen) Masche der vorigen (unteren) Reihe geführt und dadurch wird die neue Masche nach vorne (vordere Reliefmasche) oder nach hinten (hintere Reliefmasche) gedrückt.

Diese Technik ergibt ein sehr plastisches und ziemlich dehnbares Gewebe, die Dehnbarkeit ist aber nicht haltbar. Reliefmaschen sollten daher in Verbindung mit anderen Maschen wie festen Maschen, Halbstäbchen oder Stäbchen eingesetzt werden. Der Socken bekommt dadurch Stabilität und Halt, kann aber gleichzeitig die Elastizität bewahren. Generell sollten Reliefmaschen für Socken eher sparsam eingesetzt werden. Insbesondere sollten Reliefmaschen nicht – und schon gar nicht dicke Zopfmuster – auf dem Fuß des Sockens platziert werden, da es sonst in den Schuhen ein bisschen eng und unbequem wird.

SPITZENMUSTER

Das ist mein Favorit. Es ist fantastisch anzusehen, wenn es sich beim Anziehen geradezu entfaltet.

Zu beachten ist aber, dass es nicht sehr elastisch ist. Es besteht aus Luftmaschen und Maschengruppen. Luftmaschen sind etwas enger als andere Maschen und können daher unangenehm zu tragen sein, besonders um den Knöchel herum.

Anfängern rate ich daher, Spitzenmuster nur auf dem Schaft des Sockens zu arbeiten, erst wenn man mehr Erfahrung hat, Socken nach Maß zu häkeln, sollte man es mit einem Spitzenmuster auf dem Rist versuchen.

Spitzenmuster kann man anpassen, indem man eine Luftmasche hinzufügt, wenn die Luftmaschenzwischenräume groß sein sollen. Das ändert natürlich die Gesamtzahl an Maschen, ist aber nötig, um den Mangel an Dehnbarkeit auszugleichen. Dadurch erhält der ganze Socken etwas mehr Elastizität, ohne dass die Maschenprobe beeinträchtigt wird. Diese Maschen sollten in den folgenden Reihen und dort, wo kein Muster gearbeitet wird (Sohle, Ferse, Spitze, Bündchen) außer Acht gelassen werden; es ist wichtig, dass die Maschenzahl im Rahmen der Maschenprobe bleibt.

MEHRFARBIGE MUSTER

Wenn man mehrfarbige Socken häkelt, kann man Garnreste verbrauchen und außerdem können Sie damit richtig knallbunte Socken machen. Die übliche Methode, mit zwei verschiedenfärbigen Fäden gleichzeitig zu häkeln („Fair-Isle-Technik"), führt allerdings zum fast gänzlichen Verlust der Elastizität; es gibt aber andere Techniken, um bunte Socken zu häkeln, ohne dieses Risiko einzugehen, zum Beispiel innerhalb eines Musters die Farbe zu wechseln. Wichtig ist es, mit verschiedenen Garnen dieselbe Maschendichte zu halten.

STREIFEN

Streifen, die man durch Garnwechsel erzeugt (also nicht durch Verwendung von meliertem Garn) ist eine dieser Alternativen, die zum Beispiel einem strukturierten Muster eine zusätzliche Dimension verleiht.

Manche Anleitungen enthalten ungewöhnliche Maschenmuster, die in Höhe und Maschenzahl variieren, wie Zopf- oder Spitzenmuster; wenn Sie bei diesen jede zweite Reihe in einem andersfarbigen Garn arbeiten, können Sie das Aussehen und das Tragegefühl des Sockens ändern, ohne die Ästhetik des Designs zu beeinträchtigen.

INTARSIENTECHNIK

Mit dieser Technik bringt man Farbe in die Socken, ohne dafür die Elastizität zu opfern. Es ist eine sehr fortgeschrittene Fertigkeit, bei der man mehrere Garnknäuel gleichzeitig jonglieren muss, was die Sache sicher etwas kompliziert macht, aber das Ergebnis ist die Mühe wert.

Das größte Problem bei mehrfarbigem Häkeln ist, ausreichende Dehnbarkeit über die Ferse zu erhalten. Deshalb sollten Sie die Maschenprobe in dem vorgeschlagenen mehrfarbigen Muster und in der Maschenzahl Ihrer Größe arbeiten. Überprüfen Sie mit Hilfe der Probe, ob der Socken sich genügend dehnt, um über Ihre Ferse zu passen.

Falls Sie eine der mehrfarbigen Techniken benutzen, wie z. B. Fair-Isle oder Tapestry Häkeln, wird Ihre Maschendichte wahrscheinlich höher sein als bei Standardmaschen, die mit demselben Garn und derselben Nadel gearbeitet werden. Nehmen Sie sich deshalb die Zeit, Ihre Maschendichte in der mehrfarbigen Technik zu messen, bevor Sie die Socken beginnen.

>> FÜNF TRICKS, UM EINE ANLEITUNG FÜR EINE PASSFORM NACH MASS ZU ADAPTIEREN <<

Die meisten Anleitungen für Häkelsocken sind für durchschnittliche Füße gedacht. Aber jeder Fuß ist, so wie jeder Mensch auch, einzigartig, also muss man auch die Anleitungen abändern. Ich selbst zum Beispiel habe sehr kräftige, muskulöse Waden und bin 1,98 m groß, sodass ich die Anleitungen an meine Waden und auch die Schaftlänge des Sockens anpassen muss.

Häkelfreunde haben meist dieselben Fragen, wenn es um die Anpassung an individuelle Abmessungen geht – hier sind die Top-5-FAQs:

1. MEINE SOCKEN RUTSCHEN, WAS MACHE ICH FALSCH?

Wahrscheinlich sind die Socken einfach zu groß. Hier sollte man den negativen Spielraum vergrößern, damit die Socken sich richtig dehnen können.

Für Ihr nächstes Projekt messen Sie die Füße nochmals ab und arbeiten Sie mit diesen Maßen. Wenn das nicht hilft, machen Sie die Wade des Sockens eine Nummer kleiner und beenden Sie den Socken in Ihrer Standardgröße, wobei Sie aber beim Zwickel ausreichend zu- oder abnehmen sollen (je nach Arbeitsrichtung), um die richtige Maschenzahl zu erreichen.

2. MEINE SOCKEN SIND UM DIE FERSE HERUM ZU KLEIN, WORAN LIEGT DAS?

Das ist ein häufiges Problem, ehrlich gesagt ist es mir auch schon einige Male passiert. Häkeln Sie den Schaft Ihres Sockens in der angegebenen Maschenzahl und arbeiten Sie bis zum Beginn der Ferse, bei einem cuff-down-Socken (bei einem toe-up-Socken machen Sie einen Schlauch aus Maschen in derselben Anzahl) und probieren Sie ihn an, bedenken Sie, dass der Socken nicht locker sitzen sollte, es aber leicht sein muss, ihn über die Ferse zu dehnen. Wenn das nicht geht, müssen Sie den Schaft etwas größer machen oder eine Maschenart wählen, die sich leichter dehnt.

3. ICH HABE KRÄFTIGE BEINE, ALSO HÄKLE ICH NUR KNÖCHELHOHE SÖCKCHEN, WIE KANN ICH NORMALE ANLEITUNGEN AN MEINE WADEN ANPASSEN?

Versuchen Sie die Zwickel-Methode, also Maschen an der Hinterseite des Schafts zunehmen und zum Knöchel hin wieder abnehmen. So wird der Socken sitzen wie angegossen.

4. MEINE FÜSSE SIND VIEL BREITER ALS MEINE KNÖCHEL, DESHALB SIND DIE SOCKEN ZU ENG, WAS KANN ICH TUN?

Das ist einfach! Nehmen Sie im Zwickelbereich einige zusätzliche Runden Maschen ab, um den Sockenumfang auf das nötige Maß zu bringen, wobei aber der negative Spielraum zu beachten ist. Oder Sie versuchen einfach die nächstkleinere Größe.

5. DER FUSS DES SOCKENS IST ZU KURZ (ODER ZU LANG), WAS HABE ICH FALSCH GEMACHT?

Entweder haben Sie zu viel negativen Spielraum bei der Sockenlänge berücksichtigt oder Sie haben ihn vergessen; in beiden Fällen arbeiten Sie den Fuß des Sockens bis zu einer Länge, die 5 cm kürzer ist als die gewünschte Sockenlänge, und arbeiten Sie dann die Spitze.

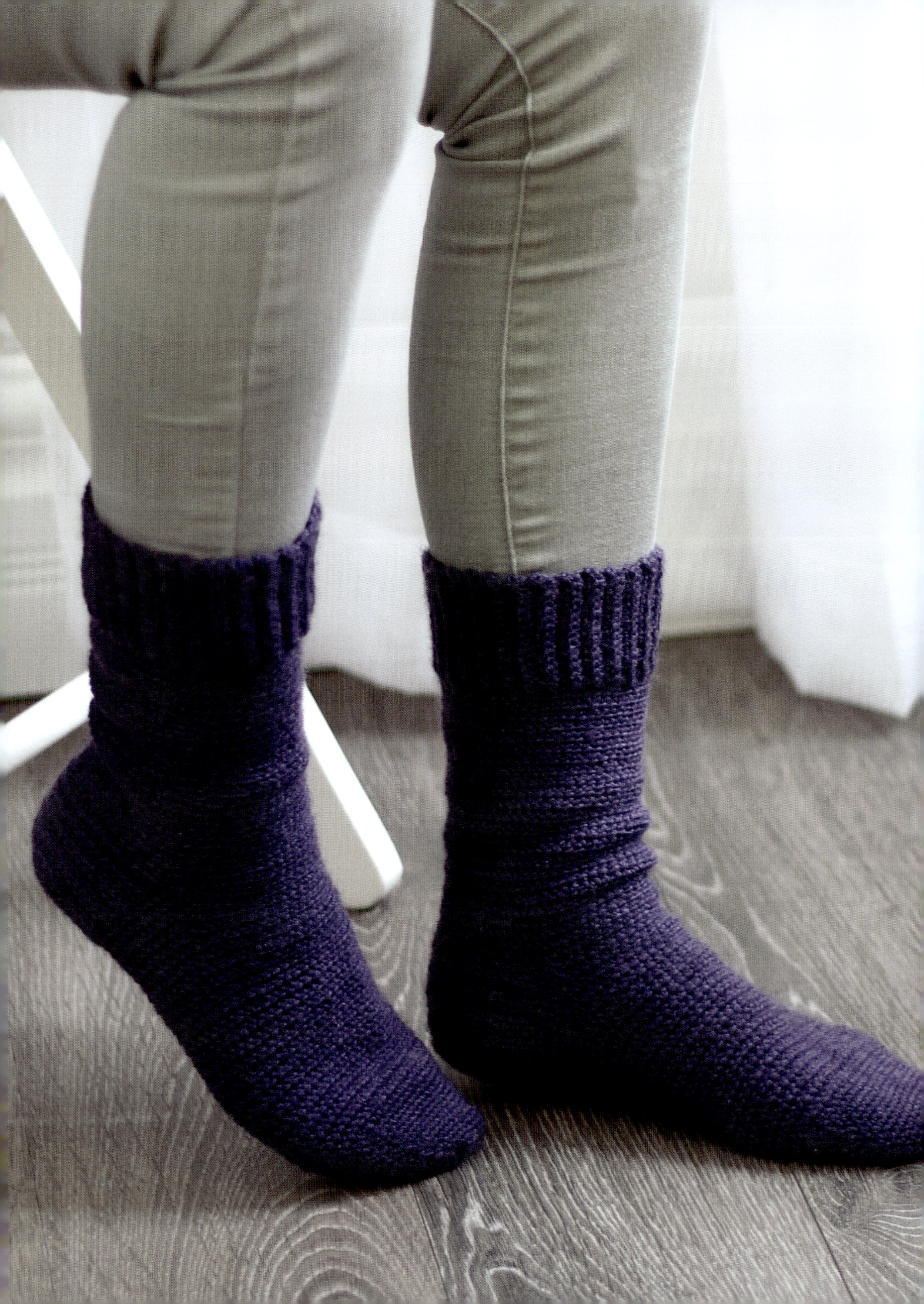

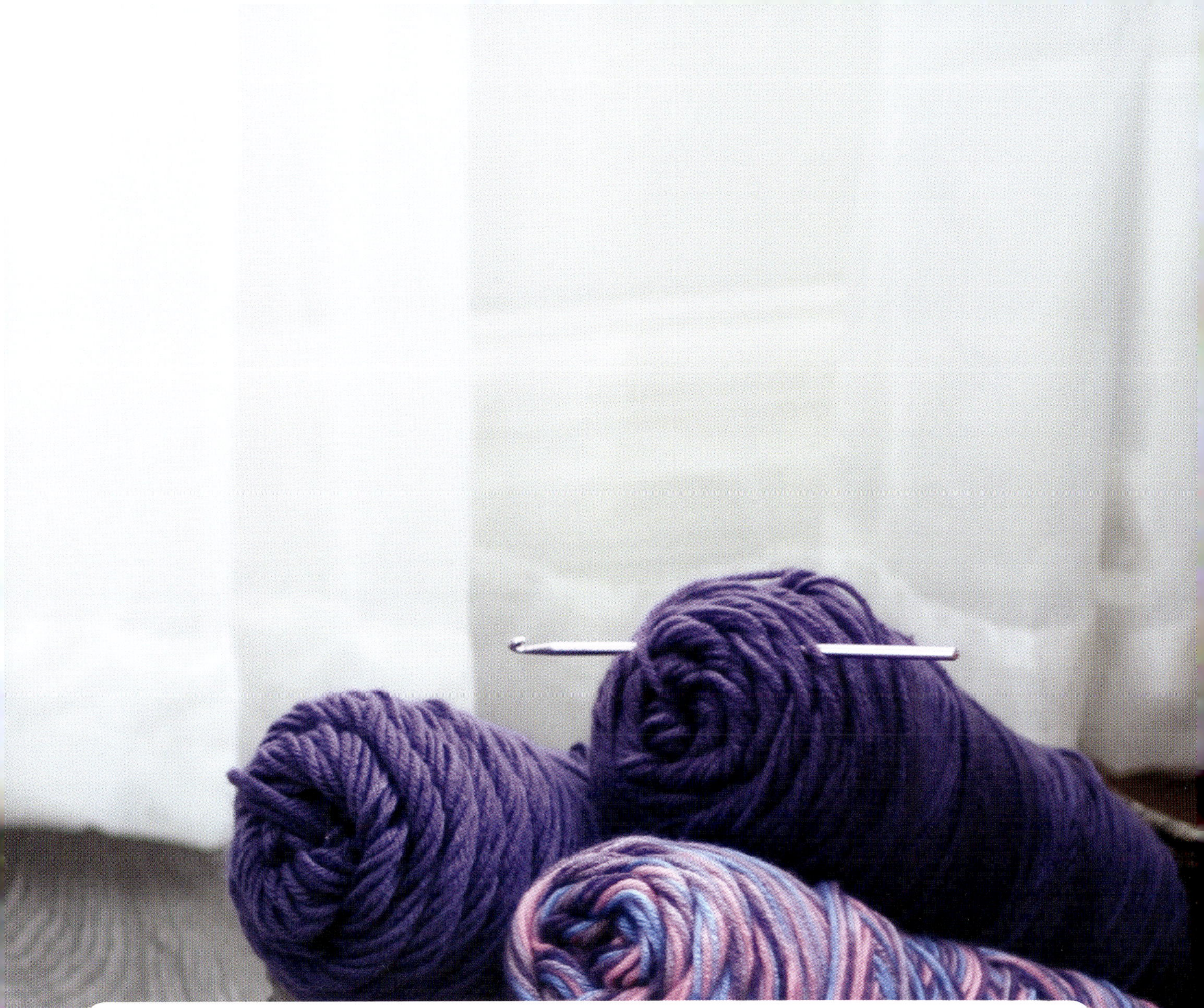

KAPITEL 4

FERSEN, SPITZEN UND BÜNDCHEN

Ferse, Spitze und Bündchen sind die drei wichtigsten Bereiche eines Sockens. Sie können zwischen verschiedenen Methoden, diese Teile zu häkeln, wählen und auch auf diese Art Socken nach Ihren persönlichen Bedürfnissen anfertigen.

METHODEN FÜR DEN AUFBAU VON FERSE UND SPITZE

Ferse und Spitze sind die Teile des Sockens, die für Passform, Tragekomfort und Lebensdauer des Sockens entscheidend sind und daher mit besonderem Bedacht gemacht werden müssen.
Üblicherweise arbeitet man nach zwei Methoden für den Aufbau der Ferse und nach einfachen Methoden für den Aufbau der Spitze.

FERSENAUFBAU

Cuff-down-Fersenwände und aus verkürzten Reihen aufgebaute toe-up-Fersen sind die üblichen Methoden, aber vielleicht nicht die richtigen für Ihre persönlichen Bedürfnisse und Maße. Probieren Sie deshalb diese vier Methoden: die runde Ferse, die starke Ferse, die Bandferse und die gewöhnliche Ferse – übernommen und angepasst aus den entsprechenden Stricktechniken, ergeben sie gut sitzende und bewegliche Socken.

Dennoch ist es ein trial-and-error-Prozess, sich für die richtige Fersentechnik zu entscheiden.

In diesem Buch habe ich Techniken gewählt, die für toe-up- und auch für cuff-down-Socken geeignet sind, und eine Fersenwand-mit-Zwickel-Konstruktion haben.

Die Fersenwand wird typischerweise vorwärts und rückwärts in Reihen in die Hälfte aller Maschen des Sockens gearbeitet, und zwar entweder in festen Maschen oder in verbundenen Halbstäbchen für eine längere Lebensdauer. Bei cuff-down-Socken wird die Fersenwand rückwärts und vorwärts in diese Maschen gearbeitet, bis eine bestimmte Abmessung erreicht ist. Für den optimalen Sitz sollte die Länge der Fersenwand an den Fuß angepasst werden. Bei toe-up-Socken kann das etwas schwierig werden, weil die Länge der Fersenwand unerklärlicherweise von der Zahl der im Zwickel zugenommenen Maschen abhängt. Wenn die Fersenwand fertig ist, wird das Fersenkäppchen gemacht, damit der Socken unter der Ferse rund ist und die Ferse gut hineinpasst. Bei toe-up-Socken wird zuerst das Fersenkäppchen gemacht und dann die Fersenwand.

DIE CUFF-DOWN-RUNDFERSE

Die Standard-Rundferse (auch: Französische Ferse oder Herzchenferse) ist die beliebteste Fersen-Methode für cuff-down-Häkelsocken, sie kann aber auch für toe-up-Socken verwendet werden. Sie besteht aus einer Fersenwand mit einem kleinen trapezförmigen Teil, der mit Abnahmen und Kurzreihen gemacht wird, um das Fersenkäppchen zu erzeugen. Dann werden Maschen um die Fersenwand herum zugenommen und in den Socken eingearbeitet, um den Zwickel zu formen.

DIE TOE-UP-RUNDFERSE

Sie wird genauso gemacht wie ihr cuff-down-Gegenstück, nur in umgekehrtem Arbeitsablauf. Der Fuß des Sockens wird bis zu einer angegebenen Länge gearbeitet, dann werden auf jeder Seite Maschen zugenommen, um den Zwickel zu formen. Anschließend wird das Fersenkäppchen gemacht und dann die Fersenwand, die rückwärts und vorwärts gehäkelt wird, wobei Maschen verbunden, also abgenommen werden, während die Fersenwand aufgebaut wird. Durch Abnehmen von mehr (oder weniger) Maschen kann die Fersenwand auch kürzer (oder länger) gemacht werden. Sobald die Fersenwand fertig ist, müssen keine Maschen mehr abgenommen werden und übriggeblieben sind nur die Maschen, mit denen Sie begonnen haben.

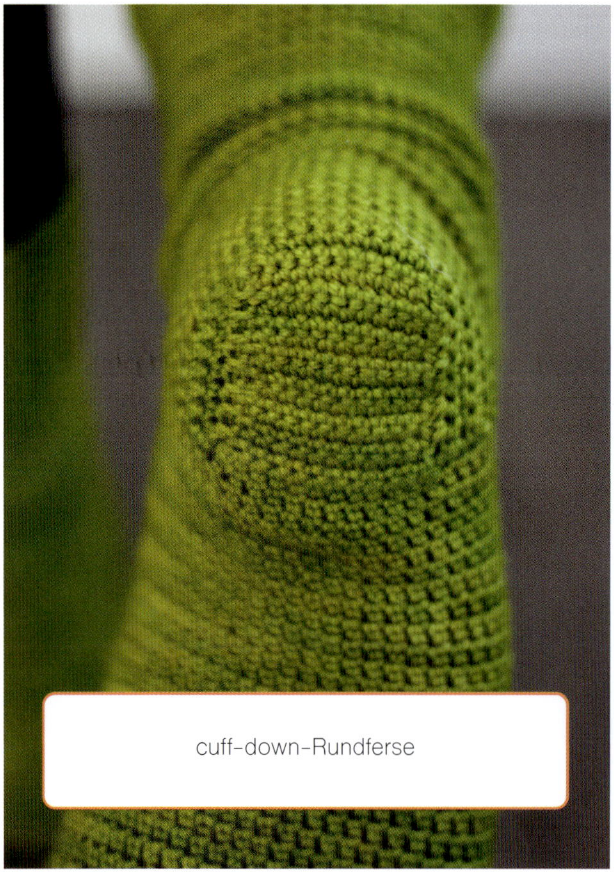

cuff-down-Rundferse

DIE STARKE FERSE FÜR CUFF-DOWN-SOCKEN

Diese Ferse ist aus der Stricktechnik übernommen und so leicht zu machen, dass es direkt ein Vergnügen ist. Man beginnt die Ferse, sobald der Schaft die gewünschte Länge hat, dann werden auf beiden Seiten des Schafts Maschen zugenommen, um die Zwickel-Zunahmen und die Fersenwand gleichzeitig zu formen. Die ganze Ferse, außer dem Fersenkäppchen selbst, wird rundgehäkelt. Sobald die nötige Maschenzahl erreicht ist, wird ein Fersenkäppchen mit verkürzten Reihen gearbeitet, was auch zum Maschenabnehmen dient. Wenn das Fersenkäppchen fertig ist, bleibt die ursprüngliche Maschenanzahl übrig.

DIE STARKE FERSE FÜR TOE-UP-SOCKEN

Wird genauso gearbeitet wie die gerade erläuterte cuff-down-Version, aber in umgekehrter Reihenfolge. Der Sockenfuß wird in der gewünschten Länge fertiggestellt, es folgt das Fersenkäppchen, um das herum Maschen aufgenommen werden, die dann mit den bislang nicht gearbeiteten Maschen des Sockenfußes gehäkelt werden. Nun werden auf beiden Seiten Maschen abgenommen, während rundgehäkelt wird, um eine bequeme und maßgenaue Ferse zu formen. Abschließend werden Maschen abgenommen, bis zur ursprünglich benötigten Anzahl.

DIE GEBRÄUCHLICHE FERSE

Diese Ferse ähnelt der Fersenwand der Rundferse, außer, dass sie kein Fersenkäppchen hat.

Die Hälfte der Maschen wird in dem in der Anleitung angegebenen Muster gearbeitet, bis die Sockenwand die gewünschte Länge hat, dann wird die Ferse in die Hälfte gefaltet und mit Kettmaschen oder einem Saum aus festen Maschen verbunden. Dieser Saum befindet sich nun auf der Unterseite der Ferse. Für toe-up-Socken wird der Arbeitsablauf einfach umgekehrt, da dies aber selten in Anleitungen vorkommt, behandle ich es in diesem Buch nicht.

DIE BANDFERSE (HOLLÄNDISCHE FERSE) FÜR CUFF-DOWN-SOCKEN

Die holländische Ferse ist für cuff-down- und toe-up-Socken gleichermaßen gut geeignet.

Die Fersenwand wird auf der Hälfte der Maschen bis zu einer bestimmten Länge gearbeitet. Sobald die Wand fertig ist, wird ein Drittel der Maschen in ihrer Mitte benutzt, um ein Band zu arbeiten. Die Maschen auf jeder Seite des Mittelbandes werden verbunden, indem zwei Maschen zusammengearbeitet werden, wodurch auch die Gesamtzahl der Maschen der Fersenwand reduziert wird. Dann muss noch eine kleine Anzahl an Maschen im Zwickelbereich abgenommen werden.

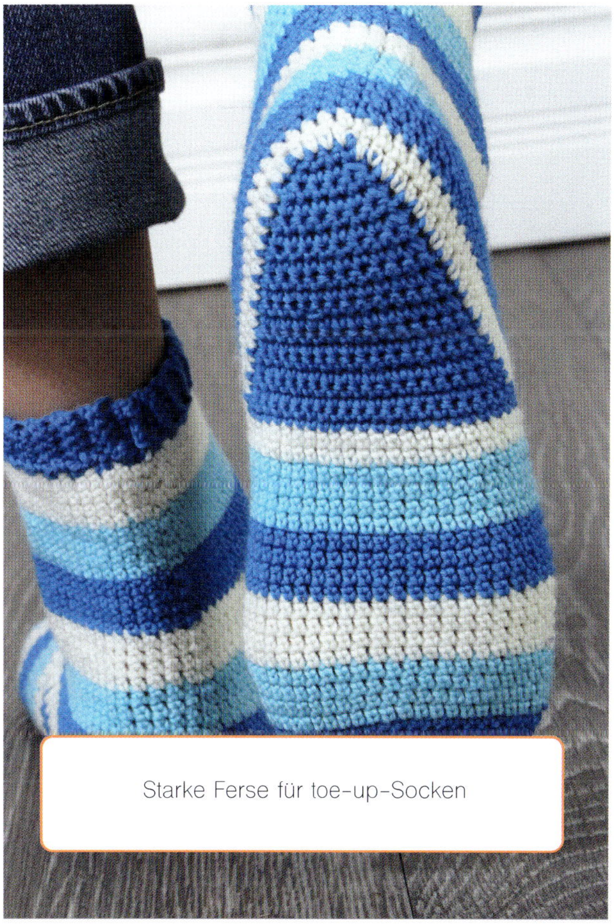

Starke Ferse für toe-up-Socken

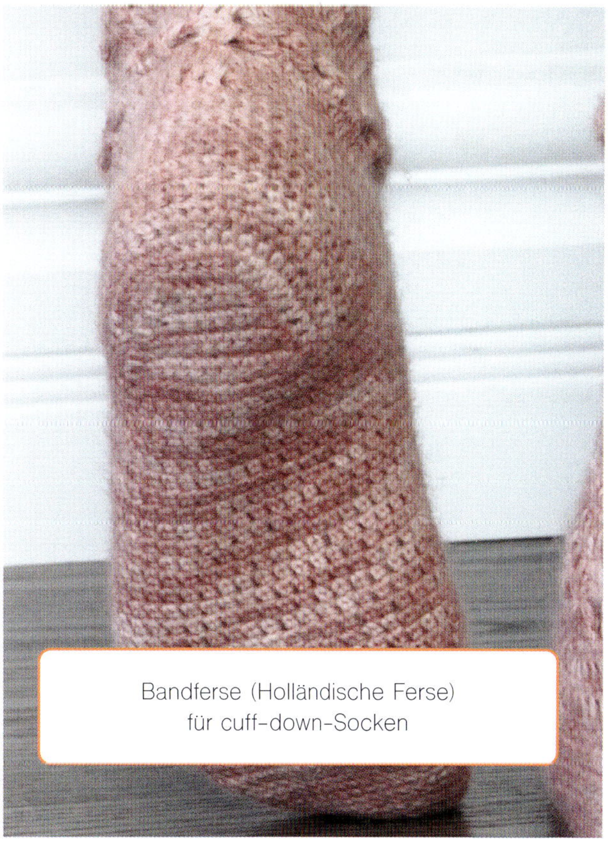

Bandferse (Holländische Ferse) für cuff-down-Socken

DIE BANDFERSE (HOLLÄNDISCHE FERSE) FÜR TOE-UP-SOCKEN

In der toe-up-Version dieser Ferse wird zuerst das Band gemacht, wodurch sich die Fersenwand rund um dieses kleine Viereck bildet, nachdem einige Maschen für den Zwickel zugenommen worden sind. Wenn die Fersenwand fertig ist, bleibt die ursprüngliche Anzahl an Maschen übrig.

VERSTÄRKTE FERSEN

Um die Teile des Sockens, die stark beansprucht werden – wie eben die Ferse – zu verstärken, wenden viele Strick-und Häkelfans einen einfachen Trick an: Sie häkeln einen 100%-igen Nylonfaden mit, während sie diese Bereiche arbeiten.

Eigentlich ist das für Häkelsocken gar nicht notwendig, weil Häkelmaschen einzelne Knoten sind, die sich selbst verstärken. Falls Sie es trotzdem tun möchten, arbeiten Sie ganz normal und führen Sie einfach einen Nylonfaden mit, während Sie die Fersenwand und das Fersenkäppchen machen.

Eine Anmerkung zu Türkischer und Bumerangferse: Die Türkische Ferse, auch bekannt als Nachträgliche Ferse (nachträglich eingearbeitete Ferse) und die Bumerangferse gehören zu den beliebteren Fersen-Techniken, besonders für gestrickte Socken. Ich behandle sie allerdings in diesem Buch nicht, weil ich sie, ehrlich gesagt, einfach nicht mag und finde, dass sie für gehäkelte Socken nicht geeignet sind.

Die Türkische Ferse hat weder eine Fersenwand noch einen Zwickel und wird für cuff-down- und toe-up-Socken in gleicher Weise angefertigt. Oft drückt sie allerdings auf den Knöchel und erzeugt ein ziemlich enges Gewebe, das für Häkelsocken nicht ideal ist.

Die Bumerangferse sitzt schlecht und muss immer individuell angepasst werden, diese Maßanfertigung ist aber nicht einfach, weil die Maschenzahlen voneinander abhängen, was besonders für Anfänger schwierig zu berechnen ist.

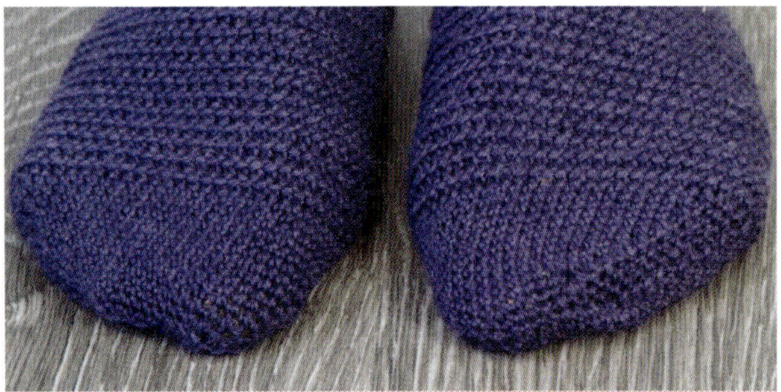

Bandspitze

GEMUSTERTE FERSEN

Ich werde oft gefragt, ob ich empfehle, Fersen gemustert zu arbeiten, wie zum Beispiel ein Zopfmuster über die Fersen zu führen. Die Antwort ist: „Ja" und „Nein". Entscheidend ist, ob das Muster den Socken zu voluminös für den Schuh macht oder nicht.

Allgemein kann man mit Sicherheit sagen, dass Zopfmuster und Spitzenmuster nicht über die Ferse geführt werden sollten. Spitzenmuster haben Löcher, die irgendwann einreißen werden, Zopfmuster sind dick und massig, würden kaum in einen Schuh passen, beim Gehen auf die Sohle drücken und reiben, sodass ich davon dringend abrate.

Strukturierte Maschen können über die Ferse geführt werden, aber auch hier rate ich zu Vorsicht und einem Versuch.

AUFBAU DER SPITZE

Die verschiedenen Arten des Sockenaufbaus haben dieselbe Grundstruktur.

Für einen cuff-down-Socken beginnt man mit den Fuß-Maschen und nimmt solange Maschen ab, bis man die spezifische Anzahl erreicht hat, die der Maschendichte des Sockens entspricht.

Für toe-up-Socken beginnt man mit einer kleinen Maschenzahl und nimmt zu, bis die für den Fuß nötige Maschenzahl erreicht ist. Einen robusten Zehenbereich zu machen, ist natürlich enorm wichtig für einen gelungenen und langlebigen Häkelsocken, egal welche Art des Sockenaufbaus man wählt.

DIE BANDSPITZE

Das ist die häufigste Methode, sie macht die Formung der Spitze einfach und ergibt eine bequeme Passform. Für cuff-down-Socken nehmen Sie zwei Maschen auf jeder Seite des Fußes ab, für toe-up-Socken nehmen Sie auf jeder Seite des Fußes zwei Maschen zu, bis ungefähr 2,5 cm oder die Hälfte der ursprünglichen Maschen für den Fußbereich des Sockens übrigbleiben. Abschließend nähen Sie die Enden der Spitze zusammen.

DIE ABGERUNDETE STERNSPITZE

Diese Spitze bildet einen sechszackigen Stern, sodass man eine durch 6 teilbare Anzahl an Maschen für die Fertigstellung braucht. Man nimmt einfach in jeder zweiten Reihe 6 Maschen ab, bis nur mehr 6 Maschen übrig bleiben.

DIE STERNSPITZE

Das ist nur eine Variante der abgerundeten Sternspitze. Die Maschenzahl muss durch 4 teilbar sein. Die Spitze wird geformt, indem man in jeder zweiten Reihe 8 Maschen abnimmt, bis nur mehr 8 Maschen übrigbleiben.

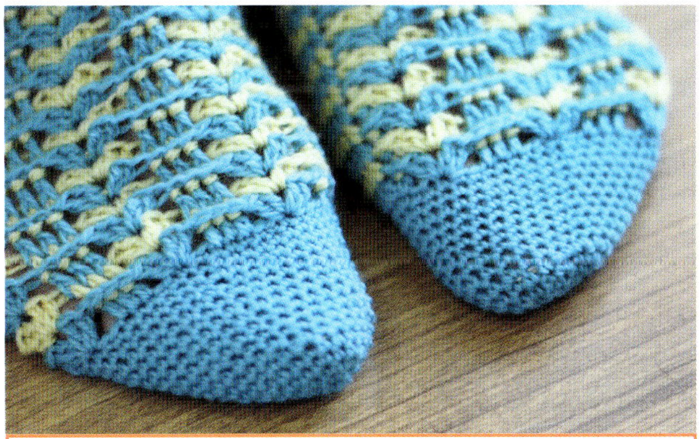

Sternspitze

DIE RECHTECKIGE SPITZE

Das ist eine ausgezeichnete Alternative zur Bandspitze, weil sie besonders bequem ist. Am besten ist sie für toe-up-Socken geeignet, macht aber auch bei der cuff-down-Arbeitsrichtung keine Probleme. Bei toe-up-Socken wird ein kleines Rechteck gehäkelt, um das herum dann Maschen gearbeitet werden und an jeder der vier Spitzen des Rechtecks werden Maschen zugenommen. Bei cuff-down-Socken werden zunachst bei einer kleinen Anzahl an Maschen 4 Abnahmen gemacht, dann wird schneller abgenommen, um die Spitze zu schließen.

SPITZEN MIT MUSTER

Der Zehenbereich des Sockens muss robust sein und große Belastungen aushalten, weshalb ich davon abraten würde, hier Zopf- oder Spitzenmuster zu arbeiten – ich habe dieser Versuchung das eine oder andere Mal nachgegeben, aber das verkürzt die Lebensdauer des Sockens und macht ihn sehr unbequem.

Mehrfarbigkeit allerdings ist möglich und die Verwendung von mehreren verschiedenfarbigen Garnen gleichzeitig kann den Socken auch verstärken. Achten Sie darauf, das Garn nicht entlang der Innenseite des Fußes zu führen, wie bei der Fair-Isle-Technik, arbeiten Sie stattdessen wie bei der Tapestry-Technik und häkeln die Garnfäden ein.

Dadurch wird die Spitze des Sockens etwas dicker. Deshalb ist diese Methode nicht für Anfänger geeignet und wird in diesem Buch nicht behandelt.

Die Spitze sollte immer in festen Maschen gearbeitet sein, damit sie robust genug ist, um auch die Reibung im Schuh auszuhalten; vermeiden Sie deshalb offene Maschen oder solche, die sich rasch abnützen, der Socken wird dadurch auch seinen Tragekomfort behalten.

Eine Bemerkung zu Spitzen mit verkürzten Reihen: Sie werden sowohl bei cuff-down- als auch bei toe-up-Socken gleich gearbeitet wie die Bumerangferse, und das ist auch ihr großer Nachteil, denn sie sind zu voluminös und können sehr unbequem sein. Außerdem wirkt sich die unterschiedliche Maschendichte von den rund- und flachgehäkelten Bereichen negativ auf die Passform aus.

Ich persönlich vermeide sowohl Bumerangferse als auch Spitze mit verkürzten Reihen.

BÜNDCHENAUFBAU

Das Bündchen verhindert, dass der Socken hinunterrutscht und es komplettiert das Erscheinungsbild des Sockens, der sich dadurch auch so anfühlt, wie wir es gewohnt sind.

Die meisten Häkelfans setzen dafür vordere oder hintere Reliefmaschen ein, die aber nicht sehr elastisch sind, sodass die Elastizität im Laufe eines Tages ganz verloren geht, die Socken in die Schuhe rutschen und sich in unbequeme Lappen verwandeln. Reliefmaschen sind auch sehr voluminös, sodass ein solches Bündchen den Socken nicht sehr sauber und ordentlich aussehen lässt.

Ich bevorzuge deshalb Maschen, die eine stabile Dehnbarkeit erzeugen und den Socken dort halten, wo er hingehört, dafür ist es aber nötig, sich von traditionellen Arten, gerippte Bündchen herzustellen, zu trennen und die side-to-side-Methode bei cuff-down- und toe-up-Socken anzuwenden.

Diese side-to-side-Rippenbündchen sollten entweder in festen Maschen oder in Kettmaschen gearbeitet werden, und zwar immer durch das hintere Maschenglied.

Die Maschen werden dadurch nebeneinander angeordnet und die Rippen bekommen eine feste Dehnbarkeit, die sich beim Lockern schnell wieder zusammenzieht.

Die Länge des Rippenbündchens können Sie selbst entscheiden, wobei 2,5 cm schon genügen, um den Socken am Bein zu halten. Dennoch empfehle ich, besonders für Herren, 5–7,5 cm Länge.

RIPPENMUSTER AUS FESTEN MASCHEN

Damit sind die meisten Häkelfreunde vertraut, egal ob es um Socken oder andere Werkstücke geht.

Es wird gemacht, indem feste Maschen in das hintere Maschenglied jeder Masche gearbeitet werden. Normale feste Maschen werden gleichzeitig in das vordere und das hintere Maschenglied gearbeitet.

Spezielle Maschen, die entweder in das vordere oder das hintere Maschenglied gearbeitet werden, ergeben ein anderes Gewebe, das deutliche Linien innerhalb des Werkstücks erzeugt. Wenn man die Arbeit dann um 90 Grad wendet und die Enden zusammennäht, ergibt das ein schönes, ordentliches Rippenmuster, das besonders für einfache Socken geeignet ist.

Rippenmuster aus fM können mit jeder Maschenzahl gearbeitet werden. Die Maschenzahl bestimmt die Länge der Rippen. Wenn Ihre Maschendichte zum Beispiel 6 Maschen auf 2,5 cm ist, und Sie ein 5 cm langes Rippenbündchen möchten, würden Sie 13 Luftmaschen machen, wovon 12 für das Rippenmuster wären und die 13. die Wendemasche ist. Nach der Grundreihe arbeiten Sie nur in die 12 festen Maschen über die ganze Länge des Rippenmusters. Diese Länge (bevor die Enden verbunden werden) wird der Endumfang des fertigen Sockens sein. Weil jede feste Masche gleich lang und hoch ist, arbeiten Sie genau so viele Reihen wie Sie Maschen für den Wadenumfang brauchen. Ist Ihre Maschendichte z. B. 6 Maschen pro 2,5 cm, und Ihr Wadenumfang 21,5 cm, arbeiten Sie den Socken mit einem Wadenumfang von 20,2 cm (nachdem Sie 1,3 cm für den negativen Spielraum abgezogen haben), das sind 48 Maschen. Für ein Rippenbündchen aus fM würde man einfach 48 Reihen häkeln. Dann würde man Maschen rund um die Basis des Rippenmusters aufnehmen, nachdem man die Enden verbunden hat, und mit der eigentlichen Maschenzahl weiterarbeiten.

RIPPENMUSTER AUS KETTMASCHEN

Eine weniger bekannte Bündchen-Technik, die aber sehr elastisch ist, ist das Rippenmuster aus Kettmaschen. Kettmaschen (Km) dienen meist als Verbindung beim Rundhäkeln, oder dazu, den Anfang der Runde zu einer anderen Masche zu verlegen, aber wenn Sie durch das hintere Maschenglied gearbeitet und um 90 Grad gedreht werden, um ein Rippenmuster zu formen, ergeben Sie ein unglaublich bequemes und elastisches Bündchen.

Diese Technik dauert länger als das Rippenmuster aus festen Maschen, aber das Ergebnis ist jeder anderen Methode überlegen, sie kann auch auf jeder Maschenzahl gearbeitet werden. Die Maschenzahl bestimmt die Länge des Bündchens; bei einer Maschendichte von 6 Maschen pro 2,5 cm braucht man für ein 5 cm langes Bündchen 13 Luftmaschen, von denen 12 für die Rippen sind und die 13. die Wendemasche ist. Nach der Grundreihe arbeitet man nur mehr auf den 12 Maschen über die ganze Länge des Bündchens, seine Länge (bevor die Enden verbunden werden) ist dann die Länge des Endumfangs der Sockenwade.

Dieses Bündchen ist etwas schwieriger zu berechnen, weil wir zwei verschiedene Maschen von unterschiedlicher Höhe (Kettmaschen und feste Maschen) verwenden, trotzdem gelten die bekannten Regeln.

Um seiner besonderen Elastizität Rechnung zu tragen, arbeitet man hier genauso viele Reihen wie man Maschen für den Wadenumfang braucht.

Das heißt, bei einer Maschendichte von 6 Maschen auf 2,5 cm und einem gemessenen Wadenumfang von 21,5 cm würde man den Wadenumfang des Sockens mit 20,2 cm (nach Abzug von 1,3 cm für den negativen Spielraum) arbeiten, das sind 48 Maschen und 48 Reihen. Man würde dann Maschen rund um die Basis des Bündchens zunehmen (nachdem man die Enden verbunden hat) und dann mit der eigentlichen Maschenzahl den Socken fertigarbeiten.

Die Elastizität des Rippenmusters aus festen Maschen kann man erhöhen und die Arbeitszeit für das Kettmaschen-Rippenmuster-Bündchen verkürzen, indem man die beiden Techniken kombiniert, das sieht dann aus wie gestrickt, ist elastisch, aber nicht voluminös. Man häkelt einfach abwechselnd eine Reihe feste Maschen und eine Reihe Kettmaschen über die Länge des Rippenmusters.

Der einzige Nachteil des Kettmaschen-Rippenmusters, egal ob allein oder mit dem Rippenmuster aus festen Maschen kombiniert, ist, dass man beim Maschenaufnehmen, nachdem die Enden verbunden sind, aufpassen muss, weil man manchmal nicht genau sieht, wo die Nadel einstechen soll. Hier hilft man sich, indem man eine feste Masche in jede Reihe setzt oder zwei feste Maschen an das Ende jeder Reihe aus festen Maschen arbeitet und die nächste Reihe dann mit den Maschen des Musters fortsetzt.

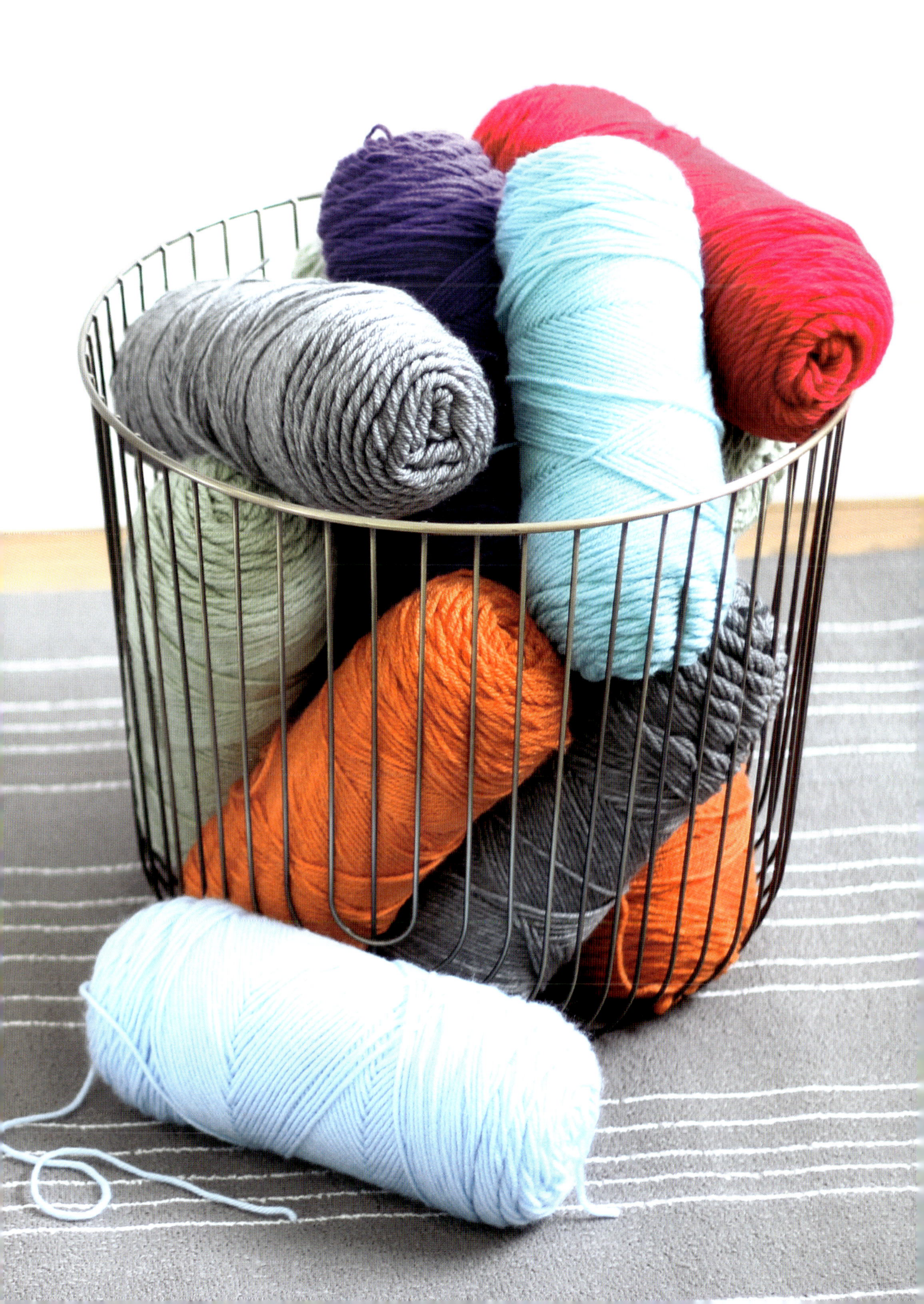

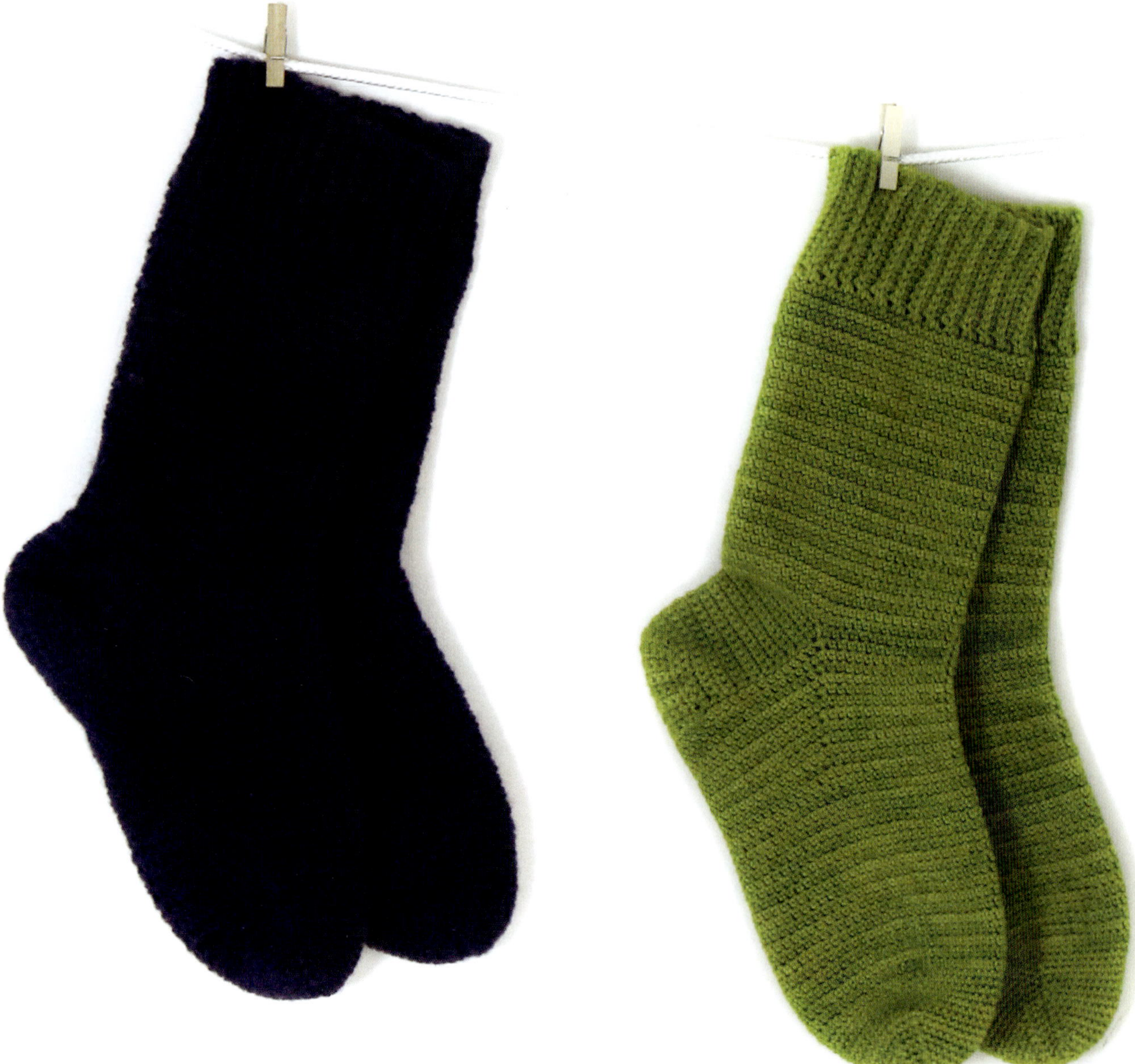

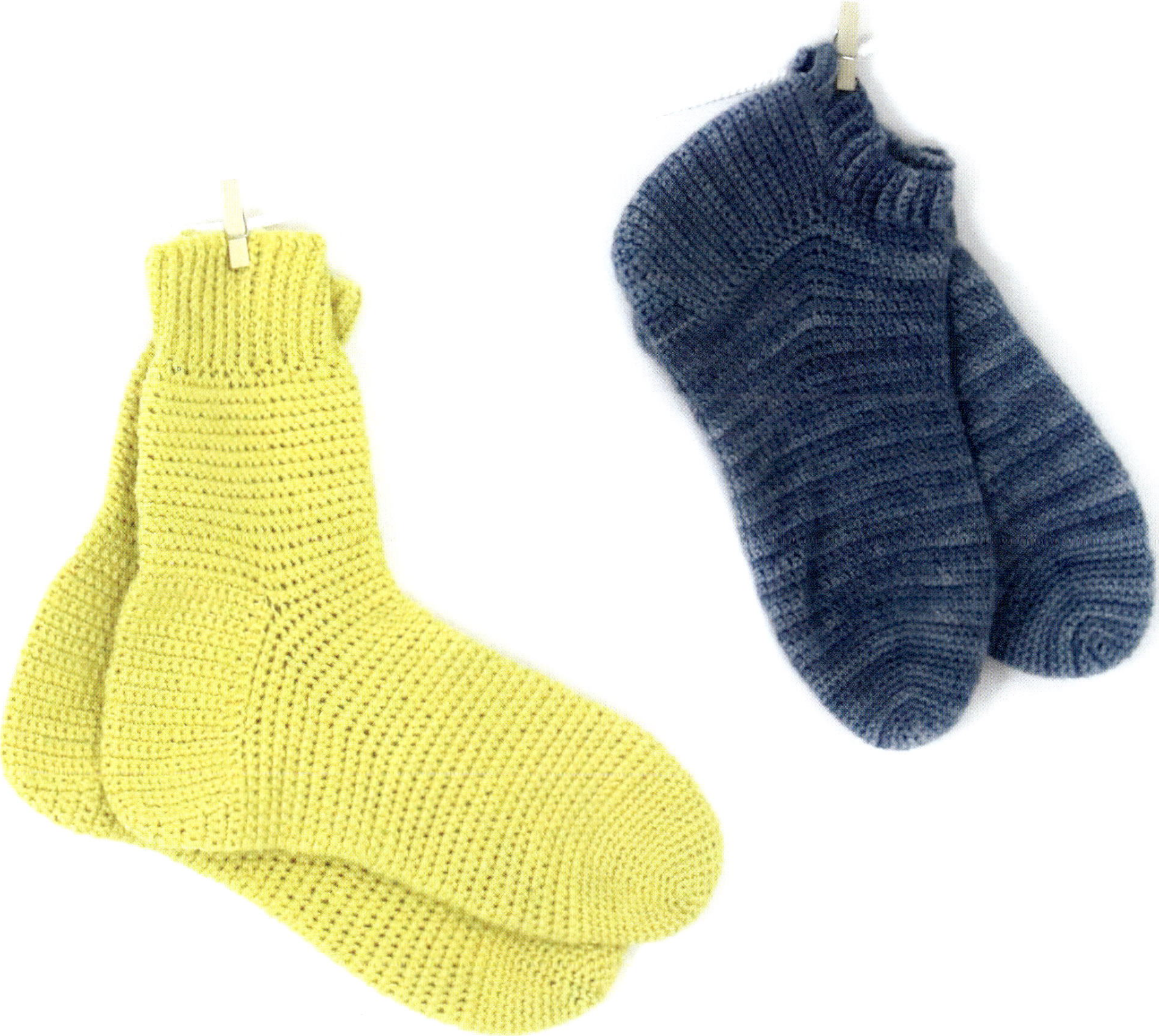

KAPITEL 5

SOCKEN, GANZ EINFACH

Im Grunde genommen ist der einfache Socken das Fundament jeder Häkelsocken-Anleitung. Am besten lernt man die Maßanfertigung von Socken, die dann auch wirklich passen, wenn man sich nicht auch noch mit Zopfmustern, Spitzenmustern oder strukturierten Maschenmustern befassen muss. Die Socken in diesem Kapitel sind so einfach, dass es einfacher nicht geht. Sie können das Wissen, das Sie in den vorherigen Kapiteln erworben haben, jetzt anwenden und nach den folgenden vier Anleitungen Socken häkeln, die Ihnen auch wirklich passen werden.

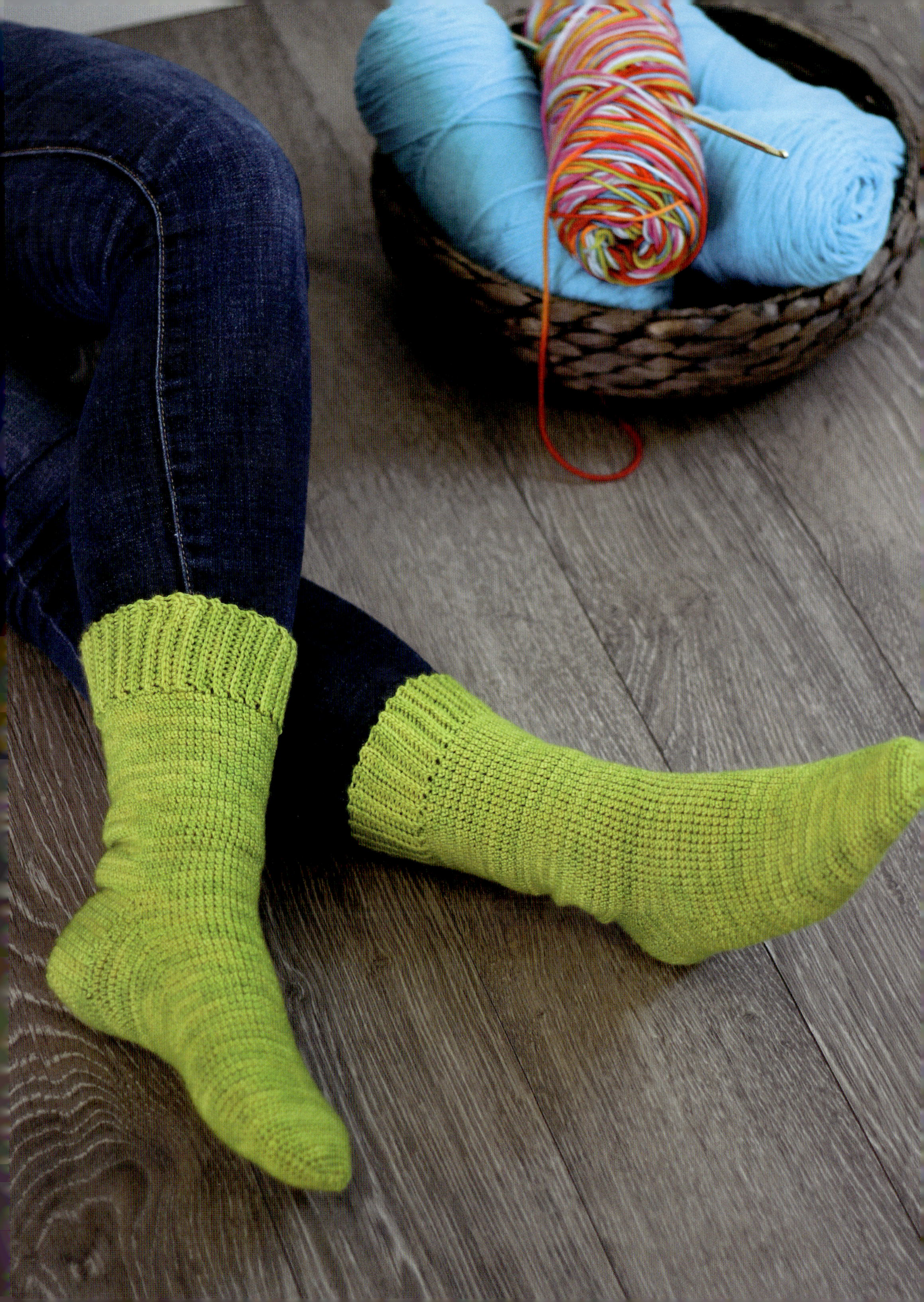

GRASHÜPFER CUFF-DOWN-SOCKEN

Wenn Sie einen einfachen Socken häkeln möchten, sind das die Socken, die Sie suchen. Sie werden mit einer festen Maschendichte gearbeitet, die langlebige Socken ergibt – das perfekte Rezept für den perfekten Anfängersocken.

Probieren Sie den Socken noch während der Arbeit an, sodass Sie Spitze, Ferse und Schaft wirklich genauestens anpassen können; bei den Grashüpfersocken ist diese Feinabstimmung sehr leicht und es wird dann ein Vergnügen sein, sie zu tragen.

Diese Socken werden vom Bündchen hinunter gearbeitet, mit festen Maschen ins hintere Maschenglied, Rippenbündchen, einfacher Fersenwand und einer Standard-Bandspitze.

ENDMASSE

Fußlänge: 19 cm (21,5 cm, 24 cm)
Fußumfang: 18 cm (19 cm, 21,5 cm)
Schaftlänge: 18 cm

Der abgebildete Socken hat eine Fußlänge von 21,5 cm und einen Fußumfang von 19 cm.

GARN

Sockengarn, #1 Super Fine
Abgebildet: SweetGeorgia Yarns Tough Love Sock (80 % superwash Merinowolle, 20 % Nylon, 388,6 m/100 g), Pistachio, 1 (2, 2) Knäuel

HÄKELNADEL

2,75 mm
Falls nötig, wechseln Sie die Häkelnadel, um die nötige Maschenprobe zu erreichen.

ZUBEHÖR

Sticknadel mit stumpfer Spitze

MASCHENPROBE

28 Maschen und 24 Reihen = 10 cm in verlängerten festen Maschen, in Runden gearbeitet, gespannt

DIE MASCHEN

FESTE MASCHE IN HINTERES MASCHENGLIED (FM IN HMGL)
Nur in das hintere Maschenglied der nächsten Masche einstechen, eine Schlaufe durchziehen, das Garn über die Nadel holen und es durch die zwei auf der Nadel befindlichen Schlaufen durchziehen

BÜNDCHEN

1. Reihe (RS): 19 Luftmaschen (Lm), fM in die 2. Lm von der Nadel und dann in jede Lm bis zur letzten Masche, 1 Lm, wenden – 18 Maschen.

2. Reihe (LS): Kettmasche (Km) in das hintere Maschenglied in jede Masche, 1 Lm, wenden.

3. Reihe (RS): fM in hinteres Maschenglied, in jede Masche bis zur letzten Masche, 1 Lm, wenden.

Die Reihen 2 und 3 wiederholen, bis es insgesamt 48 (52, 60) sind, das Bündchen mit Matratzenstich (siehe Maschentechnik) zusammennähen, um dann in Runden weiterzuarbeiten.

Nächste Runde: 48 (52, 60) fM gleichmäßig rund um den einen Rand des Bündchens, mit einer Km in die erste Masche verbinden. Achtung, nicht verdrehen! 1 Lm.

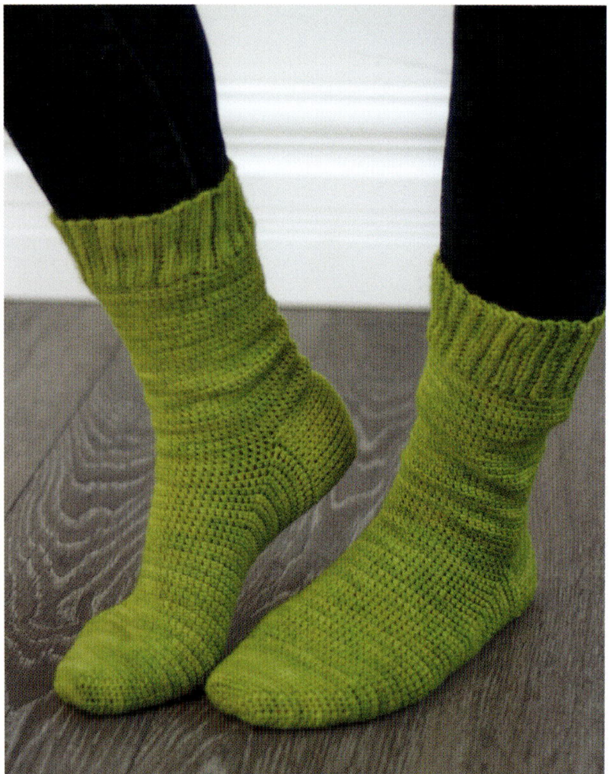

SCHAFT

Nächste Runde: verlängerte feste Masche (vfM, siehe Maschentechnik) in jede weitere Masche, dann mit einer Km in die erste Masche verbinden, 1 Lm – 48 (52, 60) fM.

Wiederholen Sie die letzte Runde, bis der Schaft 18 cm lang ist oder die gewünschte Länge hat.

FERSENWAND

Arbeiten Sie nun in Reihen.

1. Reihe (RS): fM in jede der ersten 24 (26, 30) Maschen, 1 Lm, wenden.

2. Reihe (LS): fM in jede Masche, 1 Lm, wenden.

Wiederholen Sie die letzte Reihe 22 (24, 26) Mal.

FERSENKÄPPCHEN

Arbeiten Sie nun in verkürzten Reihen.

1. verkürzte Reihe (RS): fM in jede der ersten 16 (17, 20) Maschen, 2 fM zusammenhäkeln, 1 Lm, wenden.

2. verkürzte Reihe (LS): fM in jede der nächsten 8 (8, 10) Maschen, 2 fM zusammenhäkeln, 1 Lm, wenden.

Wiederholen Sie die 2. verkürzte Reihe, bis alle Fersenmaschen gearbeitet sind, beenden Sie mit einer Reihe auf der LS – 10 (10, 12) Maschen bleiben übrig.

Nächste Reihe: fM in jede Masche, 1 Lm.

ZWICKEL

Nächste Runde: RS nach vorn, 12 (13, 14) fM entlang der Seite der Fersenwand, häkeln Sie weiter über den Rist, 12 (13, 14) Maschen die andere Seite der Fersenwand entlang, dann mittels einer Km mit der ersten Masche verbinden, dann Km in die erste Masche der letzten Reihe des Fersenkäppchens, 1 Lm – 58 (62, 68) Maschen (Zunahme Fersenkäppchen).

Abnehmen: verlängerte fM in jede Masche bis 2 Maschen vor dem Rist, 2 fM zusammenhäkeln, den Rist weiterarbeiten, 2 fM zusammenhäkeln, verlängerte fM in jede weitere Masche, mittels einer Km mit der ersten Masche

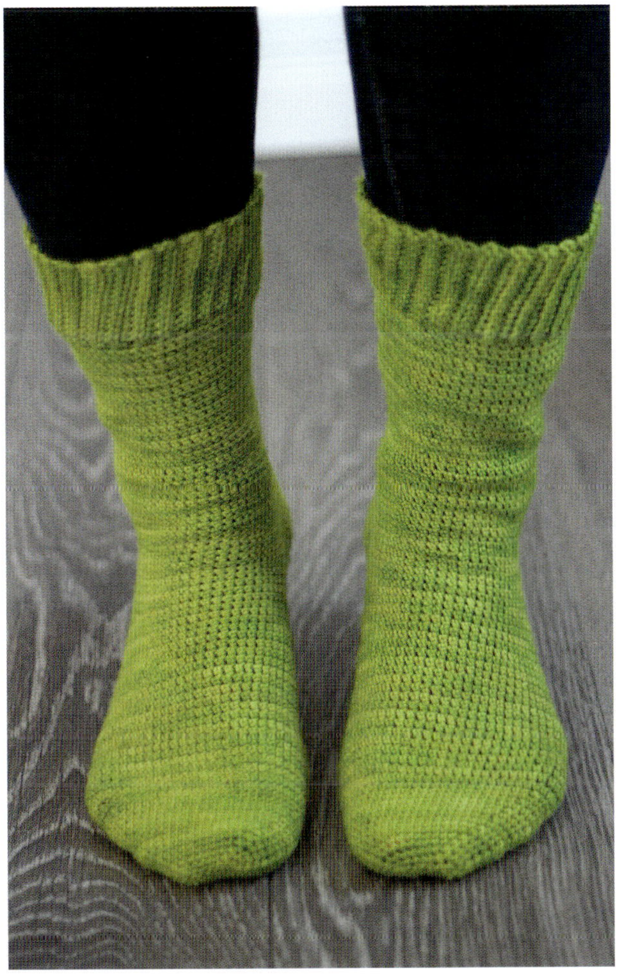

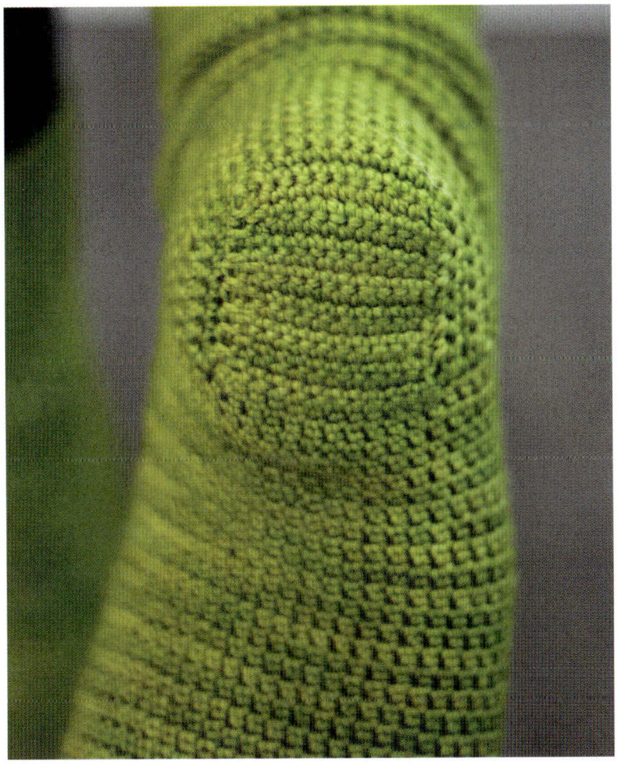

verbinden, 1 Lm – 2 Maschen abgenommen (56 [60, 66] Maschen).

Abnehmen: verlängerte fM in jede Masche bis 1 Masche vor der vorigen Abnahme, 2 fM zusammenhäkeln, den Rist weiterarbeiten, 2 fM zusammenhäkeln, verlängerte fM in jede weitere Masche, mittels Km in die erste Masche verbinden, 1 Lm – 2 Maschen abgenommen (54 [58, 64] Maschen).

Wiederholen Sie die letzte Runde bis 48 (52, 56) Maschen übrigbleiben.

FUSS

Nächste Runde: verlängerte fM in jede weitere Masche, mittels einer Km mit der ersten Masche verbinden, 1 Lm.

Letzte Runde wiederholen, bis der Fuß 5 cm kürzer ist, als die gewünschte Länge von der Fersenrückseite.

SPITZE

Abnehmen: [fM in die erste Masche, 2 fM zusammenhäkeln, fM in jede der nächsten 19 (21, 23) Maschen, 2 fM zusammenhäkeln] 2 Mal, mittels Km in die erste Masche verbinden, 1 Lm – 4 Maschen abgenommen (44 [48, 52] Maschen).

Nächste Runde: fM in jede Masche, mittels Km in die erste Masche verbinden, 1 Lm.

Abnehmen: [fM in die erste Masche, 2 fM zusammenhäkeln, fM in jede der nächsten 17 (19, 21) Maschen, 2 fM zusammenhäkeln] 2 Mal, mittels Km in die erste Masche verbinden, 1 Lm – 4 Maschen abgenommen (40 [44, 48] Maschen).

Nächste Runde: fM in jede Masche, mittels Km in die erste Masche verbinden, 1 Lm.

Abnehmen: [fM in die erste Masche, 2 fM zusammenhäkeln, fM in jeder der nächsten 15 (17, 19) Maschen, 2 fM zusammenhäkeln] 2 Mal, mittels Km in die erste Masche verbinden, 1 Lm – 4 Maschen abgenommen (36 [40, 44] Maschen).

Nächste Runde: fM in jede Masche, mittels Km in die erste Masche verbinden, 1 Lm.

Abnehmen: [fM in die erste Masche, 2 fM zusammenhäkeln, fM in jede der nächsten 13 (15, 17) Maschen, 2 fM zusammenhäkeln] 2 Mal, mittels Km in die erste Masche verbinden, 1 Lm – 4 Maschen abgenommen (32 [36, 40] Maschen).

Arbeiten Sie auf diese Weise weiter, indem Sie in jeder ungeraden Runde 4 Maschen abnehmen, bis 24 Maschen übrigbleiben. Dann nehmen Sie auf dieselbe Art, aber in jeder Runde, ab, bis 16 Maschen übrigbleiben.

Dann beenden Sie die Häkelarbeit und lassen ein langes Fadenende zum Vernähen übrig. Nähen Sie die Spitze zusammen (siehe Maschentechnik).

Vernähen Sie alle Fadenenden. Waschen Sie die Socken und breiten Sie sie flach zum Spannen aus.

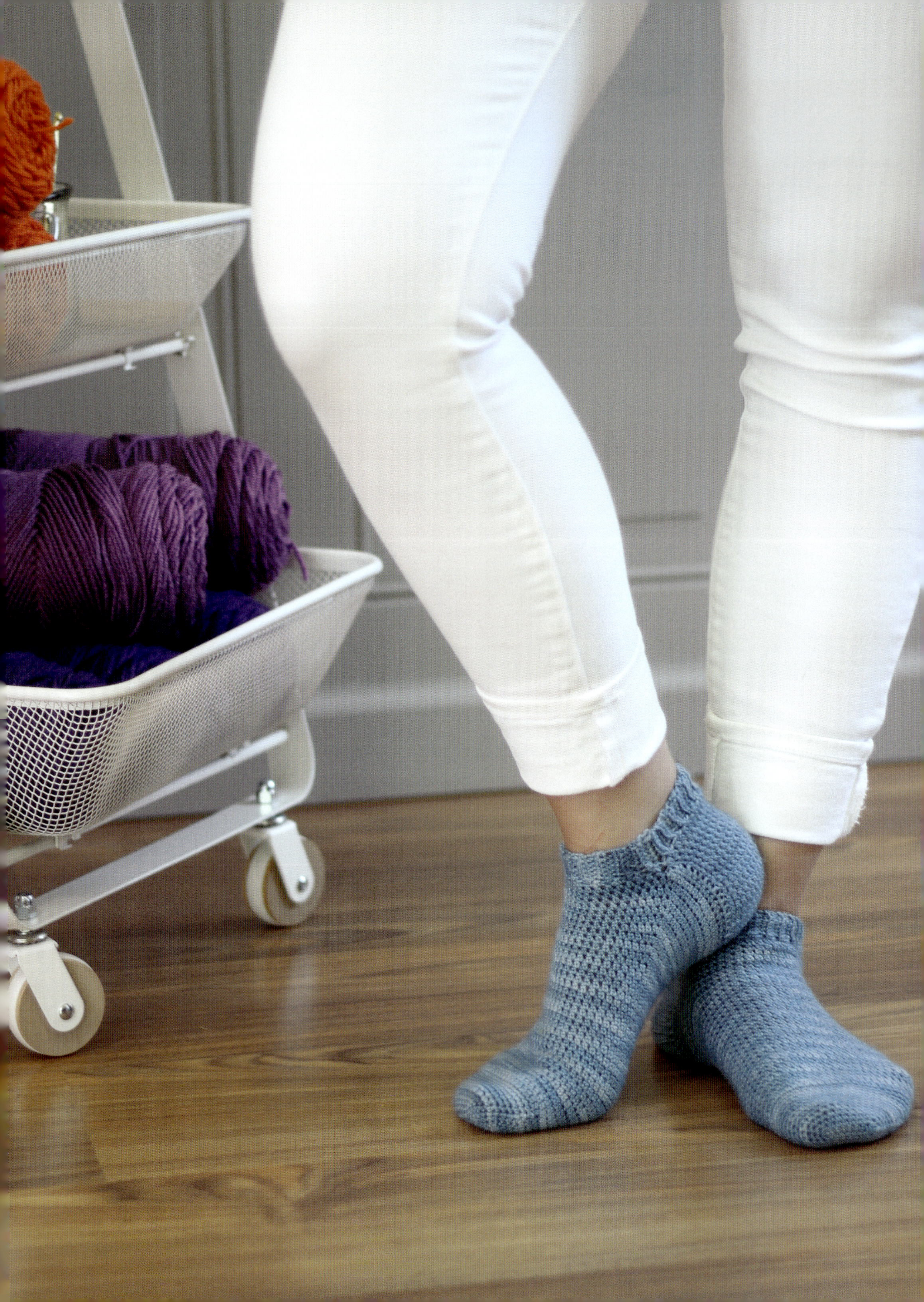

GRASHÜPFER TOE-UP-SOCKEN

Diese Socken sind praktisch das genaue Gegenstück zu den Grashüpfer cuff-down-Socken, abgesehen von der Länge des Schafts. Sie werden mit einer Standard-Bandspitze und einer einfachen Fersenwand gearbeitet und mit festen Maschen in das hintere Maschenglied gehäkelt.

ENDMASSE

Fußlänge: 19 cm, (21,5 cm, 24 cm)
Fußumfang: 16,5 cm (18 cm, 20,5 cm)
Schaftlänge: 2,5 cm

Der abgebildete Socken hat eine Fußlänge von 21,5 cm und einen Fußumfang von 18 cm.

GARN

Sockengarn, #1 Super Fine
Abgebildet: Sweet Georgia Yarns Tough Love Sock (80 % superwash Merinowolle, 20 % Nylon, 389 m/100 g), Hush, 1 Knäuel

HÄKELNADEL

Größe 2,75 mm
Falls nötig, wechseln Sie die Häkelnadel, um die Maschenprobe zu erreichen.

ZUBEHÖR

Offene Maschenmarkierer, Sticknadel mit stumpfer Spitze

MASCHENPROBE

28 Maschen und 24 Reihen = 10 cm in verlängerten festen Maschen, in Runden gehäkelt, gespannt

DIE MASCHEN

FESTE MASCHE IN HINTERES MASCHENGLIED (FM IN HMGL)
Nur in das hintere Maschenglied der nächsten Masche einstechen, eine Schlaufe durchziehen, das Garn über die Nadel holen und es durch die zwei auf der Nadel befindlichen Schlaufen durchziehen.

SPITZE

9 Luftmaschen (Lm)

1. Runde: Feste Masche (fM) in die zweite Lm von der Nadel und in jede weitere Lm, auf der gegenüberliegenden Seite der Luftmaschenkette fM in jede weitere Lm, mittels Kettmasche (Km) in die erste Masche verbinden. Achtung nicht verdrehen! 1 Lm – 16 Maschen.

Zunehmen: * fM in die erste Masche, 2 fM in die nächste Masche, fM in jede der 5 nächsten Maschen, 2 fM in die nächste Masche, ab * 1 Mal wiederholen, mittels Km in die erste Masche verbinden, 1 Lm – 4 Maschen zugenommen (20 Maschen).

Zunehmen: * fM in die erste Masche, 2 fM in die nächste Masche, fM in jede der nächsten 7 Maschen, 2 fM in die nächste Masche, ab * 1 Mal wiederholen, mittels Km in die erste Masche verbinden, 1 Lm – 4 Maschen zugenommen (24 Maschen).

Nächste Runde: fM in jede Masche, mittels Km in die erste Masche verbinden, 1 Lm.

Zunehmen: * fM in die erste Masche, 2 fM in die nächste Masche, fM in jede der nächsten 9 Maschen, 2 fM in die nächste Masche, ab * 1 Mal wiederholen, 1 Lm – 4 Maschen zugenommen (28 Maschen).

Nächste Runde: fM in jede Masche, mittels Km in die erste Masche verbinden, 1 Lm.

Zunehmen: * fM in die erste Masche, 2 fM in die nächste Masche, fM in jede der nächsten 11 Maschen, 2 fM in die nächste Masche, ab * 1 Mal wiederholen, 1 Lm – 4 Maschen zugenommen, (32 Maschen).

Nächste Runde: fM in jede Masche, mittels Km in die erste Masche verbinden, 1 Lm.

Fahren Sie fort wie bisher und nehmen Sie in jeder zweiten Runde 4 Maschen zu, bis Sie 44 (48, 52) Maschen haben.

FUSS

1. Runde: 1 Lm, verlängerte feste Masche (vfM, siehe Maschentechnik) in jede Masche, mittels Km in die erste Masche verbinden, 1 Lm.

Wiederholen, bis der Fuß 10 cm (12,5 cm, 15 cm) lang ist oder 9 cm kürzer als die gewünschte Fußlänge.

ZWICKEL

Zunehmen: vfM in jede der ersten 22 (24, 26) Maschen, 2 vfM in die nächste vfM, vfM in jede weitere Masche bis zur letzten, 2 vfM in die letzte Masche, 1 Lm – 2 Maschen zugenommen, 46 (50, 54) Maschen.
Die letzte Runde wiederholen, bis 62 (66, 72) Maschen gearbeitet sind.

FERSENKÄPPCHEN

Arbeiten Sie nun in Reihen.

Hinweis: Die Maschen in der Mitte der Ferse werden rückwärts und vorwärts in verkürzten Reihen gearbeitet, während die Maschen entlang der Zwickel auf beiden Seiten der Maschen in der Mitte der Ferse gearbeitet werden.

Beginnen Sie mit der RS nach oben, fahren Sie fort wie bisher mit den weiteren 22 (24, 26) Maschen des Rists, fM in jede der weiteren 13 (14, 15) Maschen, 2 fM zusammenhäkeln, fM in jede der nächsten 12 (12, 14) Maschen, 1 Lm, wenden, lassen Sie die restlichen Maschen unbearbeitet.

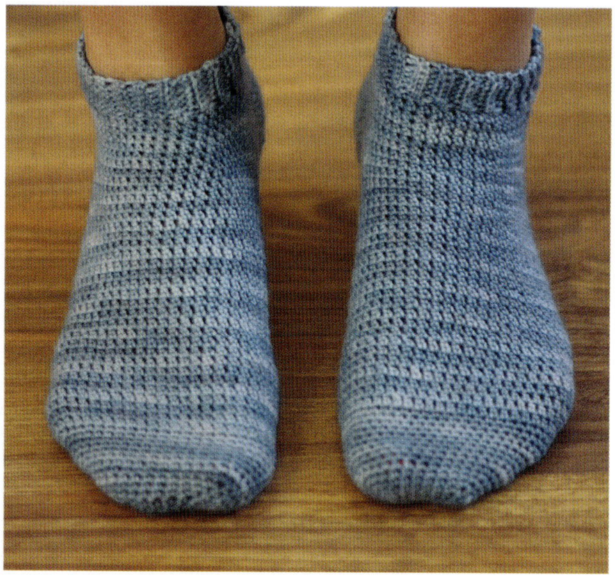

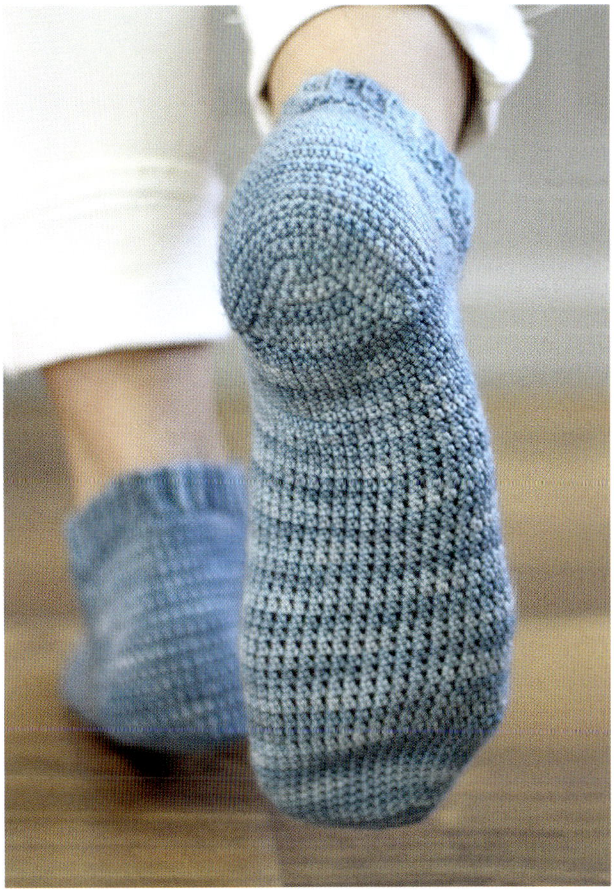

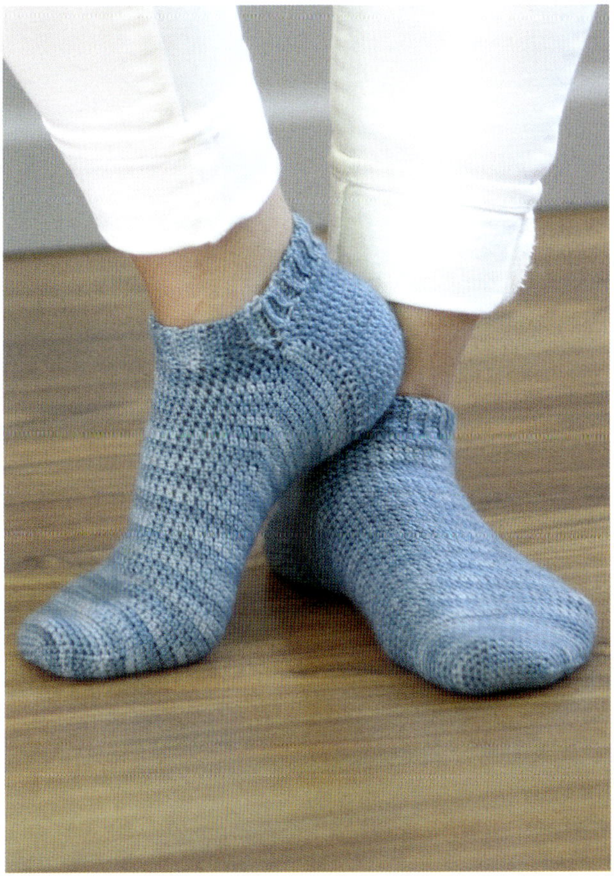

Nächste Reihe (LS): 2 fM zusammenhäkeln, fM in jede weitere Masche, 1 Lm, wenden, lassen sie die restlichen Maschen unbearbeitet.

Arbeiten Sie die letzte Reihe, bis 4 Maschen übrigbleiben, beendet wird mit einer Reihe auf der LS.

FERSENWAND

Hinweis: Diese Ferse ist besonders lang, um den Mangel an Dehnbarkeit auszugleichen. Wenn Sie eine kürzere Ferse möchten, verbinden Sie jede zweite Reihe der Fersenwand mit den nächsten 2 Maschen anstatt mit einer Masche.

Beginnen Sie mit der RS nach oben, fM in jede der übriggebliebenen 4 Maschen, fM in 10 (10, 12) Maschen entlang der einen Seite des Fersenkäppchens, 1 Lm, wenden.

Fm in alle weiteren Maschen bis zur zweiten Seite des Fersenkäppchens, fM in 10 (10, 12) Maschen entlang der Seite der Fersenwand – 24 (24, 28) Maschen.

Nächste Reihe (RS): fM in jede weitere Masche der Fersenwand bis zur letzten Masche, fM in die letzte Masche und gleichzeitig in die nächste Masche links auf dem Rist, 1 Lm, wenden.

Nächste Reihe (LS): fM in jede weitere Masche der Fersenwand bis zur letzten Masche, fM in die letzte Masche und gleichzeitig in die nächste Masche links auf dem Rist, 1 Lm, wenden.

Wiederholen Sie die letzten zwei Reihen, bis alle Maschen des Rists gearbeitet sind – 44 (48, 52) Maschen.

SCHAFT (OPTIONAL)

Wenn Sie möchten, arbeiten Sie in Runden oder Spiralrunden und häkeln Sie den optionalen Schaft in verlängerten fM bis zur gewünschten Länge, dann arbeiten Sie das Bündchen.

BÜNDCHEN

1. Reihe: 7 Lm, fM in die zweite Lm von der Häkelnadel und in jede weitere Lm bis zur letzten Masche, verbinden Sie die letzte Masche des Bündchens und die nächsten zwei Maschen des optionalen Schafts mit 2 fM zusammenhäkeln, 1 Lm, wenden – 6 Maschen.

2. Reihe: fM in das hintere Maschenglied (siehe Maschentechnik) in jede Masche, 1 Lm, wenden.

3. Reihe: fM in das hintere Maschenglied in jede Masche bis zur letzten Masche, verbinden Sie die letzte Masche des Bündchens und die nächste 1. Masche des Schafts mittels 2 fM zusammenhäkeln, 1 Lm, wenden.

Wiederholen Sie die Reihen 2 und 3, bis alle Maschen des optionalen Schafts gearbeitet sind. Säumen Sie das Bündchen mit Matratzenstich (siehe Maschentechnik). Vernähen Sie alle Fäden, waschen Sie den Socken und breiten Sie ihn flach zum Trocknen aus.

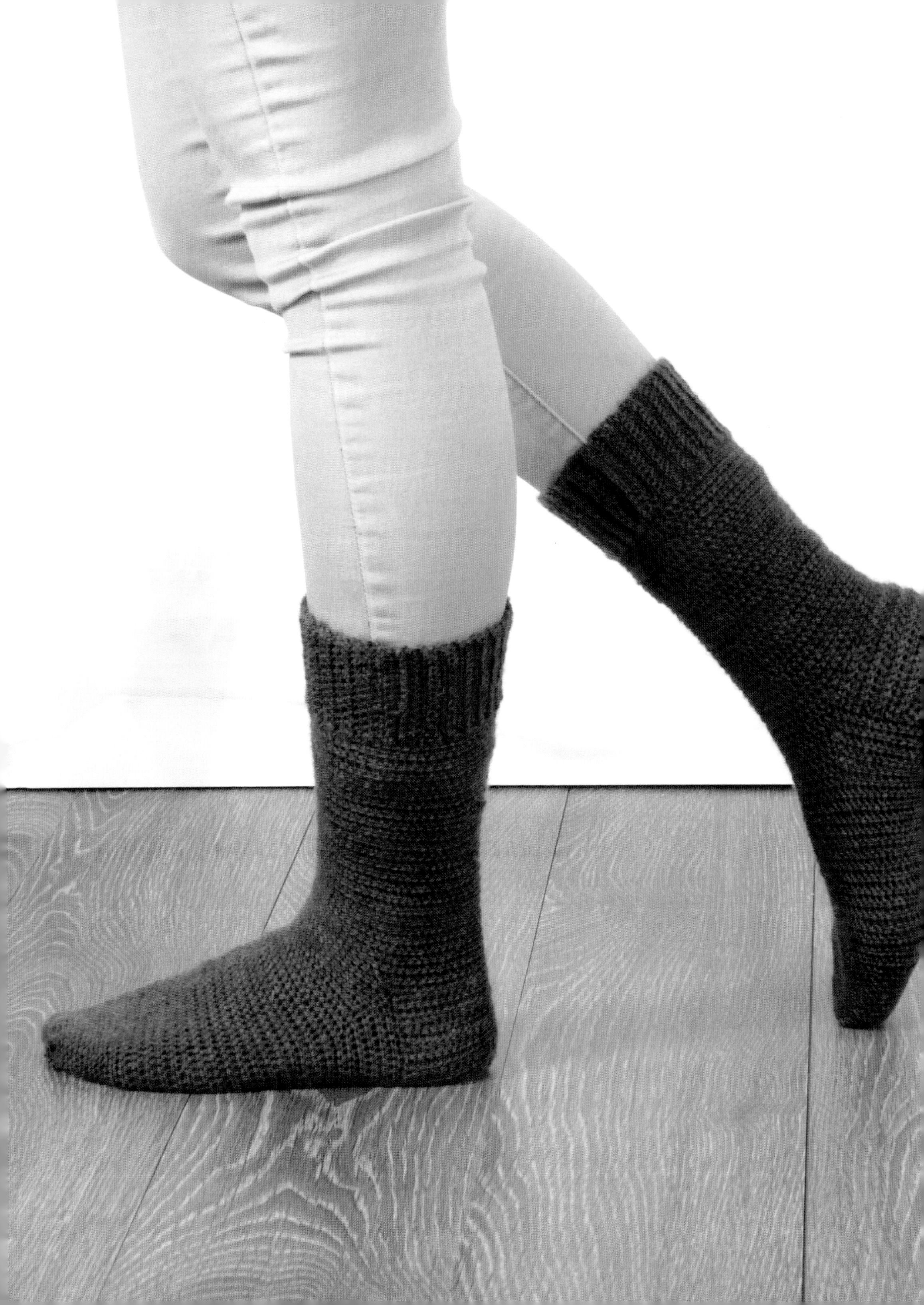

RUMPELSTILZCHEN CUFF-DOWN-SOCKEN

Das verbundene Halbstäbchen ist eine erstaunliche Häkelmasche. Es macht sogar einen perfekten Socken noch besser. Dieser einfache Socken hat ein schönes geripptes Bündchen und einen einfachen Zwickel mit Abnahmen. Das Beste an diesen Socken? Sie sind für viele Größen geeignet, interessant zu häkeln und Ihre Freunde werden Ihnen ewig dankbar sein, wenn Sie ihnen ein Paar davon machen.

Die Rumpelstilzchen cuff-down-Socken sind mit einer Standard-Bandspitze, einer einfachen Fersenwand und einem „fM in das hintere Maschenglied-Rippen-Bündchen" gearbeitet.

ENDMASSE

Fußlänge: 19 cm (21,5 cm, 24 cm)
Fußumfang: 18 cm (19 cm, 21,5 cm)
Schaftlänge: 18 cm

Der abgebildete Socken hat 21,5 cm Fußlänge und 19 cm Fußumfang.

GARN

Sockengarn, #1 Super Fine
Abgebildet: Regia 4-fädig (75 % Schurwolle, 25 % Polyamid; 210 m/50 g); #02205 Pflaume, 2 (3, 3) Knäuel

HÄKELNADEL

Größe 2,75 mm
Falls nötig, wechseln Sie die Nadel, um die nötige Maschenprobe zu erreichen.

ZUBEHÖR

Offene Maschenmarkierer, Sticknadel mit stumpfer Spitze.

MASCHENPROBE

28 Maschen und 24 Reihen = 10 cm in verbundenen Halbstäbchen, gespannt

DIE MASCHEN

FESTE MASCHE IN HINTERES MASCHENGLIED (FM IN HMGL)
Nur in das hintere Maschenglied der nächsten Masche einstechen, eine Schlaufe durchziehen, das Garn über die Nadel holen und es durch die zwei auf der Nadel befindlichen Schlaufen durchziehen.

BÜNDCHEN

1. Reihe (RS): 19 Luftmaschen (Lm), feste Maschen (fM) in die zweite Lm von der Nadel und in jede Lm bis zur letzten Masche, 1 Lm – 18 Maschen.

2. Reihe (LS): fM in hinteres Maschenglied in jede Masche, 1 Lm, wenden.

3. Reihe (RS): fM in hinteres Maschenglied in jede Masche, 1 Lm, wenden.

Wiederholen Sie Reihe 2 und 3, bis 48 (52, 60) Reihen gearbeitet sind, und verbinden Sie das Bündchen, um weiter in Runden zu arbeiten (siehe Maschentechnik).

1. Runde: 48 (52, 60) fM rund um einen Rand des Bündchens, verbinden Sie mittels Kettmasche (Km) in die erste Masche, 2 Lm.

SCHAFT

Nächste Runde: verbundenes Halbstäbchen (vhStb, siehe Maschentechnik) in jede Masche, mittels Km in die erste Masche verbinden, 2 Lm, 48 (52, 60) Maschen.

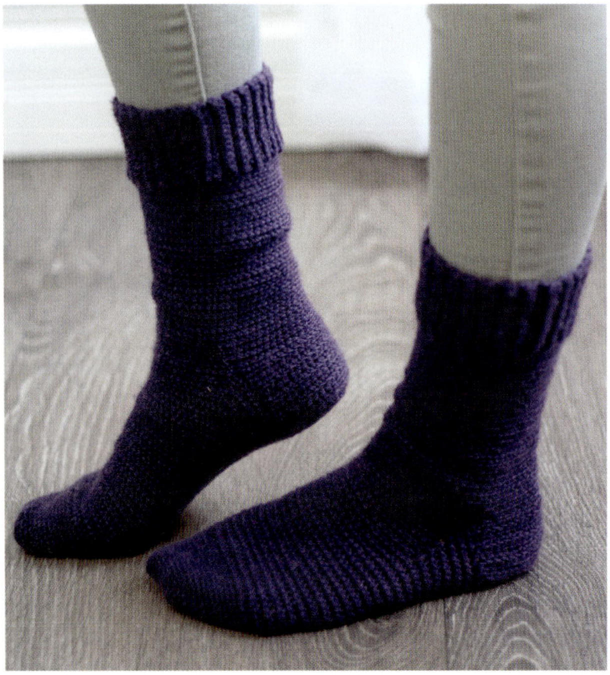

Wiederholen Sie die letzte Runde, wie beschrieben, bis der Schaft 18 cm (oder Ihre gewünschte Länge) vom Bündchen weg misst.

FERSENWAND

Hinweis: Die Fersenwand wird in Reihen gearbeitet, die die Fersenwand mit den Rist-Maschen auf beiden Seiten der Ferse verbinden.

1. Reihe (RS): vhStb in jede der ersten 24 (26, 30) Maschen, 2 Lm, wenden.

2. Reihe (LS): vhStb in jede Masche, 2 Lm, wenden.

Wiederholen Sie die zweite Reihe 8 (10, 12) Mal, arbeiten Sie aber am Ende der letzten Reihe nur 1 Lm.

FERSENKÄPPCHEN

1. Reihe (RS): fM in jede der ersten 13 (14, 16) Maschen, 2 fM zusammenhäkeln, fM in die nächste Masche, 1 Lm, wenden.

2. Reihe (LS): fM in jede der ersten 4 Maschen, 2 fM zusammenhäkeln, fM in die nächste Masche, 1 Lm, wenden.

Hinweis: Zwischen den Maschen für das Fersenkäppchen und den unbearbeiteten Fersenmaschen wird eine Lücke entstehen.

3. Reihe (RS): fM bis zu einer Masche vor der Lücke, 2 fM zusammenhäkeln, fM in die nächste Masche, 1 Lm, wenden.

Wiederholen Sie die 3. Reihe und arbeiten Sie dabei eine zusätzliche Masche in jeder Reihe, bis alle Seitenmaschen gearbeitet sind – 16 (16, 18) Maschen.

ZWICKEL

Arbeiten Sie nun in Runden.

Nächste Runde: fM in jede fM der Unterseite des Fersenkäppchens, 12 (13, 14) fM in die Maschen entlang der Seite der Fersenwand, vhStb über den Rist, 12 (13, 14) fM in die Maschen entlang der anderen Seite der Fersenwand, mittels Kettmasche (Km) in die erste Masche verbinden, 1 Lm – 62 (66, 72) Maschen.

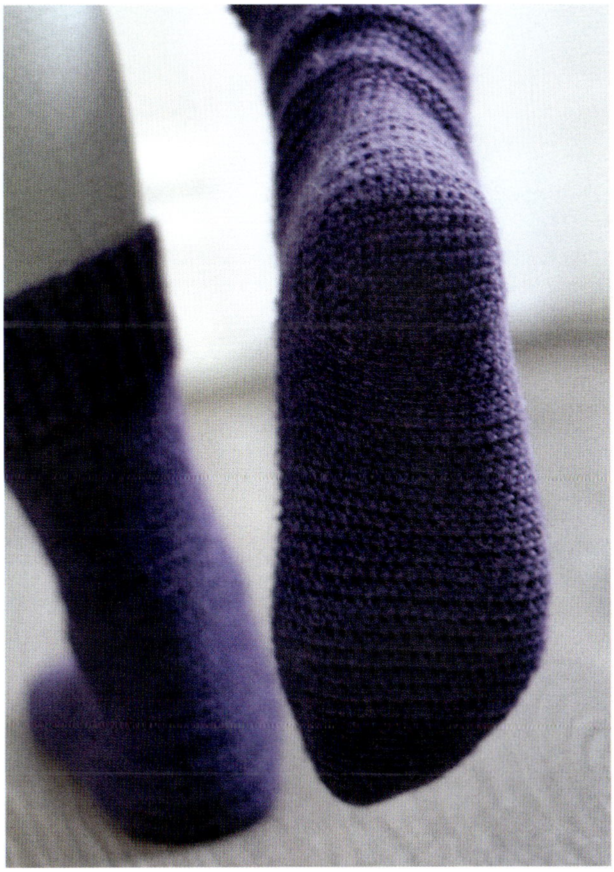

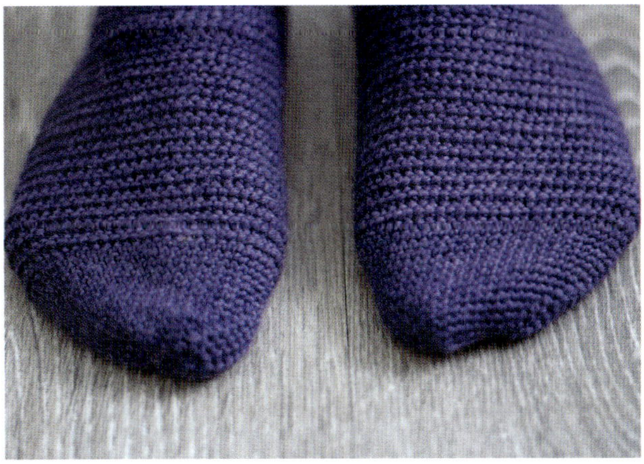

Abnehmen: verlängerte feste Masche (vfM, siehe Maschentechnik) in jede Masche bis zu zwei Maschen vor dem Rist, 2 fM zusammenhäkeln, wie bisher über den Rist weiterarbeiten, 2 fM zusammenhäkeln, vfM in jede weitere Masche, mittels Kettmasche (Km) in die erste Masche verbinden, 1 Lm – 2 Maschen abgenommen.

Abnehmen: weiterhin vfM in jede Masche bis zu einer Masche vor der vorigen Abnehmrunde, 2 fM zusammenhäkeln, wie bisher über den Rist arbeiten, 2 fM zusammenhäkeln, vfM in jede weitere Masche, mittels Km in die erste Masche verbinden, 1 Lm – 2 Maschen abgenommen.

Wiederholen Sie die letzte Runde bis 48 (52, 56) Maschen übrigbleiben.

FUSS

1. Runde: vfM in jede Masche, mittels Km in die erste Masche verbinden, 1 Lm.

Wiederholen Sie die letzte Runde, bis der Fuß 5 cm kürzer ist als die gewünschte Fußlänge von der Fersenrückseite an.

SPITZE

Abnehmen: [fM in die erste Masche, 2 fM zusammenhäkeln, fM in jede der nächsten 19 (21, 23) Maschen, 2 fM zusammenhäkeln] 2 Mal, mittels Km in die erste Masche verbinden, 1 Lm – 4 Maschen abgenommen (44 [48, 52] Maschen).

Nächste Runde: fM in jede weitere Masche, mittels Km in die erste Masche verbinden, 1 Lm.

Abnehmen: [fM in die erste Masche, 2 fM zusammenhäkeln, fM in jede der nächsten 17 (19, 21) Maschen, 2 fM zusammenhäkeln] 2 Mal, mittels Km in die erste Masche verbinden, 1 Lm – 4 Maschen abgenommen (40 [44, 48] Maschen).

Nächste Runde: fM in jede weitere Masche, mittels Km in die erste Masche verbinden, 1 Lm.

Abnehmen: [fM in die erste Masche, 2 fM zusammenhäkeln, fM in jede der 15 (17, 19) nächsten Maschen, 2 fM zusammenhäkeln] 2 Mal, mittels Km in die erste Masche verbinden, 1 Lm – 4 Maschen abgenommen (36 [40, 44] Maschen).

Nächste Runde: fM in jede Masche, mittels Km in die erste Masche verbinden, 1 Lm.

Abnehmen: [fM in die erste Masche, 2 fM zusammenhäkeln, fM in jede der 13 (15, 17) nächsten Maschen, 2 fM zusammenhäkeln] 2 Mal, mittels Km in die erste Masche verbinden, 1 Lm – 4 Maschen abgenommen (32 [36, 40] Maschen).

In dieser Weise weiterarbeiten, dabei in jeder zweiten Runde 4 Maschen abnehmen, bis 24 Maschen übrigbleiben, dann in derselben Weise weiterarbeiten, allerdings in jeder Runde abnehmen, bis 16 Maschen übrigbleiben.

Beenden Sie die Arbeit, nähen Sie die Spitze zusammen (siehe Maschentechnik).

Vernähen Sie alle Fäden, waschen Sie die Socken und breiten Sie sie flach zum Trocknen und Spannen aus.

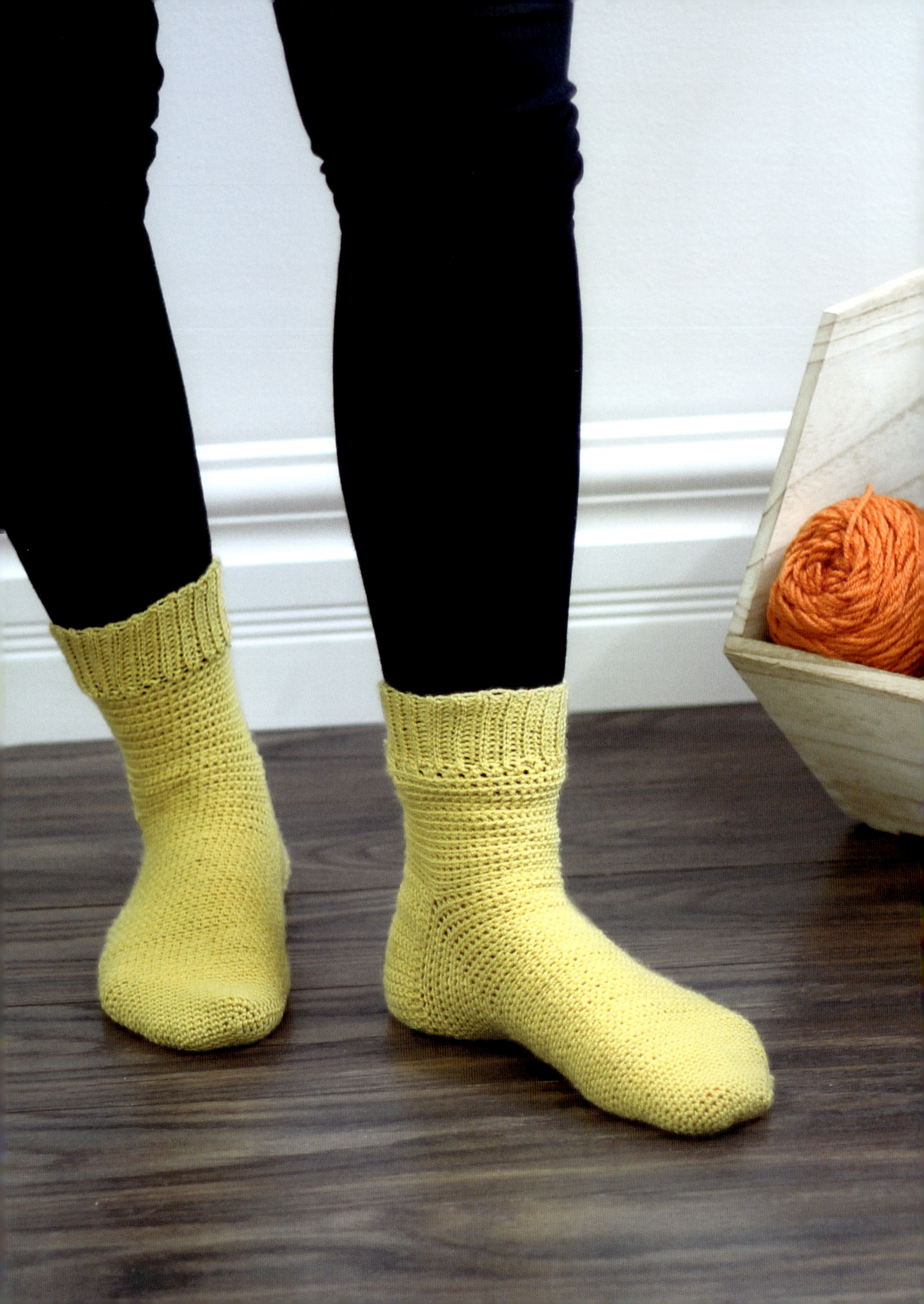

RUMPELSTILZCHEN TOE-UP-SOCKEN

Diese Socken sind, ganz wie ihr cuff-down-Gegenstück, so dezent, dass sie jedem gefallen, aber sie haben doch das gewisse Etwas. Die einheitliche Verwendung des verbundenen Halbstäbchens (vhStb) gibt dem Socken ein ruhiges Erscheinungsbild und ein angenehmes Tragegefühl und macht das Gewebe ausreichend elastisch.

Die Socken sind mit einer Standard-Bandspitze, einer einfachen Fersenwand und einem Rippenbündchen aus festen Maschen in das hintere Maschenglied gearbeitet.

ENDMASSE

Fußlänge: 19 cm (21,5 cm, 24 cm)
Fußumfang: 16,5 cm (18 cm, 20,5 cm)
Schaftlänge: 18 cm
Der abgebildete Socken hat eine Fußlänge von 21,5 cm und einen Fußumfang von 18 cm.

GARN

Sockengarn, #1 Super Fine
Abgebildet: Louet Yarns Gems (100 % Merinowolle; 389 m/100 g): Buttercup, 3 (3, 4)Knäuel

HÄKELNADEL

Größe 2,75 mm
Falls nötig, wechseln Sie die Häkelnadel, um die Maschenprobe zu erreichen.

ZUBEHÖR

Offene Maschenmarkierer, Sticknadel mit stumpfer Spitze

MASCHENPROBE

28 Maschen und 24 Reihen = 10 cm in verbundenen Halbstäbchen, in Runden gehäkelt, gespannt

DIE MASCHEN

FESTE MASCHE IN HINTERES MASCHENGLIED (FM IN HMGL)
Nur in das hintere Maschenglied der nächsten Masche einstechen, eine Schlaufe durchziehen, das Garn über die Nadel holen und es durch die zwei auf der Nadel befindlichen Schlaufen durchziehen.

SPITZE

9 Luftmaschen (Lm)

1. Runde: Feste Masche (fM) in die zweite Luftmasche von der Nadel und in jede weitere Lm, auf der anderen Seite der Luftmaschenkette weiterarbeiten und fM in jede weitere Lm, mittels Kettmasche (Km) in die erste Masche verbinden. Achtung, nicht verdrehen! 1 Lm – 16 Maschen.

2. Runde: * fM in die erste Masche, 2 fM in die nächste Masche, fM in jede der 5 nächsten Maschen, 2 fM in die nächste Masche, ab * 1 Mal wiederholen, mittels Km in die erste Masche verbinden, 1 Lm – 4 Maschen zugenommen (20 Maschen).

3. Runde: * fM in die erste Masche, 2 fM in die nächste Masche, fM in jede der nächsten 7 Maschen, 2 fM in die nächste Masche, ab * 1 Mal wiederholen, mittels Km in die erste Masche verbinden, 1 Lm – 4 Maschen zugenommen (24 Maschen).

4. Runde und alle weiteren geraden Runden: Durchgehend feste Maschen, mittels Km in die erste Masche verbinden.

5. Runde: * fM in die erste Masche, 2 fM in die nächste Masche, fM in jede der nächsten 9 Maschen, 2 fM in die nächste Masche, ab * 1 Mal wiederholen, 1 Lm – 4 Maschen zugenommen (28 Maschen)

7. Runde: * fM in die erste Masche, 2 fM in die nächste Masche, fM in jede der nächsten 11 Maschen, 2 fM in die nächste Masche, ab * 1 Mal wiederholen, 1 Lm – 4 Maschen zugenommen (32 Maschen).

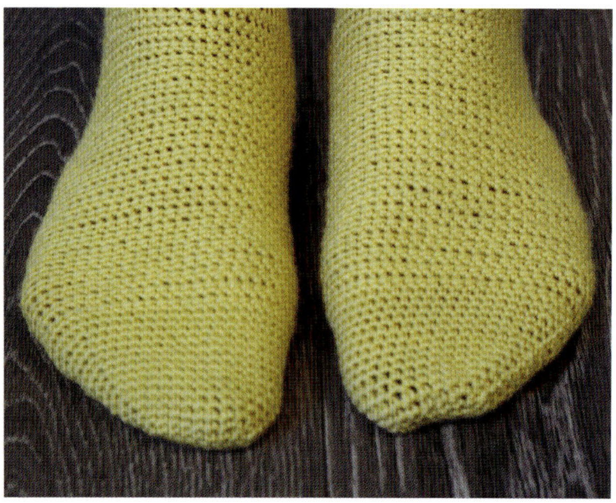

In dieser Weise fortfahren und in jeder ungeraden Runde 4 Maschen zunehmen, bis Sie 44 (48, 52) Maschen haben, keine Lm am Ende der letzten Runde.

FUSS

1. Runde: 2 Lm, verbundenes Halbstäbchen (vhStb, siehe Maschentechnik) in jede Masche, mittels Km in die erste Masche verbinden, 2 Lm.

2. Runde: vhStb in jede Masche, mittels Km in die erste Masche verbinden, 2 Lm.

Wiederholen Sie die 2. Runde, bis der Fuß 10 cm (12,5 cm, 15 cm) lang ist oder 9 cm kürzer als die gewünschte Länge.

ZWICKEL

Zunehmen: vhStb in jede der ersten 22 (24, 26) Maschen, 2 vhStb in das nächste vhStb, vhStb in jede weitere Masche bis zur letzten, 2 vhStb in die letzte Masche, 2 Lm – 2 Maschen zugenommen (46 [50, 54] Maschen).

Wiederholen Sie diese Runde, bis Sie 62 (66, 72) Maschen haben.

FERSENKÄPPCHEN

Hinweis: Die Maschen in der Mitte der Ferse werden in verkürzten Reihen gearbeitet, während die Maschen entlang der Zwickel auf beiden Seiten der Maschen in der Fersenmitte gearbeitet werden.

Beginnen Sie mit der RS nach oben, über den Rist arbeiten Sie wie bisher, fM in jede der nächsten 13 (14, 15) Maschen, 2 fM zusammenhäkeln, fM in jede der nächsten 12 (12, 14) Maschen, 1 Lm, wenden, die restlichen Maschen bleiben unbearbeitet.

Nächste Reihe (LS): 2 fM zusammenhäkeln, fM in alle weiteren Maschen, 1 Lm, wenden, die restlichen Maschen bleiben unbearbeitet.

Wiederholen Sie die letzte Reihe, bis 4 Maschen übrigbleiben, und enden Sie mit einer Reihe auf der LS.

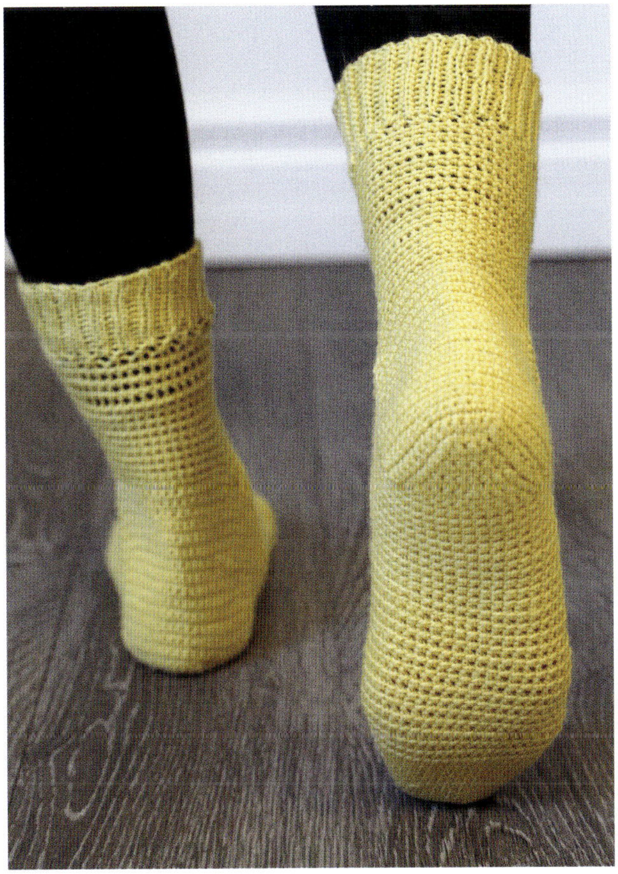

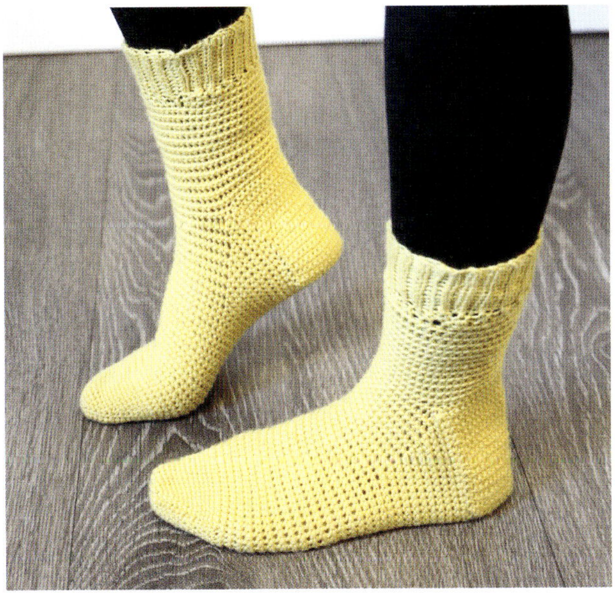

FERSENWAND

Mit der RS nach oben beginnen, fM in jede der ersten 4 Maschen, fM in 10 (10, 12) Maschen entlang der einen Seite der Fersenwand, 1 Lm, wenden. FM in alle weiteren Maschen bis zur zweiten Seite der Fersenwand, fM in 10 (10, 12) Maschen entlang der Seite der Fersenwand, 1 Lm – 24 (24, 28) Maschen.

1. Reihe (RS): fM in jede Masche der Fersenwand bis zur letzten, die letzte Masche mit der nächsten Masche links auf dem Rist verbinden mit 2 fM zusammenhäkeln, 1 Lm.

2. Reihe (LS): fM in jede Masche der Fersenwand bis zur letzten, letzte Masche mit der nächsten links auf dem Rist verbinden mit 2 fM zusammenhäkeln.

Hinweis: Diese Ferse ist besonders lang, um den Mangel an Dehnbarkeit auszugleichen; wenn Sie eine kürzere Ferse möchten, verbinden Sie einfach in jeder zweiten Reihe die Fersenwand mit den nächsten zwei Maschen statt mit nur einer.

Wiederholen Sie die 1. und 2. Reihe, bis alle Maschen des Rists gearbeitet sind.

SCHAFT

Arbeiten Sie wie bisher, aber in Runden, bis der Schaft die gewünschte Länge hat, beenden Sie die letzte Runde nicht mit 1 Lm.

BÜNDCHEN

1. Reihe: 17 Lm, fM in die zweite Lm von der Nadel und in jede weitere Lm bis zur letzten, verbinden Sie die letzte Masche des Bündchens mit den nächsten beiden Maschen des Schafts mit 2 fM zusammenhäkeln, 1 Lm, wenden – 16 Maschen.

2. Reihe: Km in das hintere Maschenglied in jede Masche, 1 Lm, wenden.

3. Reihe: fM in das hintere Maschenglied (siehe Maschentechnik) in jede Masche bis zur letzten, verbinden Sie die letzte Masche des Bündchens mit der nächsten Masche des Schafts mit 2 fM zusammenhäkeln, 1 Lm, wenden.

Wiederholen Sie die 2. und 3. Reihe, bis alle Maschen des Schafts gearbeitet sind.

Beenden Sie die Arbeit und nähen Sie das Bundchen mit Matratzenstichen (siehe Maschentechnik) zusammen.

Vernähen Sie alle Fäden, waschen Sie die Socken und breiten Sie sie flach zum Trocknen und Spannen auf.

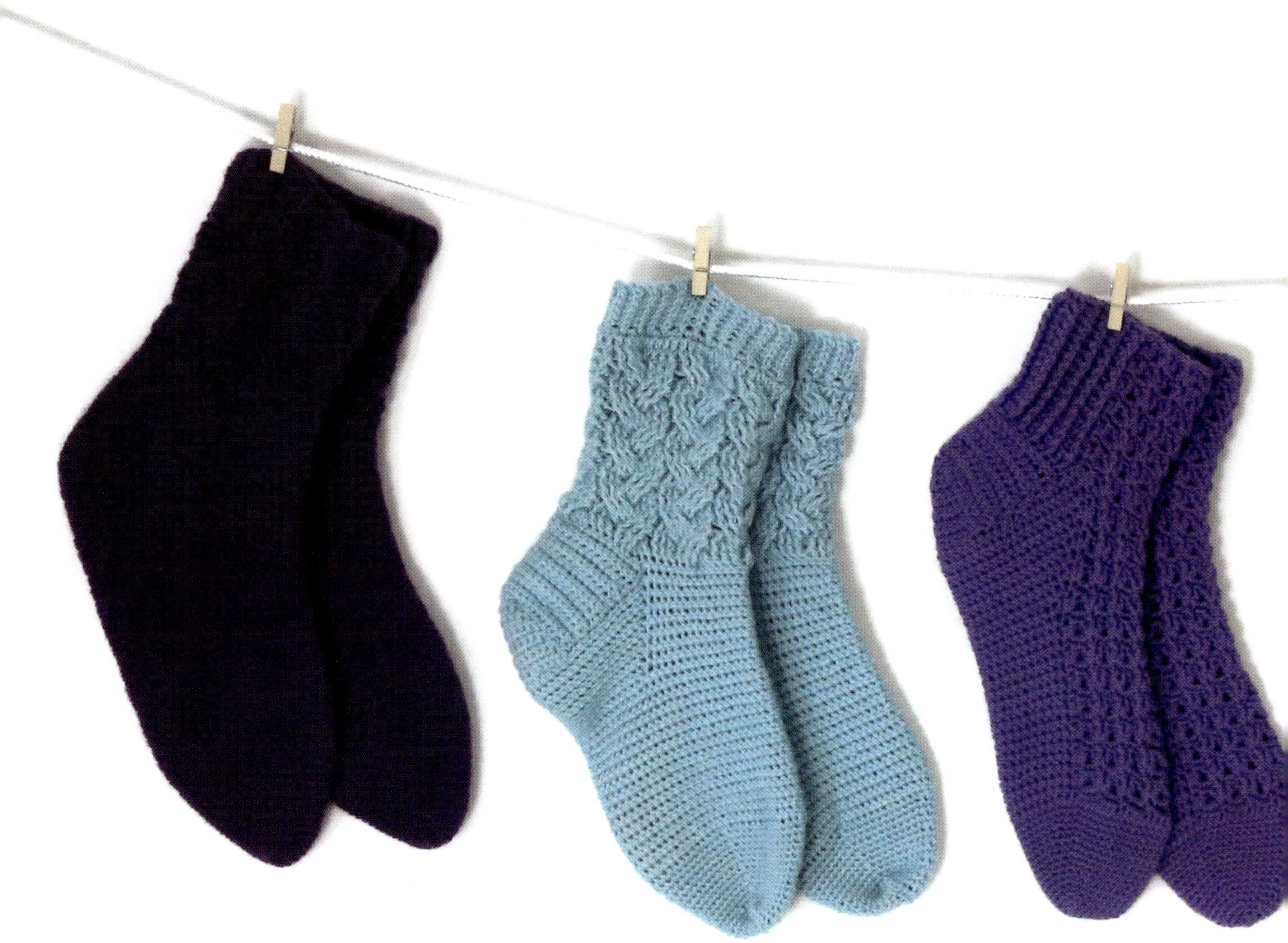

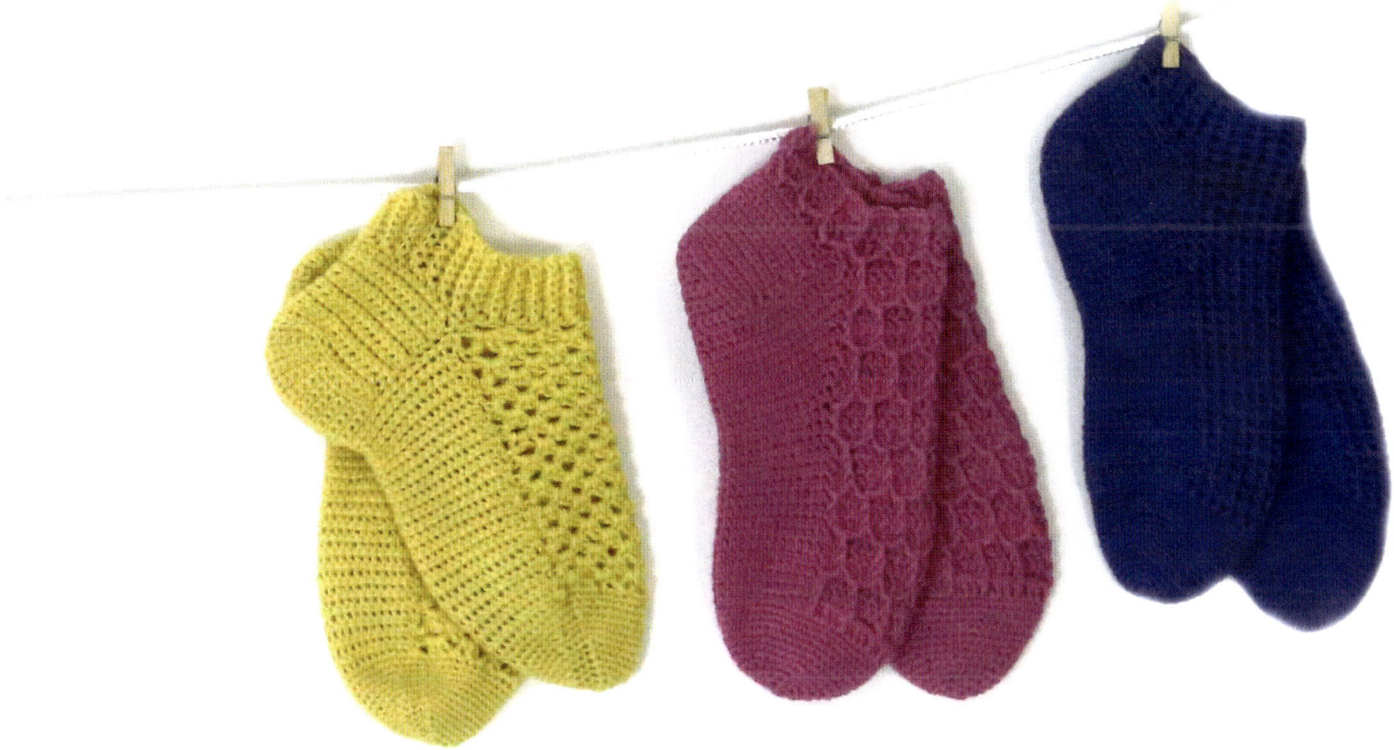

KAPITEL 6

STRUKTUREN UND ZOPFMUSTER

Wer es langweilig findet, Runde um Runde von einfachen Maschen zu häkeln, kann diese Monotonie durchbrechen und die Arbeit mit Zopfmustern und Strukturen interessanter machen. Die folgenden Socken haben Strukturmuster, die abwechslungsreich und schnell zu arbeiten sind und dabei elastisch genug sind, um für Socken verschiedener Formen und Größen geeignet zu sein. Auch ein schönes Zopfmuster ist eine tolle Sache, besonders auf einem Socken. Sie finden in diesem Kapitel echte und Schein-Zopfmuster, Honigwaben-Zopfmuster oder ein klassisches Geweih-Zopfmuster – diese Socken sind eine richtige Stilparade!

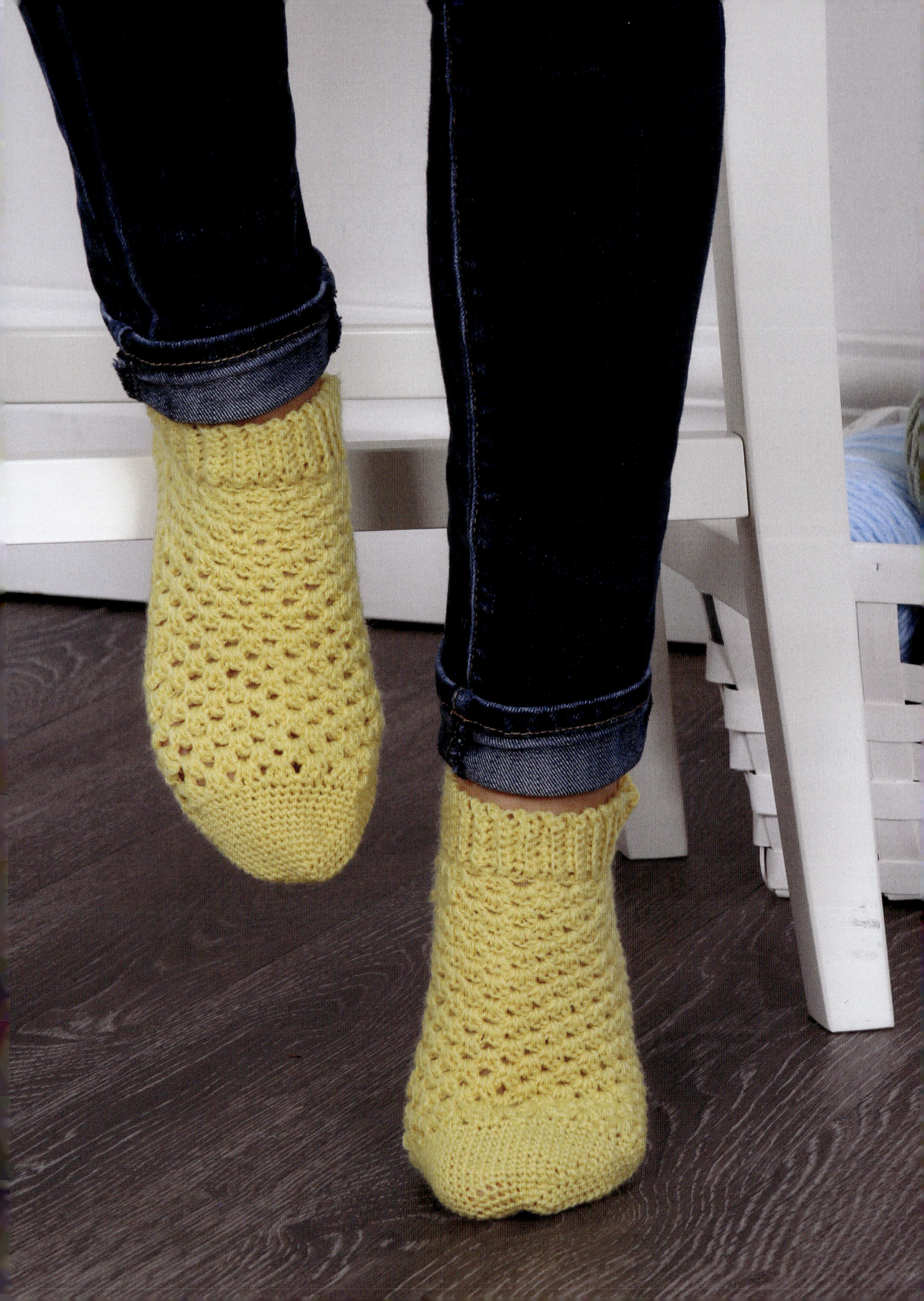

ZITRONENFALTER SOCKEN

Ein Paar schöner gelber Socken ist ein wunderbarer Anblick. Sie dürfen mich ruhig verrückt nennen, aber sie erinnern mich an Spaziergänge durch französische Landschaften mit einer Tüte herrlicher Eiscreme. Und das sage ich als laktoseintoleranter Mann, der keine Socken mit Spitzenmuster trägt und noch nie in Frankreich war. Diese Socken sind mit einer meiner bevorzugten Fersen-Methoden aufgebaut, die eine gute Passform ergibt, und mit einer einfachen Zwickel-Lösung. Sie sind im Nu gehäkelt und können dank der super-elastischen und stabilen Sohle aus verbundenen Halbstäbchen für viele Größen angepasst werden.

Diese cuff-down-Socken haben eine Standard-Bandspitze, eine einfache Fersenwand und ein Rippenbündchen aus festen Maschen in das hintere Maschenglied.

ENDMASSE

Fußlänge: 19 cm (21,5 cm, 24 cm)
Fußumfang: 18 cm (19 cm, 21,5 cm)
Schaftlänge: 2,5 cm

Der abgebildete Socken hat eine Fußlänge von 21,5 cm und einen Fußumfang von 19 cm.

GARN

Sockengarn, #1 Super Fine
Abgebildet. Cascade Yarns 220 Fingering (100 % Wolle aus dem peruanischen Hochland; 217 m/50 g): Lemon Yellow, 2 (2, 2) Knäuel

HÄKELNADEL

Größe 2,75 mm
Falls nötig, wechseln Sie die Häkelnadel, um die Maschenprobe zu erreichen.

ZUBEHÖR

Offene Maschenmarkierer, Sticknadel mit stumpfer Spitze

MASCHENPROBE

28 Maschen und 24 Reihen = 10 cm in verbundenen Halbstäbchen, in Runden gehäkelt, gespannt

DIE MASCHEN

FESTE MASCHE IN HINTERES MASCHENGLIED (FM IN HMGL)
Nur in das hintere Maschenglied der nächsten Masche einstechen, eine Schlaufe durchziehen, das Garn über die Nadel holen und es durch die zwei auf der Nadel befindlichen Schlaufen durchziehen.

BÜNDCHEN

1. Reihe (RS): 9 Luftmaschen (Lm), feste Masche (fM) in die zweite Lm von der Nadel und in jede weitere Lm bis zur letzten, 1 Lm, wenden – 8 Maschen.

2. Reihe (LS): Kettmasche (Km) in das hintere Maschenglied jeder Masche, 1 Lm, wenden.

3. Reihe (RS): fM in das hintere Maschenglied (siehe Maschentechnik) in jede Masche bis zur letzten, 1 Lm, wenden.

Wiederholen Sie die 2. und 3. Reihe, bis Sie 48 (52, 60) Reihen haben, nähen Sie das Bündchen zusammen und arbeiten Sie nun in Runden.

1. Runde: 48 (52, 60) fM entlang des Randes des Bündchens. Mittels Km in die erste Masche verbinden, 2 Lm.

FERSENWAND

Arbeiten Sie nun in Reihen.

1. Reihe (RS): verbundenes Halbstäbchen (vhStb, siehe Maschentechnik) in jede der ersten 24 (26, 30) Maschen, 2 Lm, wenden.

2. Reihe (LS): vhStb in jede Masche, 2 Lm, wenden.

Wiederholen Sie die 2. Reihe 8 Mal, aber mit 1 Lm statt 2 Lm.

FERSENKÄPPCHEN

Hinweis: Arbeiten Sie das Fersenband mit 8 (10, 10) Maschen.

Abnehmen (RS): fM in jede der ersten 15 (17, 18) Maschen, 2 fM zusammenhäkeln, 1 Lm, wenden

Abnehmen (LS): fM in jede der ersten 7 (9, 9) Maschen, 2 fM zusammenhäkeln, 1 Lm, wenden.

Wiederholen Sie die vorhergehende Reihe, bis alle Maschen bearbeitet sind – 8 (10, 10) Maschen bleiben am Ende des Fersenkäppchens übrig.

ZWICKEL

Arbeiten Sie nun in Runden.

1. Runde: fM über das Fersenkäppchen, 12 (13, 14) fM entlang einer Seite der Fersenwand, fM über den Rist, 12 (13, 14) fM entlang der anderen Fersenwand, mittels Km in die erste Masche verbinden, 2 Lm.

Abnehmen: vhStb in jede weitere Masche bis zur zweiten Masche vor dem Rist, 2 fM zusammenhäkeln, * Halbstäbchen (hStb, siehe Maschentechnik) in die erste Masche vom Rist, 1 Lm, die nächsten 3 Maschen überspringen (üspr), 2 hStb in die nächste Masche, ab * wiederholen

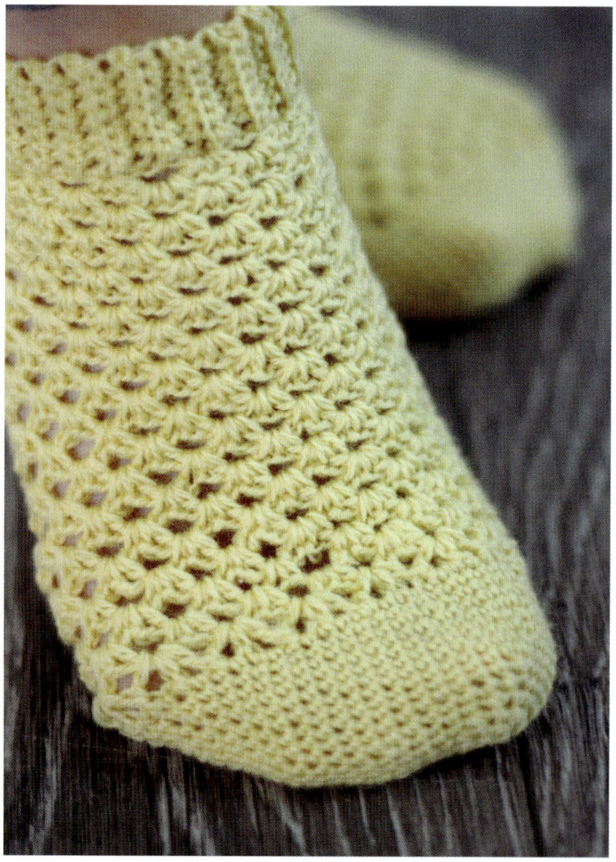

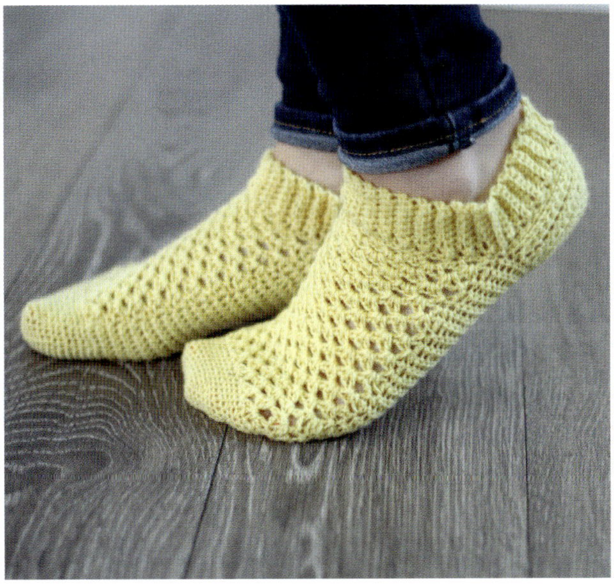

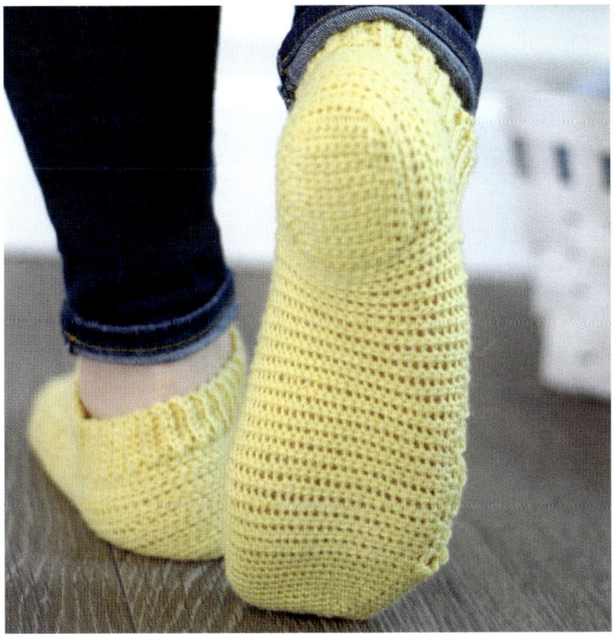

über den Rist bis zur letzten Masche des Rists, hStb in die letzte Masche, 2 fM zusammenhäkeln, vhStb in jede weitere übriggebliebene Masche, mittels Km in die erste Masche verbinden, 2 Lm.

Abnehmen: vhStb in jede Masche bis zu einer Masche vor der Abnahme der vorigen Reihe, 2 fM zusammenhäkeln, hStb in die erste Masche, * 1 Lm, 2 hStb in den nächsten Lufmaschenzwischenraum, ab * wiederholen über den Rist bis zur letzten Masche des Rists, 1 Lm, hStb in die letzte Masche, 2 fM zusammenhäkeln, vhStb in jede weitere übriggebliebene Masche, mittels Km in die erste Masche verbinden, 2 Lm.

Wiederholen Sie beide Abnahmerunden, bis 48 (52, 60) Maschen übrigbleiben.

FUSS

1. Runde: vhStb in jede Masche bis zum Rist, * hStb in die erste Masche des Rists, 1 Lm, die nächsten 3 Maschen üspr, 2 hStb in die nächste Masche; ab * wiederholen über den Rist bis zur letzten Masche des Rists, hStb in die letzte Masche, vhStb in jede übriggebliebene Masche, mittels Km in die erste Masche verbinden, 2 Lm.

2. Runde: vhStb in jede Masche bis zum Rist, * hStb in die erste Masche des Rists, 1 Lm, die nächsten 3 Maschen üspr, 2 hStb in die nächste Masche; ab * wiederholen über den Rist bis zur letzten Masche des Rists, hStb in die letzte Masche, vhStb in jede übriggebliebene Masche, mittels Km in die erste Masche verbinden, 2 Lm.

Wiederholen Sie Runden 1 und 2, bis der Fuß 5 cm kürzer ist als die gewünschte Länge von der Rückseite der Ferse an.

SPITZE

Abnehmen: [fM in die erste Masche, 2 fM zusammenhäkeln, fM in jede der nächsten 19 Maschen, 2 fM zusammenhäkeln] 2 Mal, mittels Km in die erste Masche verbinden, 1 Lm – 4 Maschen abgenommen (44 [48, 56] Maschen).

Nächste Runde: fM in jede Masche, mittels Km in die erste Masche verbinden, 1 Lm.

Abnehmen: [fM in die erste Masche, 2 fM zusammenhäkeln, fM in jede der nächsten 17 Maschen, 2 fM zusammenhäkeln] 2 Mal, mittels Km in die erste Masche verbinden, 1 Lm – 4 Maschen abgenommen (40 [44, 52] Maschen).

Nächste Runde: fM in jede Masche, mittels Km in die erste Masche verbinden, 1 Lm.

Abnehmen: [fM in die erste Masche, 2 fM zusammenhäkeln, fM in jede der nächsten 15 Maschen, 2 fM zusammenhäkeln] 2 Mal, mittels Km in die erste Masche verbinden, 1 Lm – 4 Maschen abgenommen (36 [40, 48] Maschen).

Nächste Runde: fM in jede Masche, mittels Km in die erste Masche verbinden, 1 Lm.

Abnehmen: [fM in die erste Masche, 2 fM zusammenhäkeln, fM in jede der nächsten 13 Maschen, 2 fM zusammenhäkeln] 2 Mal, mittels Km in die erste Masche verbinden, 1 Lm – 4 Maschen abgenommen (32 [36, 44] Maschen).

Nächste Runde: fM in jede Masche, mittels Km in die erste Masche verbinden, 1 Lm.

Fahren Sie fort wie bisher, indem Sie in jeder zweiten Runde 4 Maschen abnehmen, bis 24 Maschen übrigbleiben; dann nehmen Sie in derselben Weise, aber in jeder Runde, ab, bis 16 Maschen übrigbleiben.

Beenden Sie die Arbeit, nähen Sie die Spitze und das Bündchen mit Matratzenstich (siehe Maschentechnik) zusammen.

Vernähen Sie alle Fäden, waschen Sie die Socken und breiten Sie sie flach zum Trocknen und Spannen aus.

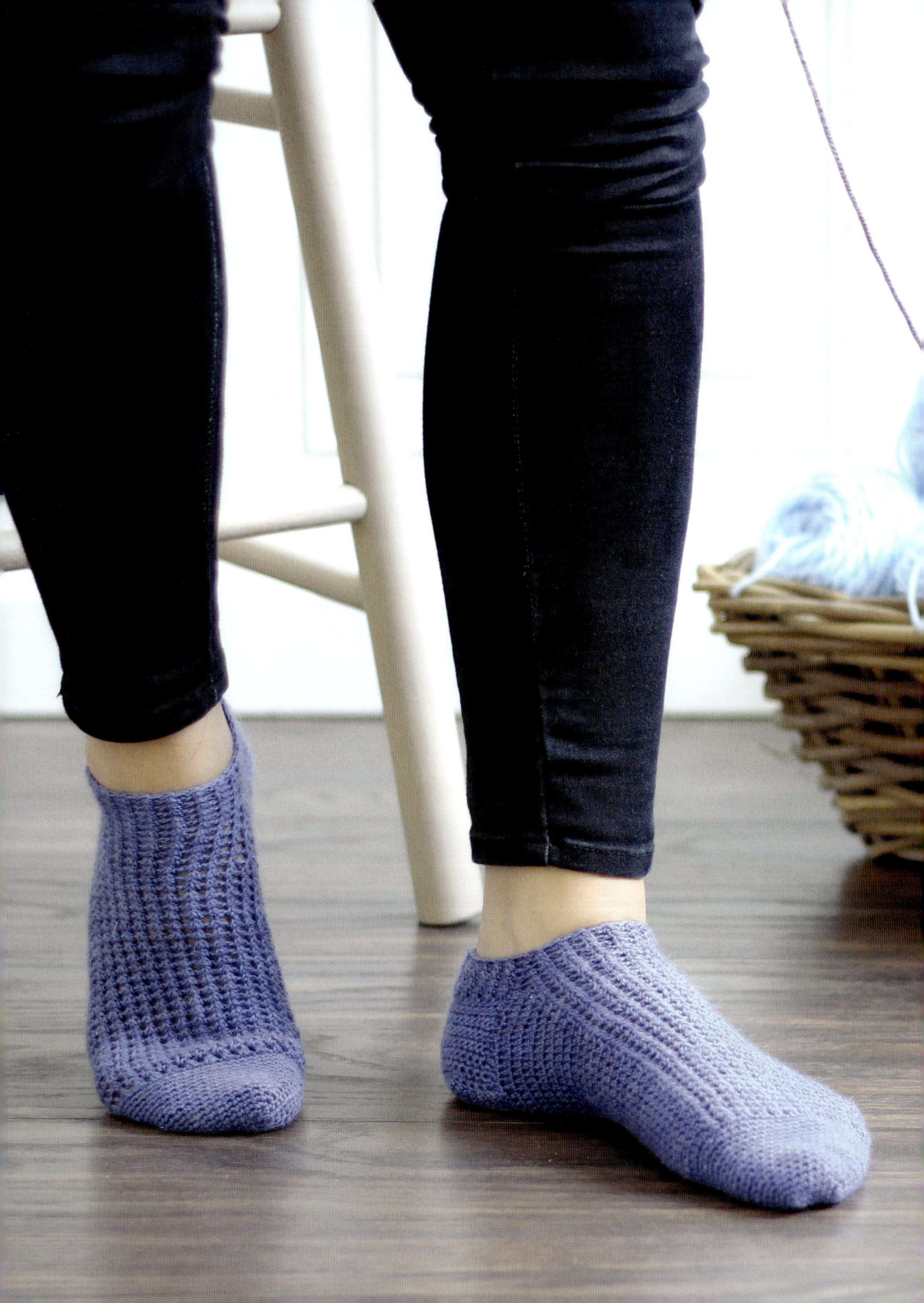

BALLERINASOCKEN

Selbst ein unspektakulärer Socken gewinnt, wenn man ihn mit einfacher Struktur versieht.

Dafür können wir eine großartige Strukturmasche einsetzen, die vergnüglich und gar nicht schwierig zu häkeln ist und das Gewebe sehr dehnbar macht.

Probieren Sie es mit einem melierten Garn!

Weil diese Masche eben so elastisch ist, sollten Sie eine Größe wählen, die 1,3 cm kleiner ist, als Sie üblicherweise bräuchten.

Die Ballerinasocken werden von der Spitze aufwärts gearbeitet, also toe-up, mit einer Standard-Bandspitze und einer modifizierten Fersenwand.

ENDMASSE

Fußlänge: 19 cm (21,5 cm, 24 cm)
Fußumfang: 16,5 cm (18 cm, 20,5 cm)
Schaftlänge: 2,5 cm

Der abgebildete Socken hat eine Fußlänge von 21,5 cm und einen Fußumfang von 18 cm.

GARN

Sockengarn, #1 Super Fine
Abgebildet: Rowan Yarns Fine Art Yarn (45 % Wolle, 20 % Mohair, 10 % Seide, 25 % Polyamid; 400 m/100 g): #006 Boar, 1 Knäuel.

HÄKELNADEL

Größe 2,75 mm
Falls nötig, wechseln Sie die Häkelnadel, um die Maschenprobe zu erreichen.

ZUBEHÖR

Offene Maschenmarkierer, Sticknadel mit stumpfer Spitze

MASCHENPROBE

28 Maschen und 24 Reihen = 10 cm in verbundenen Halbstäbchen, in Runden gehäkelt, gespannt

DIE MASCHEN

2 HALBSTÄBCHEN ZUSAMMENHÄKELN (2 HSTBZUS)
Faden holen, ziehen Sie eine Schlaufe durch jede der nächsten beiden Maschen, Faden holen, durch alle 4 Schlaufen auf der Nadel ziehen, 1 Luftmasche.

SPITZE

9 Luftmaschen (Lm)

Zunehmen: feste Masche (fM) in zweite Luftmasche von der Nadel und in jede weitere Lm, arbeiten Sie auf der gegenüberliegenden Seite der Luftmaschenkette fM in jede weitere Masche, mittels einer Kettmasche (Km) in die erste Masche verbinden. Achtung, nicht verdrehen! 1 Lm – (16 Maschen).

Zunehmen: * fM in die erste Masche, 2 fM in die nächste Masche, fM in jede der nächsten 5 Maschen, 2 fM in die nächste Masche; ab * 1 Mal wiederholen, mittels Km in die erste Masche verbinden, 1 Lm – 4 Maschen zugenommen (20 Maschen).

Zunehmen: * fM in die erste Masche, 2 fM in die nächste Masche, fM in jede der nächsten 7 Maschen, 2 fM in die nächste Masche; ab * 1 Mal wiederholen, mittels Km in die erste Masche verbinden, 1 Lm – 4 Maschen zugenommen (24 Maschen).

Nächste Runde: Durchgehend fM, mittels Km in die erste Masche verbinden, 1 Lm.

Zunehmen: * fM in die erste Masche, 2 fM in die nächste Masche, fM in jede der nächsten 9 Maschen, 2 fM in die nächste Masche; ab * 1 Mal wiederholen, 1 Lm – 4 Maschen zugenommen (28 Maschen).

Nächste Runde: Durchgehend fM, mittels Km in die erste Masche verbinden, 1 Lm.

Zunehmen: * fM in die erste Masche, 2 fM in die nächste Masche, fM in jede der nächsten 11 Maschen, 2 fM in die nächste Masche; ab * 1 Mal wiederholen, 1 Lm – 4 Maschen zugenommen (32 Maschen).

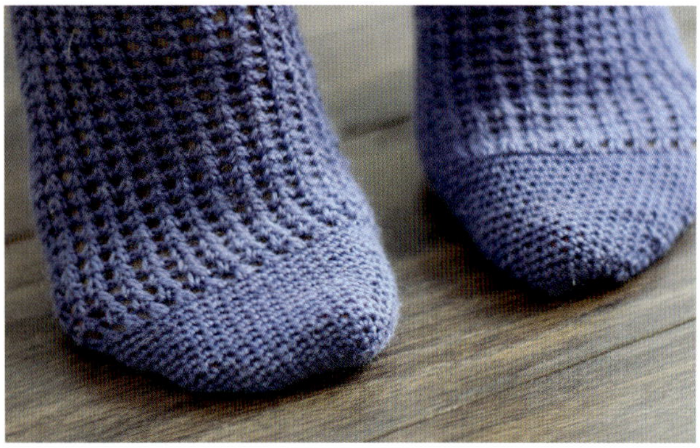

Nächste Runde: durchgehend fM, mittels Km in die erste Masche verbinden, 1 Lm.

Fahren Sie auf diese Weise fort, in jeder zweiten Runde 4 Maschen zuzunehmen, bis Sie 44 (48, 52) Maschen haben, keine Lm am Ende der letzten Runde.

FUSS

Nächste Runde: 2 Lm, [2 Halbstäbchen zusammenhäkeln (2 hStbzus, siehe Maschentechnik), 1 Lm] 11 (12, 13) Mal, verlängerte feste Masche (vfM, siehe Maschentechnik) in jede der übrigen Maschen, mittels Km in die erste Masche verbinden, 2 Lm (gilt hier und weiterhin als erstes Halbstäbchen).

Nächste Runde: [2 hStbzus, 1 Lm] 11 (12, 13) Mal, vfM in jede übrige Masche, mittels Km in die erste Masche verbinden, 2 Lm.

Wiederholen Sie die letzte Runde, bis der Fuß 10 cm (12,5 cm, 15 cm) lang oder 9 cm kürzer als die gewünschte Länge ist.

ZWICKEL

Zunehmen: Im bisherigen Muster arbeiten, 2 vfM in die erste vfM, vfM in jede Masche bis zur letzten, 2 vfM in die letzte Masche – 2 Maschen zugenommen (46 [50, 54] Maschen).

Diese Runde wiederholen, bis Sie 62 (66, 72) Maschen haben.

FERSENKÄPPCHEN

Hinweis: Die Maschen in der Mitte der Ferse werden in verkürzten Reihen gearbeitet, während die Maschen entlang der Zwickel auf beiden Seiten der Maschen in der Mitte der Ferse gearbeitet werden.

Beginnen Sie mit der RS nach oben, arbeiten Sie weiter wie bisher über 22 (24, 26) Maschen des Rists, fM in jede der nächsten 13 (14, 15) Maschen, 2 fM zusammenhäkeln, fM in jede der nächsten 12 (12, 14) Maschen, 1 Lm, wenden, die restlichen Maschen bleiben unbearbeitet.

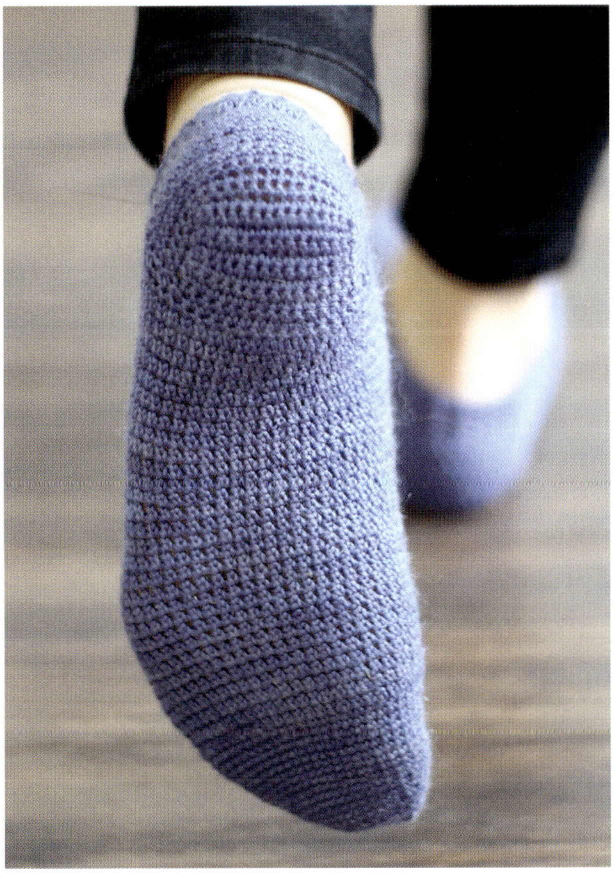

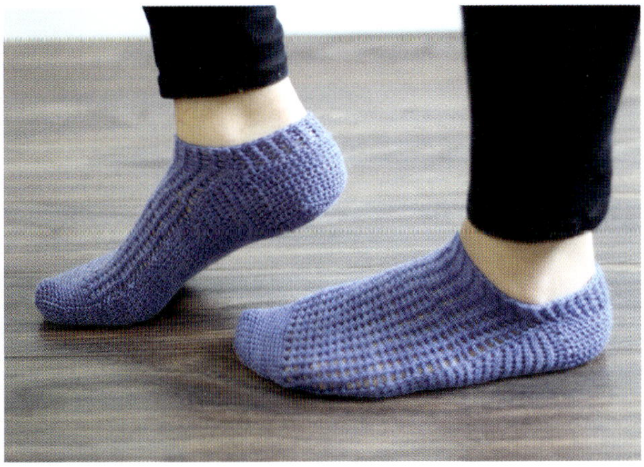

Nächste Reihe (LS): 2 fM zusammenhäkeln, durchgehend fM, 1 Lm, wenden, die übrigen Maschen bleiben unbearbeitet.

Arbeiten Sie die letzte Reihe, bis 4 Maschen übrigbleiben, enden Sie mit einer Reihe auf der LS.

FERSENWAND

Hinweis: Diese Ferse ist besonders lang, um die mangelnde Dehnbarkeit auszugleichen. Wenn Sie eine kürzere Ferse möchten, verbinden Sie einfach jede zweite Reihe der Fersenwand mit den nächsten beiden Maschen statt mit nur einer Masche.

Beginnen Sie mit der RS nach oben, fM in jede der übriggebliebenen 4 Maschen, 10 (10, 12) fM entlang der einen Seite der Fersenwand, 1 Lm, wenden.

fM in alle folgenden Maschen bis zur zweiten Seite der Fersenwand, 10 (10, 12) fM entlang der Seite der Fersenwand – 24 (24, 28) Maschen.

Nächste Reihe (RS): fM in jede Masche der Fersenwand bis zur letzten Masche, mittels 1 fM die letzte Masche und die nächste Masche links auf dem Rist verbinden, 1 Lm, wenden.

Nächste Reihe (LS): fM in jede Masche der Fersenwand bis zur letzten Masche, mittels 1 fM die letzte Masche und die nächste Masche links auf dem Rist verbinden, 1 Lm, wenden.

Wiederholen Sie die letzten beiden Reihen, bis alle Maschen des Rists gearbeitet sind – 44 (48, 52) Maschen.

SCHAFT (OPTIONAL)

Wenn Sie möchten, können Sie das Werkstück nun zur Runde schließen (entweder in Spiralrunden oder in verbundenen Runden), dann einen Schaft in fM bis zur gewünschten Länge häkeln und anschließend mit dem Bündchen weitermachen. Wenn Sie einen Knöchelsocken, wie abgebildet, machen möchten, arbeiten Sie gleich nach der Anleitung für das Bündchen weiter.

BÜNDCHEN

In alle Maschen des Rists arbeiten Sie [2 hStbzus, 1 Lm], dann setzen Sie fort mit [2 hStbzus, 1 Lm] in alle Maschen der Fersenwand. Arbeiten Sie in Runden von [2 hStbzus, 1 Lm], bis das Bündchen 2,5 cm lang ist oder die von Ihnen gewünschte Länge hat.

Beenden Sie die Arbeit und vernähen Sie alle Fäden, waschen Sie die Socken und breiten Sie sie flach zum Trocknen und Spannen aus.

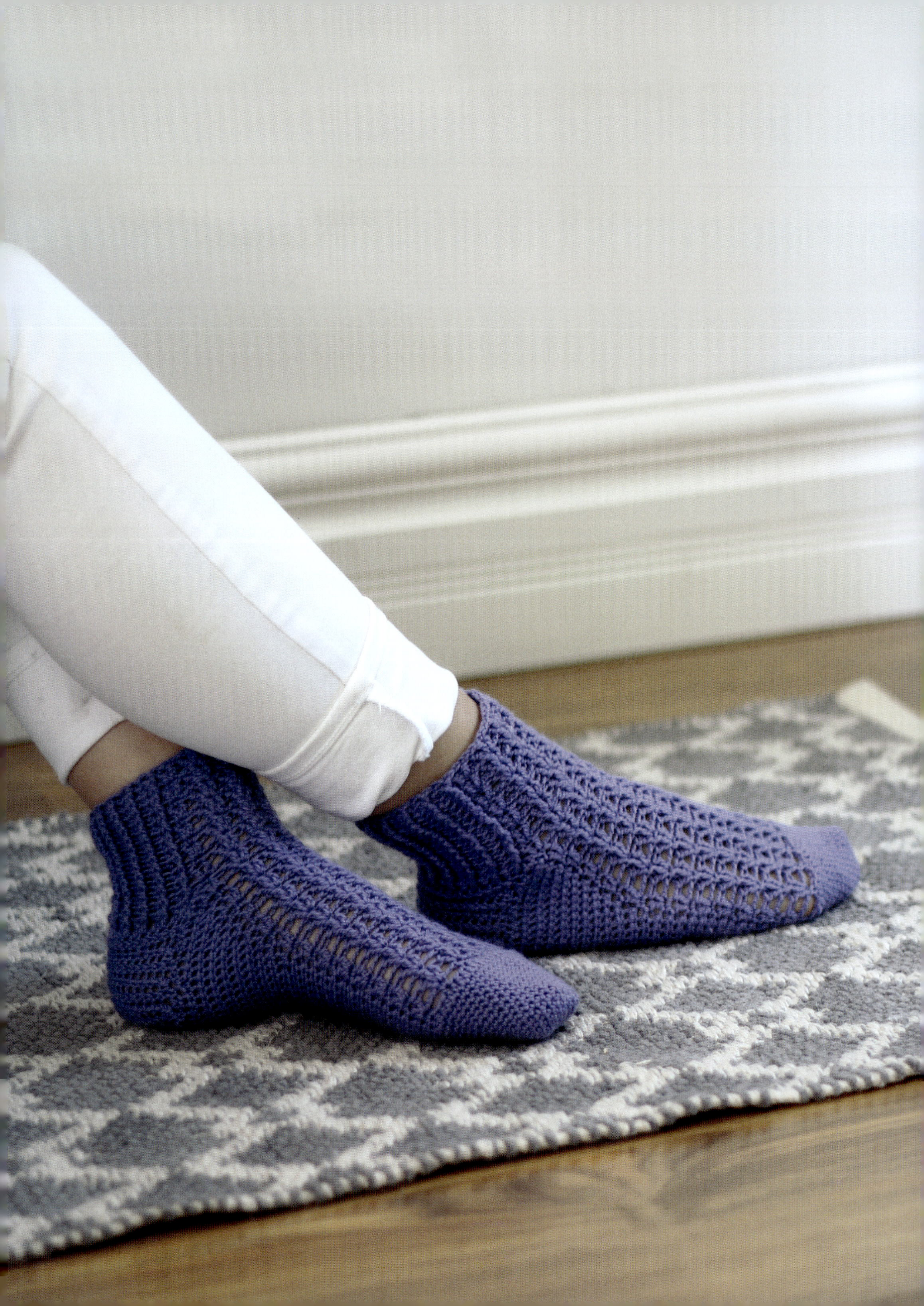

WEIDENKÖRBCHEN SOCKEN

Das „Schein-Zopfmuster" (das eigentlich eine Girlande ist) dieses Designs erinnert stark an gestrickte Zopfmuster und verleiht diesem Projekt seinen Reiz. Dieses superelastische Girlandenmuster macht ein abgesetztes Bundchen überflüssig und gibt dem Socken eine traumhafte Passform.

Wenn Sie dennoch ein richtiges Bündchen möchten, arbeiten Sie es auf die side-to-side-, join-as-you-go-Methode, so wie in anderen toe-up-Anleitungen in diesem Buch. Achten Sie darauf, die Maschenprobe einzuhalten, damit das Gewebe nicht zu voluminös wird.

Die Weidenkörbchen-toe-up-Socken werden mit einer Sternspitze und einer starken Ferse gearbeitet; das Bündchen ist Teil des Maschenmusters, auf Wunsch kann aber ein richtiges Bündchen dazugearbeitet werden.

ENDMASSE

Fußlänge: 21,5 cm (24 cm, 26,5 cm)
Fußumfang: 18 cm (19 cm, 20,5 cm)
Schaftlänge: 7,5 cm

Der abgebildete Socken hat eine Fußlänge von 24 cm und einen Fußumfang von 19 cm.

GARN

Sockengarn, #1 Super Fine
Abgebildet: Plymouth Yarn Happy Feet (90 % superwash Merinowolle, 10 % Nylon; 176 m/50 g): #13, 2 Knäuel.

HÄKELNADEL

Große 3,25 mm
Falls nötig, wechseln Sie die Häkelnadel, um die Maschenprobe zu erreichen.

ZUBEHÖR

Sticknadel mit stumpfer Spitze

MASCHENPROBE

24 Maschen und 24 Reihen = 10 cm in verbundenen Halbstäbchen, in Runden gehäkelt, gespannt

DIE MASCHEN

VORDERE FESTE RELIEFMASCHE (VF RM)
Die Nadel wird von hinten nach vorne um den Hals der nächsten Masche rechts eingestochen, der Faden geholt, eine Schlaufe aufgenommen, nochmals der Faden geholt und durch beide Schlaufen auf der Nadel gezogen.

SPITZE

2 Luftmaschen (Lm)

1. Runde: 4 feste Maschen (fM) in die 2. Luftmasche von der Nadel, mittels Kettmasche (Km) in die erste Masche verbinden. Achtung, nicht verdrehen! 1 Lm.

Nicht wenden!

Zunehmen: 2 fM in jede fM, mittels Km in die erste Masche verbinden, 1 Lm – 4 Maschen zugenommen (8 Maschen).

Zunehmen: 2 fM in jede fM, mittels Km in die erste Masche verbinden, 1 Lm – 8 Maschen zugenommen (16 Maschen).

Zunehmen: * 2 fM in die erste Masche, fM in die nächste Masche; ab * wiederholen, mittels Km in die erste Masche verbinden, 1 Lm – 8 Maschen zugenommen (24 Maschen).

Nächste Runde: Durchgehend fM, mittels Km in die erste Masche verbinden, 1 Lm.

Zunehmen: * 2 fM in die erste Masche, fM in jede der nächsten 5 Maschen; ab * wiederholen, mittels Km in die erste Masche verbinden, 1 Lm – 4 Maschen zugenommen (28 Maschen).

Nächste Runde: Durchgehend fM, mittels Km in die erste Masche verbinden, 1 Lm.

Zunehmen: 2 fM in die erste Masche, fM in jede der nächsten 6 Maschen; ab * wiederholen, mittels Km in die erste Masche verbinden, 1 Lm – 4 Maschen zugenommen (32 Maschen).

Nächste Runde: Durchgehend fM, mittels Km in die erste Masche verbinden, 1 Lm.

Zunehmen: 2 fM in die erste Masche, fM in jede der nächsten 7 Maschen; ab * wiederholen, mittels Km in die erste Masche verbinden, 1 Lm – 4 Maschen zugenommen (36 Maschen).

Nächste Runde: Durchgehend fM, mittels Km in die erste Masche verbinden, 1 Lm.

Zunehmen: * 2 fM in die erste Masche, fM in jede der nächsten 8 Maschen; ab * wiederholen, mittels Km in die erste Masche verbinden, 1 Lm – 4 Maschen zugenommen (40 Maschen).

Nächste Runde: Durchgehend fM, mittels Km in die erste Masche verbinden, 1 Lm.

Fahren Sie auf diese Weise fort, arbeiten Sie eine zusätzliche fM bei jeder Zunahme, bis Sie 44 (48, 54) Maschen haben.

Arbeiten Sie gleichmäßig weiter, bis die Spitze 5 cm misst.

FUSS

Setzen Sie einen Maschenmarkierer (MM) in die 21. (25., 25.) Masche. Arbeiten Sie nach der Häkelschrift für das Girlandenmuster auf Seite 70.

1. Runde: 1 Lm, fM in die erste Masche, * 3 Lm, überspringen (üspr) Sie die nächsten 3 Maschen, fM in die nächste Masche; ab * wiederholen bis zum MM, verbundenes Halbstäbchen (vhStb, siehe Maschentechnik) in jede weitere Masche, mittels Km in die erste Masche verbinden, 3 Lm – 6 (7, 7) fM; 5 (6, 6) Luftmaschenzwischenräume (Lm-Zwr); 23 (23, 29) vhStb.

2. Runde: Stäbchen (Stb, siehe Maschentechnik) in die erste fM, üspr Sie den nächsten 3-Luftmaschen-Zwischenraum (3-Lm-Zwr); * 3 Stb in die nächste fM, üspr Sie den nächsten 3-Lm-Zwr; ab * wiederholen bis zum MM, 2 Stb in die markierte fM, vhStb in jede weitere Masche, mittels Km in die erste Masche verbinden, 1 Lm.

3. Runde: fM oben in die Wendeluftmasche (WLm), * 3 Lm, vordere feste Reliefmasche (vf Rm, siehe oben) in den mittleren Hals der 3-Stb-Gruppe; ab * wiederholen bis zum MM, fM in das letzte Stb, vhStb in jede weitere Masche, mittels Km in die erste Masche verbinden, 3 Lm.

Wiederholen Sie die 2. und 3. Runde, bis der Fuß 10 cm (12,5 cm, 15 cm) misst oder 9 cm kürzer ist als die gewünschte Länge.

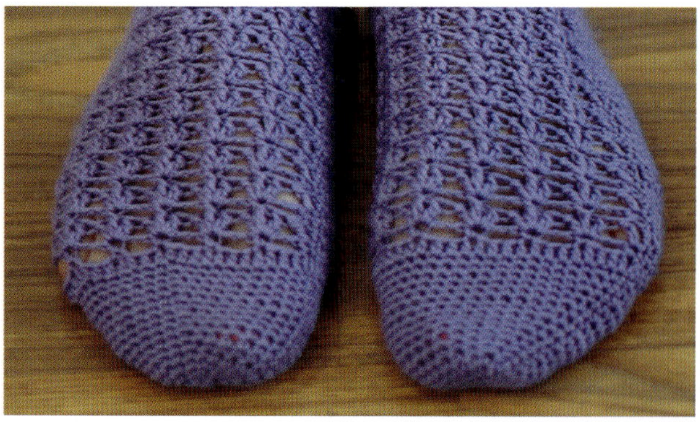

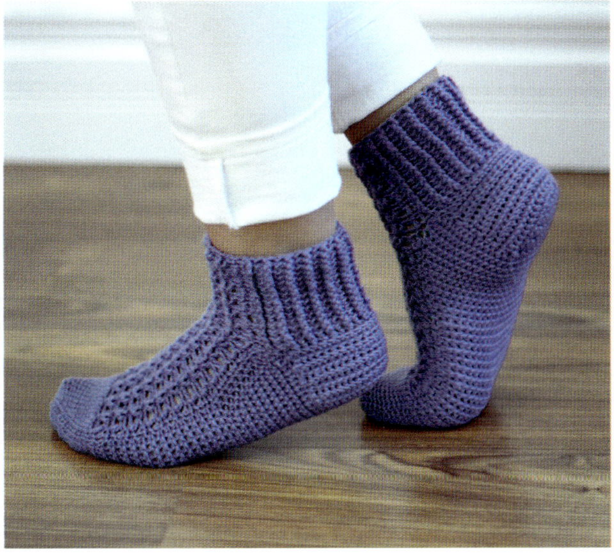

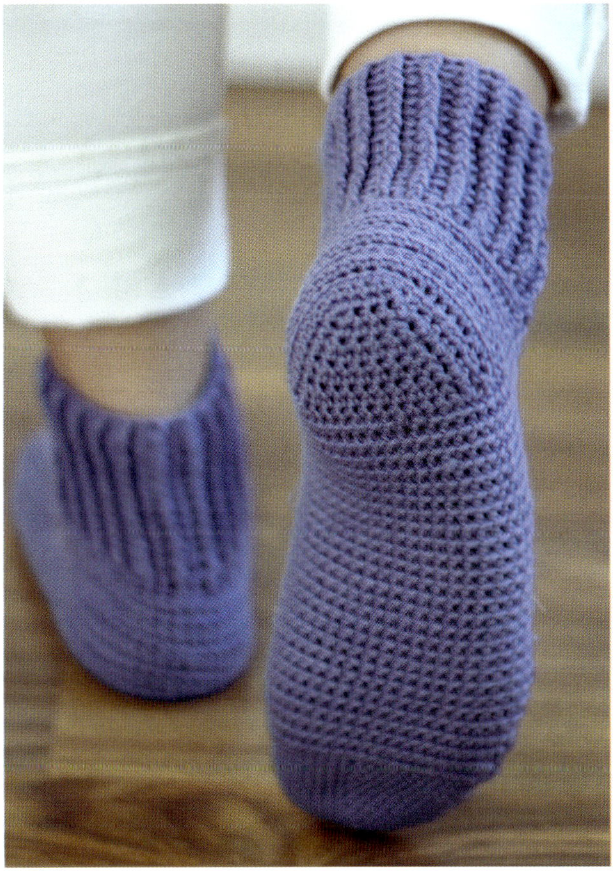

ZWICKEL

Zunehmen: Arbeiten Sie so wie oben für den Rist angegeben, 2 vhStb in das nächste vhStb, vhStb in jede weitere Masche bis zur letzten, 2 vhStb in die letzte Masche, 2 Lm – 2 Maschen zugenommen (46 [50, 54]) Maschen:

Wiederholen Sie diese Runde, bis Sie 62 (66, 72) Maschen haben, am Ende der letzten Runde häkeln Sie aber statt 2 Lm nur 1 Lm.

FERSENKÄPPCHEN

Arbeiten Sie nun in verkürzten Reihen.

1. Reihe: Arbeiten Sie so, wie für den Rist angegeben, dann fM in jede der nächsten 13 (14, 15) Maschen, 2 fM zusammenhäkeln, fM in jede der nächsten 12 (12, 14) Maschen, 1 Lm, wenden, die restlichen Maschen bleiben unbearbeitet.

2. Reihe: 2 fM zusammenhäkeln, dann durchgehend fM, 1 Lm, wenden, die restlichen Maschen bleiben unbearbeitet.

Wiederholen Sie die 2. Reihe, bis 4 Maschen übrigbleiben, enden Sie mit einer Reihe auf der LS.

FERSENWAND

Beginnen Sie mit der rechten Seite nach oben, fM in jede der ersten 4 Maschen, 10 (10, 12) fM entlang der einen Seite des Fersenkäppchens, 1 Lm, wenden, fM in alle Maschen der zweiten Seite des Fersenkäppchens, 10 (10, 12) fM entlang der Seite der Fersenwand, 2 Lm – 24 (24, 28) Maschen.

Abnehmen (RS): vhStb in jede Masche der Fersenwand bis zur letzten, 2 vhStb zusammenhäkeln (siehe Maschentechnik) in die letzte Masche und die nächsten beiden Maschen links auf dem Rist, 2 Lm, wenden.

Abnehmen (LS): vhStb in jede Masche der Fersenwand bis zur letzten, 2 vhStb zusammenhäkeln in die letzte Masche und die nächsten beiden Maschen links auf dem Rist, 2 Lm.

Wiederholen Sie die letzten beiden Reihen, bis alle Maschen des Rists gearbeitet sind.

Nehmen Sie solange ab, bis 44 (48, 52) Maschen übrigbleiben.

Setzen Sie einen Maschenmarkierer in die 21. (25., 25.) Masche.

SCHAFT

Arbeiten Sie nun in Runden. Fahren Sie mit dem Muster vom Rist fort.

1. Runde: fM in die erste Masche, nach Anleitung in jede Masche bis zum MM, Stäbchen in jede weitere Masche, mittels Km in die erste Masche verbinden, 3 Lm.

2. Runde: Stäbchen in die erste Masche, nach Anleitung in jede Masche bis zum MM, [Reliefstäbchen vorne (RStbv), Reliefstäbchen hinten (RStbh) siehe Maschentechnik] durchgehend, mittels Km in die erste Masche verbinden, 1 Lm.

3. Runde: fM in die erste Masche, nach Anleitung in jede Masche bis zum MM, [RStbv, RStbh] durchgehend, mittels Km in die erste Masche verbinden, 3 Lm.

Wiederholen Sie die 2. und 3. Runde, bis der Schaft 7,5 cm lang ist oder die von Ihnen gewünschte Länge hat.

Beenden Sie die Arbeit und vernähen Sie alle Fäden. Waschen Sie die Socken und breiten Sie sie flach zum Trocknen und Spannen aus.

GIRLANDENMUSTER

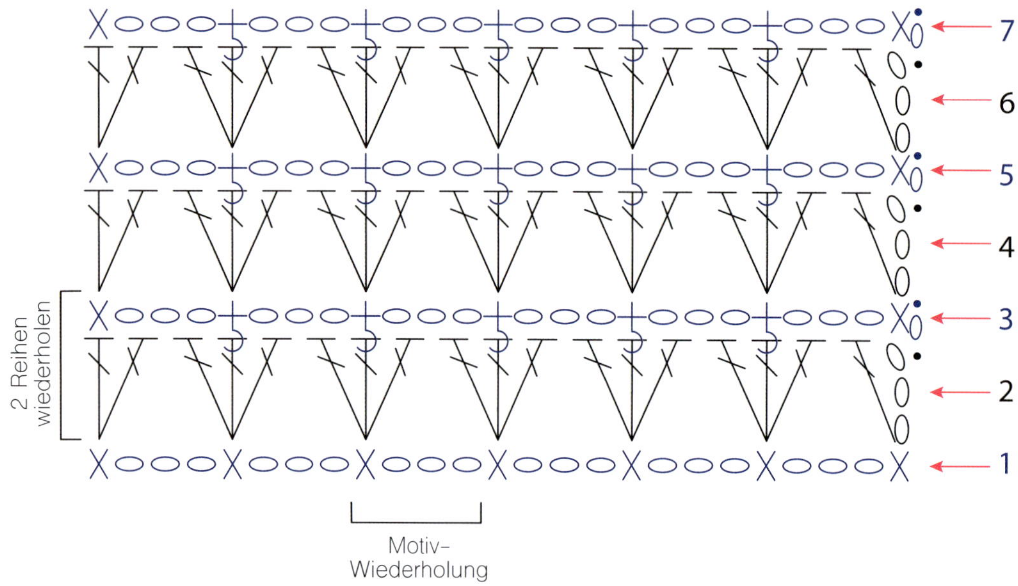

LEGENDE

- Kettmasche (Km)
- Luftmasche (Lm)
- feste Masche (fM)
- vordere feste Reliefmasche (vf Rm)
- Stäbchen (Stb)

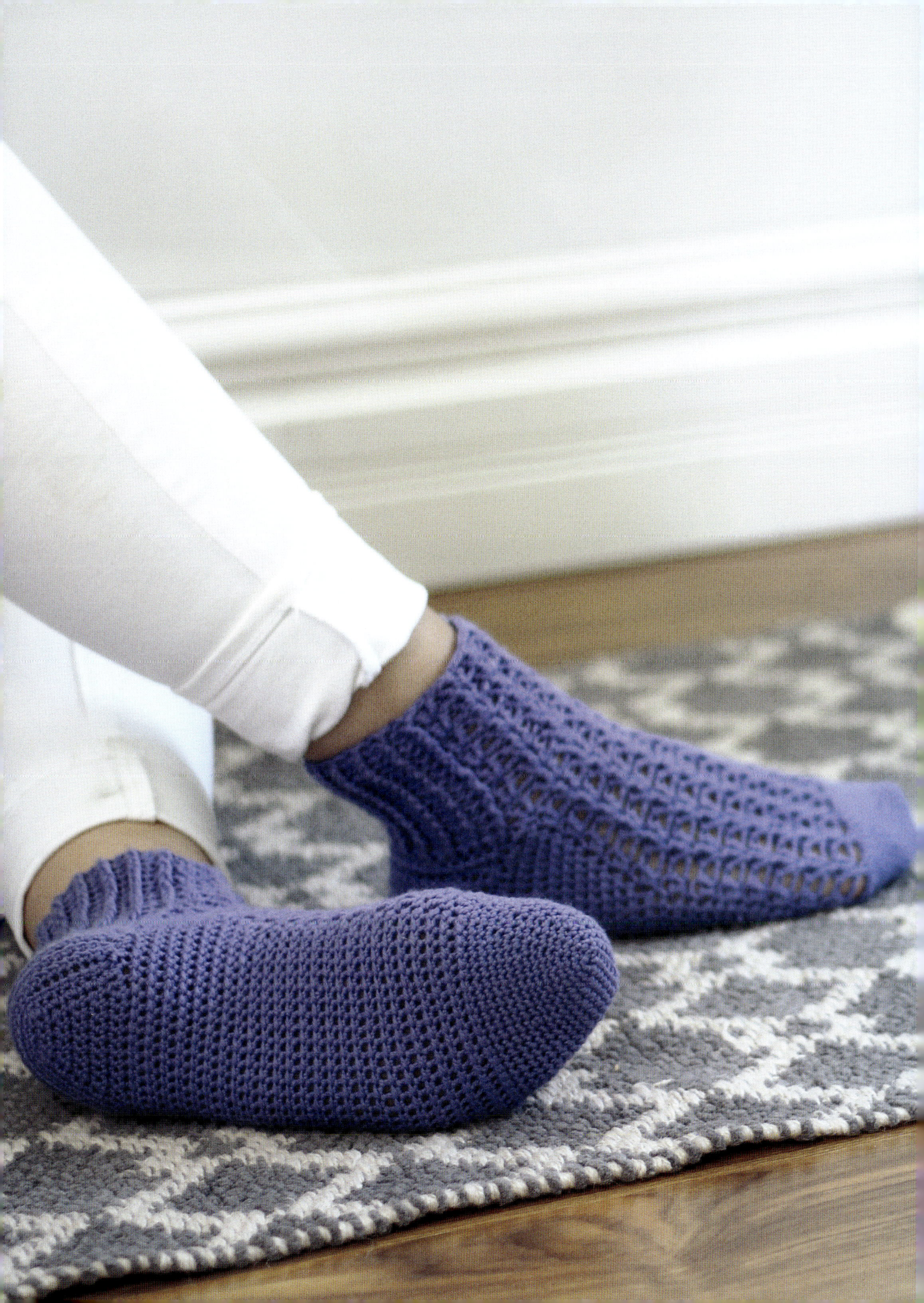

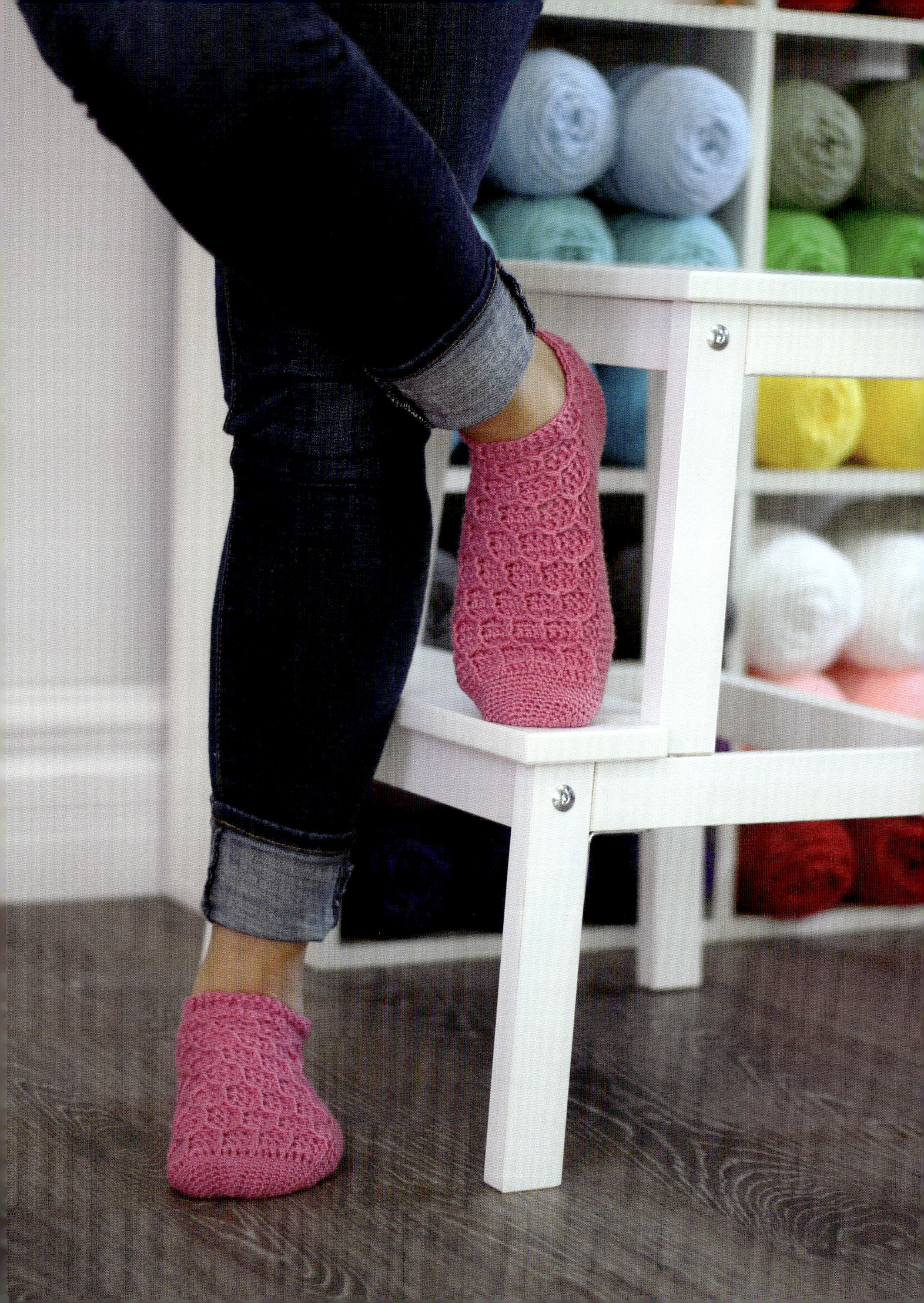

BIENCHENSOCKEN

Ungewöhnlich und bezaubernd – meine Bienchensocken sind ein Paradebeispiel für das Potenzial, das in Reliefmaschen steckt. Das durchgehende Bienenwabenmuster ist ein Blickfang und dabei superelastisch. Gehäkelt wird in geschlossenen Runden, damit sich das Werkstück nicht einrollt, was passieren kann, wenn man Reliefmaschen in Spiralrunden arbeitet.

Diese Socken habe ich zwar als Knöchelsocken entworfen, aber Sie können selbstverständlich auch einen Schaft im Wabenmuster und ein Bündchen dazu arbeiten – das wird bestimmt großartig aussehen.

Die Bienchensocken werden nach der toe-up-Methode gearbeitet, haben eine abgerundete Sternspitze und eine modifizierte starke Ferse.

ENDMASSE

Fußlänge: 19 cm (21,5 cm, 24 cm)
Fußumfang: 18 cm (20,5 cm, 23 cm)
Schaftlänge: 2,5 cm

Der abgebildete Socken hat eine Fußlänge von 21,5 cm und einen Fußumfang von 20,5 cm.

GARN

Sockengarn #1 Super Fine
Abgebildet: Spud & Chloe Fine (80 % Wolle, 20 % Seide, 227 m/65 g): #7812 Sassafras, 2 (2, 3) Knäuel.

HÄKELNADEL

Größe 3,25 mm
Falls nötig, wechseln Sie die Häkelnadel, um die Maschenprobe zu erreichen.

ZUBEHÖR

Sticknadel mit stumpfer Spitze

MASCHENPROBE

24 Maschen und 21 Reihen = 10 cm in verlängerten festen Maschen, in Runden gehäkelt, gespannt

SPITZE

2 Luftmaschen (Lm)

1. Runde: 4 feste Maschen (fM) in die 2. Lm von der Nadel, mittels Kettmasche (Km) in die erste Masche verbinden. Achtung, nicht verdrehen! 1 Lm.

Nicht wenden.

Zunehmen: 2 fM in jede weitere fM, mittels Km in die erste Masche verbinden, 1 Lm – 4 Maschen zugenommen (8 Maschen).

Zunehmen: 2 fM in jede weitere fM, mittels Km in die erste Masche verbinden, 1 Lm – 8 Maschen zugenommen (16 Maschen).

Zunehmen: * 2 fM in die erste Masche, fM in die nächste Masche; ab * durchgehend wiederholen, mittels Km in die erste Masche verbinden, 1 Lm – 8 Maschen zugenommen (24 Maschen).

Nächste Runde: Durchgehend fM, mittels Km in die erste Masche verbinden, 1 Lm.

Zunehmen: * 2 fM in die erste Masche, fM in jede der nächsten 3 Maschen; ab * durchgehend wiederholen, mittels Km in die erste Masche verbinden, 1 Lm – 6 Maschen zugenommen (30 Maschen).

Nächste Runde: Durchgehend fM, mittels Km in die erste Masche verbinden, 1 Lm.

Zunehmen: * 2 fM in die erste Masche, fM in jede der nächsten 4 Maschen; ab * durchgehend wiederholen, mittels Km in die erste Masche verbinden, 1 Lm – 6 Maschen zugenommen (36 Maschen).

Nächste Runde: Durchgehend fM, mittels Km in die erste Masche verbinden, 1 Lm.

Zunehmen: * 2 fM in die erste Masche, fM in jede der nächsten 5 Maschen; ab * durchgehend wiederholen, mittels Km in die erste Masche verbinden, 1 Lm – 6 Maschen zugenommen (42 Maschen).

Nächste Runde: Durchgehend fM, mittels Km in die erste Masche verbinden, 1 Lm.

Fahren Sie in diesem Muster fort, wobei Sie 1 zusätzliche fM bei jeder Zunahme arbeiten, bis Sie 42 (48, 54) Maschen haben.

Arbeiten Sie gleichmäßig weiter, bis die Spitze 5 cm misst.

FUSS

Arbeiten Sie nun nach der Häkelschrift für das Bienenwabenmuster.

1. Runde: 3 Lm, Stäbchen (Stb) in jede der nächsten 21 (25, 25) Maschen, verlängerte feste Masche (vfM, siehe Maschentechnik) in jede weitere Masche, mittels Km in die erste Masche verbinden, 2 Lm (zählen hier und weiterhin nicht als Maschen) – 22 (26, 26) Stb; 20 (22, 28) vfM.

2. Runde: Reliefstäbchen hinten (RStbh, siehe Maschentechnik) in jede der nächsten 21 (25, 25) Maschen, mittels Km in die erste Masche verbinden, 2 Lm.

3. Runde: Reliefstäbchen vorne (RStbv, siehe Maschentechnik) um den Hals des ersten RStbh, Stäbchen in jede der nächsten 3 Maschen, RStbv um den Hals des nächsten RStbh; ab * wiederholen bis zum letzten RStbh, RStbv um den Hals des letzten RStbh, vfM in jede weitere Masche, mittels Km in die erste Masche verbinden, 2 Lm.

4. Runde: Wiederholen Sie die 3. Runde.

5. Runde: Stb in jede der ersten beiden Maschen, * RStbv um den ersten Hals der vorherigen Reihe rechts von der aktuellen Masche, RStbv um den Hals des nächsten Halses aus der vorherigen Reihe links von der aktuellen Masche, Stb in jede der nächsten 3 Maschen; ab * wiederholen bis zum letzten Stb, vfM in jede weitere Masche, mittels Km in die erste Masche verbinden, 2 Lm.

6. Runde: Stb in jede der ersten beiden Maschen, * RStbv um beide RStbv der vorherigen Reihe, Stb in jede der nächsten 3 Maschen (wenn Sie das RStbv um einen Hals arbeiten, um den schon gearbeitet wurde, setzen Sie etwas tiefer an); ab * wiederholen bis zum letzten Stb, vfM in jede weitere Masche, mittels Km in die erste Masche verbinden, 2 Lm.

7. Runde: Wiederholen Sie die 6. Runde.

8. Runde: RStbv um den Hals der 2 Maschen links von der aktuellen Masche, Stb in jede der nächsten 3 Maschen, * RStbv um den ersten Hals der vorherigen Reihe rechts von der aktuellen Masche, RStbv um den Hals des nächsten Halses der vorherigen Reihe links von der aktuellen Masche, Stb in jede der nächsten 3 Maschen; ab * wiederholen bis zum letzten Stb, RStbv um den letzten Hals rechts von der aktuellen Masche, vfM in jede weitere Masche, mittels Km in die erste Masche verbinden, 2 Lm.

9. Runde: * RStbv um den Hals der ersten Masche, Stb in jede der nächsten 3 Maschen; RStbv um den Hals der nächsten Masche; ab * wiederholen bis zur letzten Masche, RStbv um den Hals der letzten Masche, vfM in jede weitere Masche, mittels Km in die erste Masche verbinden, 2 Lm.

10. Runde: Wiederholen Sie die 3. Runde.

Wiederholen Sie die Runden 5–10, bis der Fuß 10 cm (12,5 cm, 15 cm) misst oder 9 cm kürzer als die gewünschte Länge ist.

ZWICKEL

Zunehmen: Arbeiten Sie im Muster wie auf dem Rist, 2 vfM in die nächste vfM, vfM in jede weitere Masche bis zur letzten Masche, 2 vfM in die letzte Masche – 2 Maschen zugenommen (46 [50, 54] Maschen).

Wiederholen Sie diese Runde, bis Sie 62 (66, 72) Maschen haben.

Arbeiten Sie nun in Reihen.

1. Reihe: 1 Lm, wenden, fM in jede weitere Masche.

2. Reihe: Wiederholen Sie die 1. Reihe.

FERSENKÄPPCHEN

Abnehmen: Arbeiten Sie wie auf dem Rist, fM in jede der nächsten 13 (14, 15) Maschen, 2 fM zusammenhäkeln, fM in jede der nächsten 12 (12, 14) Maschen, 1 Lm, wenden, die restlichen Maschen bleiben unbearbeitet.

Abnehmen: 2 fM zusammen häkeln, dann durchgehend fM, 1 Lm, wenden, die restlichen Maschen bleiben unbearbeitet.

Wiederholen Sie die letzte Abnahmereihe, bis 4 Maschen übrigbleiben, enden Sie mit einer Reihe auf der LS.

FERSENWAND

*Hinweis: Diese Ferse ist besonders lang, um den Mangel an Elastizität auszugleichen. Wenn Sie eine kürzere Ferse möchten, verbinden Sie einfach jede zweite Reihe des Fersenkäppchens mit den nächsten **beiden** Maschen, anstatt nur mit einer.*

Beginnen Sie mit der rechten Seite nach oben, fM in jede der ersten 4 Maschen, 10 (10, 12) fM entlang der einen Seite des Fersenkäppchens, 1 Lm, wenden. fM in alle Maschen bis zur zweiten Seite des Fersenkäppchens, 10 (10, 12) fM entlang der Seite der Fersenwand, 1 Lm – 24 (24, 28) Maschen.

1. Reihe (RS): fM in durchgehend alle Maschen der Fersenwand bis zur letzten, die letzte Masche mittels fM mit der nächsten Masche links auf dem Rist verbinden, 1 Lm.

2. Reihe (LS): fM in durchgehend alle Maschen der Fersenwand bis zur letzten, die letzte Masche mittels fM mit der nächsten Masche links auf dem Rist verbinden, 1 Lm.

Wiederholen Sie die 1. und 2. Reihe, bis alle Maschen des Rists bearbeitet sind.

BÜNDCHEN

Arbeiten Sie so, wie für den Rist beschrieben, rund um das ganze Bündchen im Bienenwabenmuster, bis es die gewünschte Länge hat.

Beenden Sie die Arbeit, vernähen Sie alle Fäden, waschen Sie die Socken und legen Sie sie flach zum Trocknen und Spannen auf.

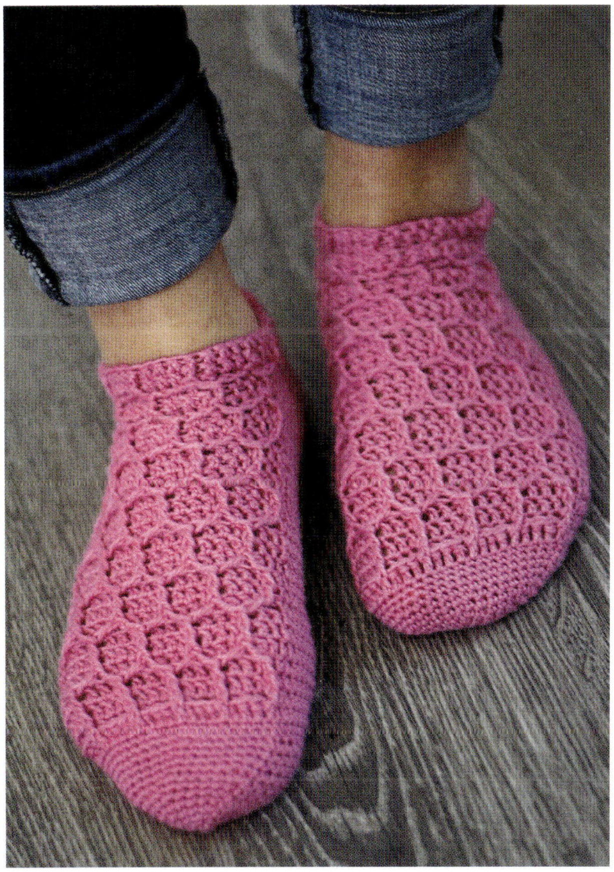

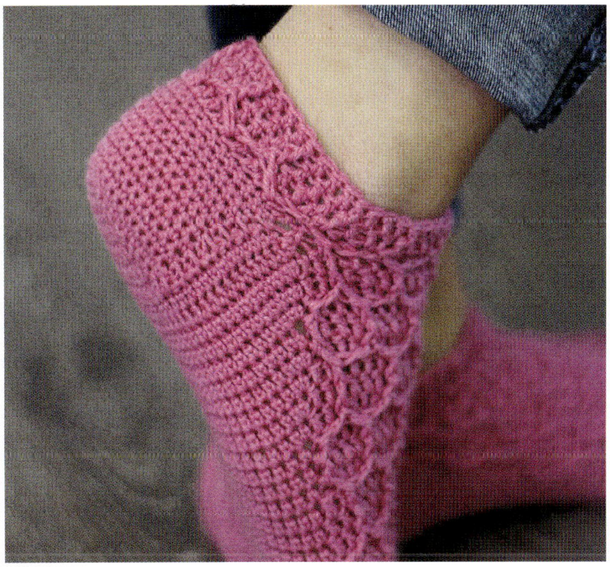

BIENENWABENMUSTER

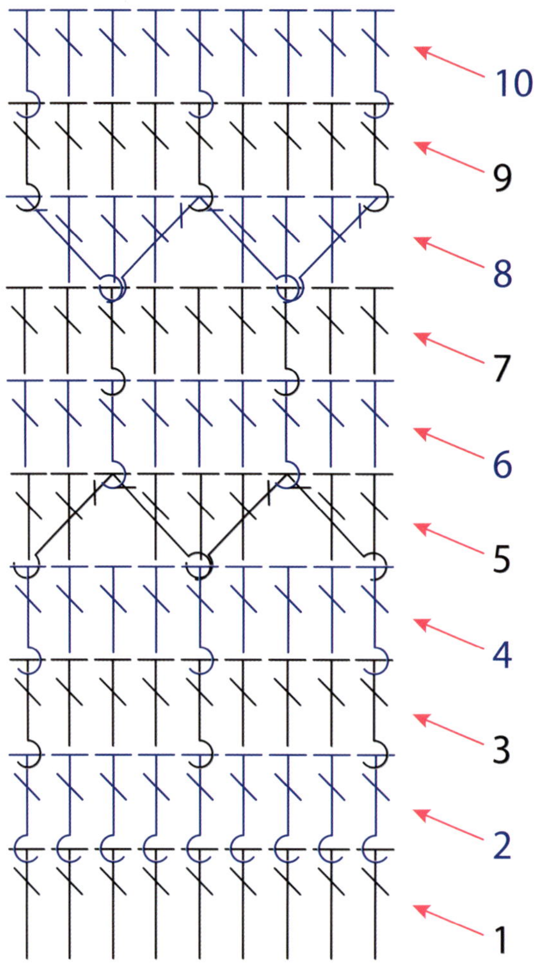

LEGENDE

- Stäbchen (Stb)
- Reliefstäbchen vorne (RStbv)
- Reliefstäbchen hinten (RStbh)

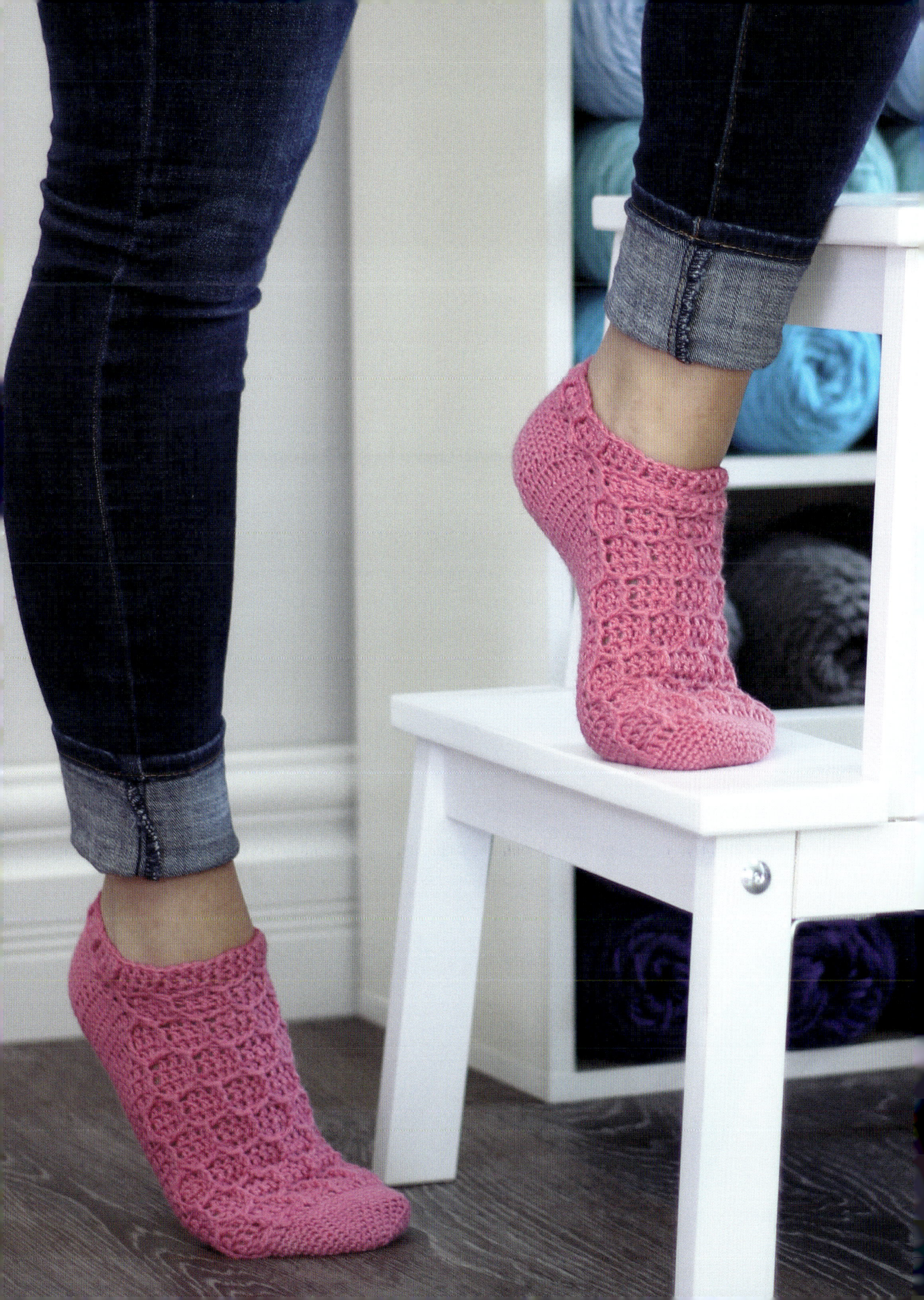

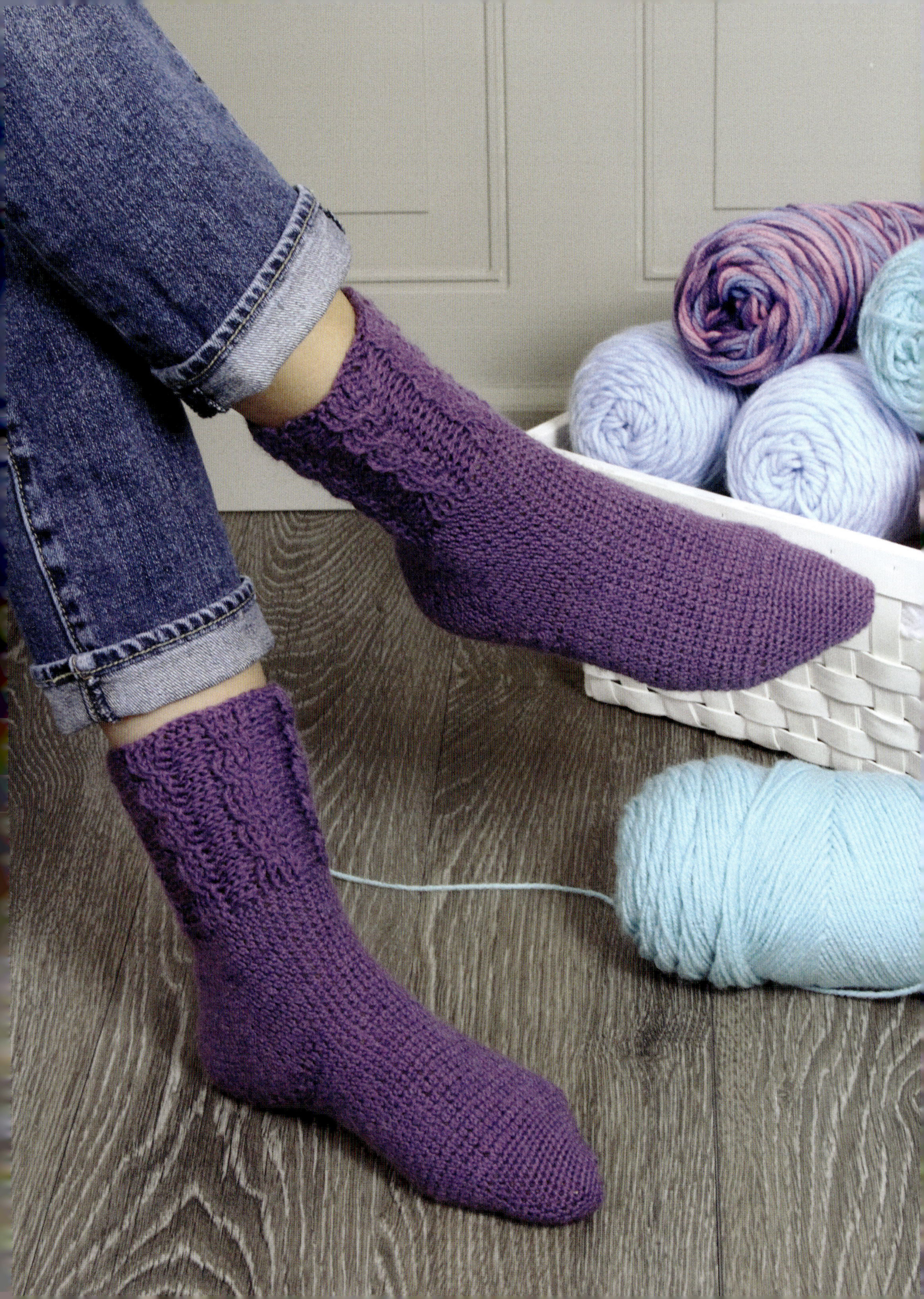

RAPUNZELSOCKEN

Ein traditionelles Zopfmuster ist so schön weich und flauschig – und wenn man den Schaft in diesem Muster arbeitet, braucht man kein Bündchen, denn das Zopfmuster ist dehnbar genug.

Die Rapunzelsocken werden mit einem einfachen, viermaschigen Zopfmuster und am Fuß ausschließlich mit verlängerten festen Maschen (vfM) gearbeitet und bekommen dadurch ein traditionelles, aber dennoch originelles Aussehen; sie haben eine Sternspitze und eine starke Ferse.

ENDMASSE

Fußlänge: 19 cm (21,5 cm, 24 cm)
Fußumfang: 18 cm (19 cm, 21,5 cm)
Schaftlänge: 12,5 cm

Der abgebildete Socken hat eine Fußlänge von 21,5 cm und einen Fußumfang von 19 cm.

GARN

Sockengarn #1 Super Fine
Abgebildet: Lion Brand Yarns Sock Ease (75 % Wolle, 25 % Nylon; 401 m/100 g); #240-138 Grape Soda, 1 (1, 2) Knäuel.

HÄKELNADEL

Größe 3,25 mm
Falls nötig, wechseln Sie die Häkelnadel, um die Maschenprobe zu erreichen.

ZUBEHÖR

Offene Maschenmarkierer, Sticknadel mit stumpfer Spitze

MASCHENPROBE

28 Maschen und 24 Reihen = 10 cm in verlängerten festen Maschen, in Runden gehäkelt, gespannt

DIE MASCHEN

STÄBCHEN MIT FUSSSCHLINGE (STB M FSCHL)
3 Luftmaschen. Faden holen und in die 3. Luftmasche von der Nadel einstechen, Faden holen, in die Schlinge des zuletzt gearbeiteten Stäbchens einstechen, Faden holen, eine Schlaufe durchziehen, Faden holen, durch 2 Schlaufen ziehen, dann noch einmal durch 2 Schlaufen ziehen.

SCHAFT

Arbeiten Sie 48 (56, 64) Stäbchen mit Fußschlingen (Stb m Fschl, siehe oben), verbinden Sie mittels Kettmasche (Km), um in Runden zu arbeiten, 2 Luftmaschen (Lm).

1.–3. Runde: * Reliefstäbchen vorne (RStbv, siehe Technik) in jede der ersten 4 Maschen, Reliefstäbchen hinten (RStbh, siehe Maschentechnik) in jede der nächsten 4 Maschen; ab * wiederholen, mittels Km in die erste Masche verbinden. Achtung, nicht verdrehen! 2 Lm.

4. Runde: * Überspringen (üspr) Sie die nächsten 2 Maschen, RStbv in jede der nächsten 2 Maschen, arbeiten Sie jetzt über die Vorderseite der gerade gearbeiteten Maschen, RStbv in jede der 2 übersprungenen Maschen, RStbh in jede der nächsten 4 Maschen; ab * wiederholen, mittels Km in die erste Masche verbinden, 2 Lm.

Wiederholen Sie die Runden 1–4 5 Mal, am Ende der letzten Runde arbeiten Sie nur 1 Lm und nicht 2 Lm.

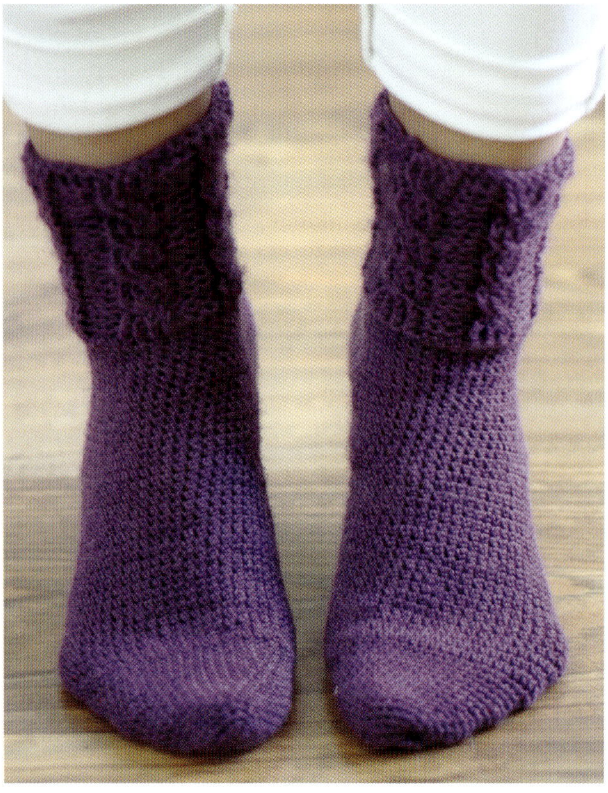

FERSE

1. Runde: Verlängerte feste Maschen (vfM, siehe Maschentechnik) in alle Maschen, mittels Km in die erste Masche verbinden, 1 Lm.

2. Runde: vfM in die ersten 24 (28, 32) Maschen, 2 vfM in die nächste Masche, vfM in jede übrige Masche bis zur letzten, 2 vfM in die letzte Masche, mittels Km in die erste Masche verbinden, 1 Lm – 2 Maschen zugenommen (50 [58, 66] Maschen).

Wiederholen Sie die 2. Runde, bis Sie 44 (48, 52) Fersenmaschen und 68 (76, 82) Maschen insgesamt haben.

FERSENKÄPPCHEN

Arbeiten Sie den Mittelteil der Ferse in verkürzten Reihen.

1. verkürzte Reihe (LS): fM in jede der ersten 22 (24, 26) Maschen, 2 fM zusammenhäkeln, fM in die nächste Masche, wenden, 1 Lm.

2. verkürzte Reihe (RS): fM in jede der ersten 4 Maschen, 2 fM zusammenhäkeln, fM in die nächste Masche, wenden, 1 Lm.

3. verkürzte Reihe: fM in jede der ersten 5 Maschen, 2 fM zusammenhäkeln, fM in die nächste Masche, wenden, 1 Lm.

4. verkürzte Reihe: fM in jede der nächsten 6 Maschen, 2 fM zusammenhäkeln, fM in die nächste Masche, wenden, 1 Lm.

Fahren Sie mit dem Muster fort wie bisher, wobei Sie in jeder Reihe 1 zusätzliche Masche häkeln, bis alle Maschen der Ferse gearbeitet sind. Beenden Sie mit derselben Anzahl an Maschen, mit der Sie begonnen haben – 48 (56, 64) Maschen.

Wiederholen Sie die 2. verkürzte Reihe 22 (24, 26) Mal.

FUSS

Arbeiten Sie nun in Runden.

1. Runde: vfM in jede Masche, mittels Km in die erste Masche verbinden, 1 Lm.

Wiederholen Sie die 1. Runde, bis der Fuß die gewünschte Länge minus 5 cm hat, gemessen von der Rückseite der Ferse.

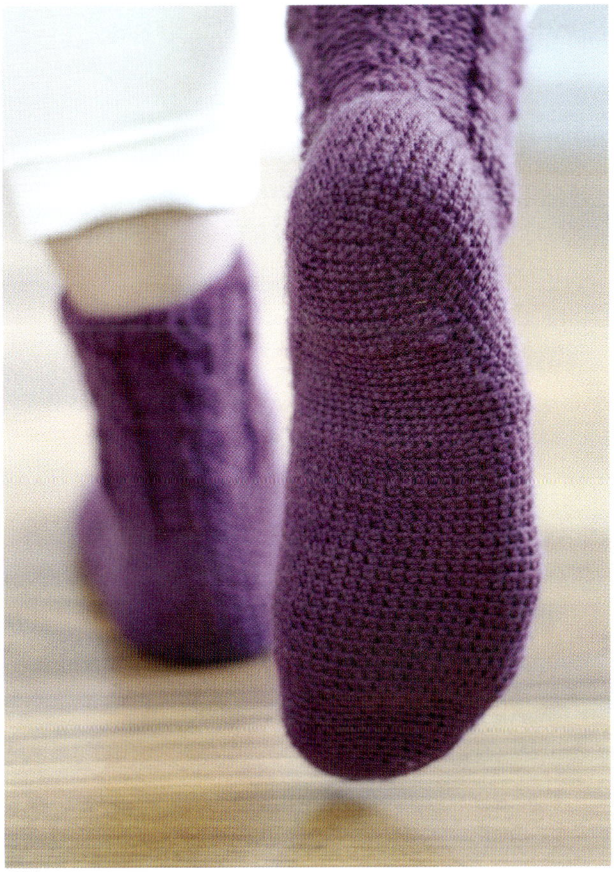

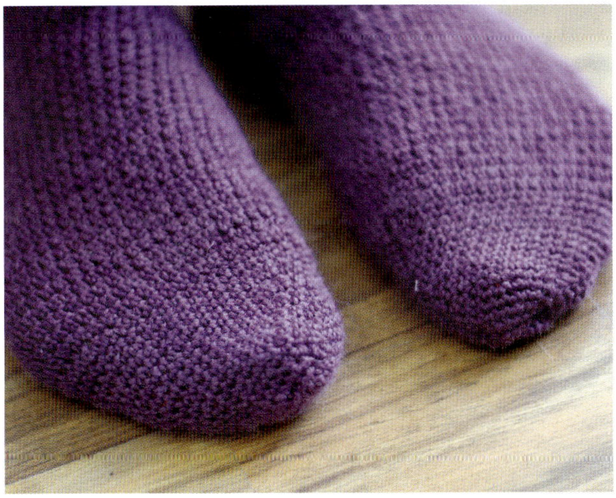

SPITZE

Abnehmen: [fM in die erste Masche, 2 fM zusammenhäkeln, fM in jede der nächsten 19 Maschen, 2 fM zusammenhäkeln] 2 Mal, mittels Km in die erste Masche verbinden, 1 Lm – 4 Maschen abgenommen (44 [52, 60]) Maschen.

Nächste Runde: fM in jede Masche, mittels Km in die erste Masche verbinden, 1 Lm.

Abnehmen: [fM in die erste Masche, 2 fM zusammenhäkeln, fM in jede der nächsten 17 Maschen, 2 fM zusammenhäkeln] 2 Mal, mittels Km in die erste Masche verbinden, 1 Lm – 4 Maschen abgenommen (40 [48, 56]) Maschen.

Nächste Runde: fM in jede weitere Masche, mittels Km in die erste Masche verbinden, 1 Lm.

Abnehmen: [fM in die erste Masche, 2 fM zusammenhäkeln, fM in jede der nächsten 15 Maschen, 2 fM zusammenhäkeln] 2 Mal, mittels Km in die erste Masche verbinden, 1 Lm – 4 Maschen abgenommen (36 [44, 52]) Maschen.

Nächste Runde: fM in jede weitere Masche, mittels Km in die erste Masche verbinden, 1 Lm.

Abnehmen: [fM in die erste Masche, 2 fM zusammenhäkeln, fM in jede der nächsten 13 Maschen, 2 fM zusammenhäkeln] 2 Mal, mittels Km in die erste Masche verbinden, 1 Lm – 4 Maschen abgenommen (32 [40, 48]) Maschen.

Arbeiten Sie auf diese Weise weiter, indem Sie in jeder zweiten Runde 4 Maschen abnehmen, bis 24 Maschen übrigbleiben. Dann arbeiten Sie auf dieselbe Weise weiter, aber nehmen Sie ab jetzt in jeder Runde ab, bis 16 Maschen übrigbleiben.

Beenden Sie die Arbeit und nähen Sie die Spitze zusammen (siehe Maschentechnik).

Vernähen Sie alle Fäden, waschen Sie die Socken und legen Sie sie flach zum Trocknen und Spannen auf.

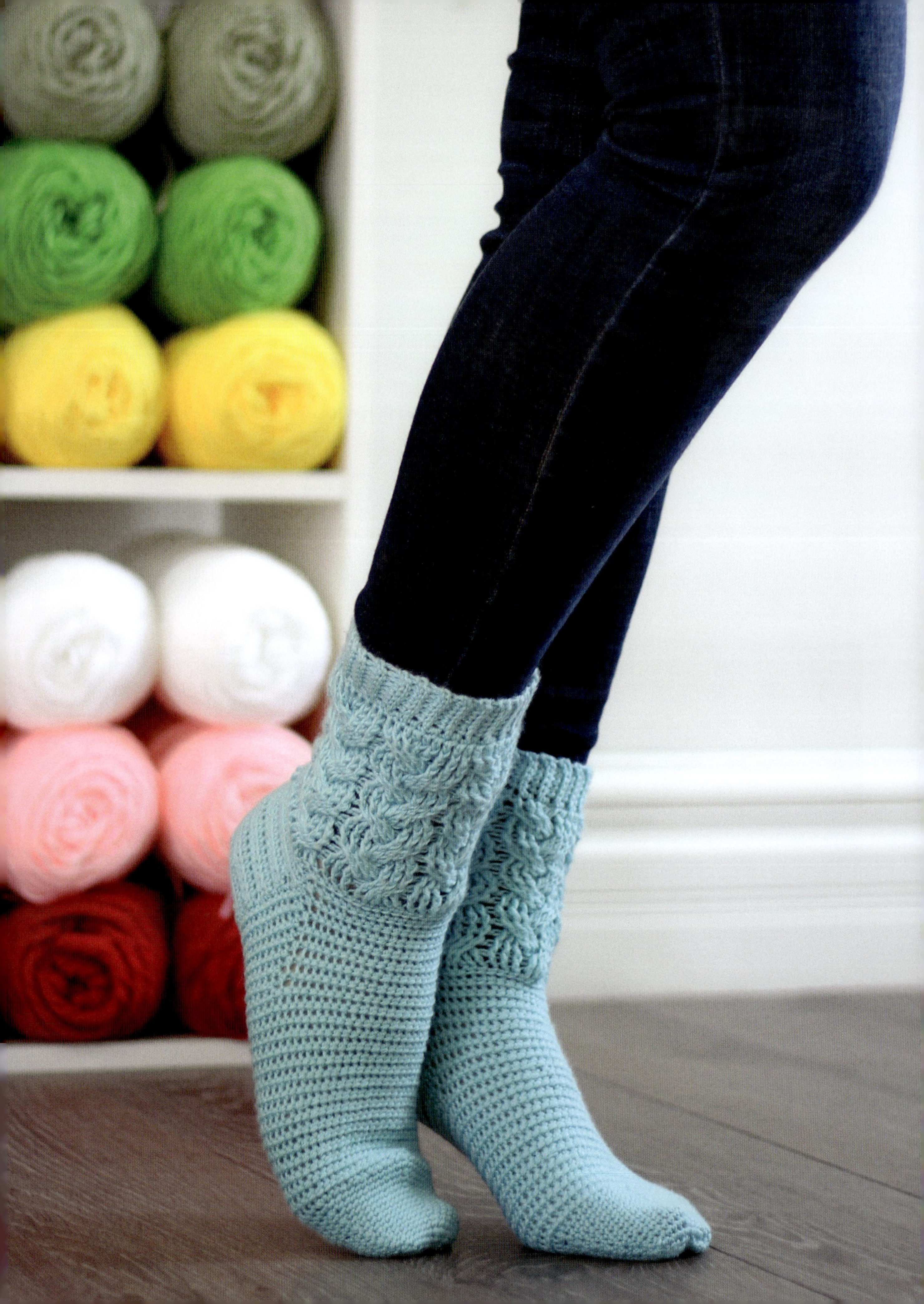

BERGSTEIGER SOCKEN

Diese Socken zeichnen sich durch ein spektakuläres Zopfmuster aus, das wirklich alle Blicke auf sich zieht. Wählen Sie dafür ein stark gezwirntes Garn, das Häkeln des Zopfmusters wird dadurch erleichtert.

Diese cuff-down-Socken werden mit einer Sternspitze, einer starken Ferse und einem Fuß, der ausschließlich aus verbundenen Halbstäbchen (vhStb) besteht, gearbeitet.

ENDMASSE

Fußlänge: 19 cm (21,5 cm, 24 cm)
Fußumfang: 19 cm (23 cm, 25,5 cm)
Schaftlänge: 7,5 cm

Der abgebildete Socken hat eine Fußlänge von 21,5 cm und einen Fußumfang von 23 cm.

GARN

Sockengarn #1 Super Fine
Abgebildet: Spud & Chloe Fine (80 % Wolle, 20 % Seide; 227 m/65 g); #7812 Calypso, 2 (2, 3) Knäuel.

HÄKELNADEL

Größe 3,25 mm
Falls nötig, wechseln Sie die Häkelnadel, um die Maschenprobe zu erreichen.

ZUBEHÖR

Offene Maschenmarkierer, Sticknadel mit stumpfer Spitze

MASCHENPROBE

24 Maschen und 21 Reihen = 10 cm in verbundenen Halbstäbchen, in Runden gehäkelt, gespannt

DIE MASCHEN

FESTE MASCHE IN HINTERES MASCHENGLIED (FM IN HMGL)
Nur in das hintere Maschenglied der nächsten Masche einstechen, eine Schlaufe durchziehen, das Garn über die Nadel holen und es durch die zwei auf der Nadel befindlichen Schlaufen durchziehen.

BÜNDCHEN

1. Reihe: 9 Luftmaschen (Lm), feste Masche (fM) in die zweite Lm von der Nadel und in jede weitere Lm bis zur letzten, 1 Lm, wenden – 8 Maschen.

2. Reihe: Kettmasche (Km) nur in das hintere Maschenglied in jede Masche, 1 Lm, wenden.

3. Reihe: Feste Masche in hinteres Maschenglied (fM in hMgl, siehe Maschentechnik) in jede Masche bis zur letzten, 1 Lm, wenden.

Wiederholen Sie die 2. und 3. Reihe, bis 48 (52, 60) Reihen gearbeitet sind. Nähen Sie das Bündchen mittels Matratzenstich (siehe Maschentechnik) zusammen.

Basisrunde: 45 (54, 63) fM gleichmäßig entlang der einen Kante des Bündchens, mittels Km in die erste Masche verbinden. Achtung, nicht verdrehen! 2 Lm (zählen hier und weiterhin nicht als Maschen).

SCHAFT

Arbeiten Sie nun in Runden.

1. Runde: Stäbchen (Stb) in jede Masche, mittels Km in die erste Masche verbinden, 2 Lm.

2. Runde: * Überspringen (üspr) Sie 3 Maschen, Reliefstäbchen vorne (RStbv, siehe Maschentechnik) in die nächsten 3 Maschen, arbeiten Sie jetzt über die Vorderseite der 3 zuletzt gearbeiteten Maschen hinweg, RStbv in jede der 3 übersprungenen Maschen, RStbv um den Hals der nächsten 3 Maschen; ab * wiederholen, 2 Lm.

3. und 4. Runde: RStbv in jede Masche, 2 Lm.

5. Runde: * RStbv in jede der ersten 3 Maschen, die nächsten 3 Maschen üspr, RStbv in jede der nächsten 3 Maschen, arbeiten Sie jetzt über die Rückseite der 3 zuletzt gearbeiteten Maschen, RStbv in jede der 3 übersprungenen Maschen, 2 Lm.

6. und 7. Runde: RStbv in jede weitere Masche, 2 Lm.

Wiederholen Sie die 1.–7. Runde 3 Mal. Am Ende der letzten Runde keine 2 Lm arbeiten.

FERSENWAND

Arbeiten Sie jetzt in Reihen.

1. Reihe: 2 Lm, verbundenes Halbstäbchen (vhStb, siehe Maschentechnik) in jede der ersten 24 (27, 30) Maschen, wenden.

2. Reihe: 2 Lm, vhStb in jede weitere Masche, wenden.

Wiederholen Sie die 2. Reihe acht Mal, 1 Lm am Ende der letzten Reihe.

FERSENKÄPPCHEN

Arbeiten Sie die Fersenmitte in verkürzten Reihen.

1. verkürzte Reihe: fM in jede der ersten 15 (17, 19) Maschen, 2 fM zusammenhäkeln, 1 Lm, wenden.

2. verkürzte Reihe: fM in jede der ersten 7 (9, 9) Maschen, 2 fM zusammenhäkeln, fM in die nächste Masche, 1 Lm, wenden.

3. verkürzte Reihe: fM in jede der nächsten 8 (10, 10) Maschen, 2 fM zusammenhäkeln, fM in die nächste Masche, 1 Lm, wenden.

4. verkürzte Reihe: fM in jede der nächsten 9 (11, 11) Maschen, 2 fM zusammenhäkeln, 1 Lm, wenden.

5. verkürzte Reihe: fM in jede der nächsten 10 (12, 12) Maschen, 2 fM zusammenhäkeln, 1 Lm, wenden.

6. verkürzte Reihe: fM in jede der nächsten 11 (13, 13) Maschen, 2 fM zusammenhäkeln, 1 Lm, wenden.

7. verkürzte Reihe: fM in jede der nächsten 12 (14, 14) Maschen, 2 fM zusammenhäkeln, 1 Lm, wenden.

Arbeiten Sie auf diese Weise weiter, bis 1 Masche auf jeder Seite des Fersenkäppchens übrigbleibt.

Nächste Reihe: fM in jede Masche bis zu den letzten 2 Maschen, 2 fM zusammenhäkeln, 1 Lm, wenden.

Wiederholen Sie die letzte Reihe 1 Mal, 1 Lm, wenden – 14 (16, 18) Maschen.

ZWICKEL

1. Runde: fM über das Fersenkäppchen, 12 (13, 14) fM entlang der einen Seite der Fersenwand, fM über den Rist, 12 (13, 14) Maschen entlang der anderen Seite der Fersenwand, mittels Km in die erste Masche verbinden. Achtung, nicht verdrehen! 2 Lm – 62 (68, 76) Maschen bleiben übrig.

Abnehmen: vhStb in jede Masche bis zu der letzten Masche vor dem Rist, 2 fM zusammenhäkeln, vhStb über den Rist, 2 fM zusammenhäkeln, vhStb in jede übrige Masche, mittels Km in die erste Masche verbinden, 2 Lm – 2 Maschen abgenommen (60 [66, 74] Maschen).

Wiederholen Sie die Abnahmerunde, bis 48 (52, 60) Maschen übrigbleiben.

FUSS

1. Runde: vhStb in jede Masche, mittels Km in die erste Masche verbinden, 2 Lm.

Wiederholen Sie die 1. Runde, bis der Fuß 5 cm kürzer ist als die gewünschte Länge von der Rückseite der Ferse an, 1 Lm am Ende der letzten Runde.

SPITZE

Abnehmen: * 2 fM zusammenhäkeln, fM in jede der nächsten 10 (11, 13) Maschen; ab * wiederholen, mittels Km in die erste Masche verbinden, 1 Lm – 4 Maschen abgenommen (44 [48, 56] Maschen).

Nächste Runde: fM in jede Masche, mittels Km in die erste Masche verbinden, 1 Lm.

Abnehmen: * 2 fM zusammenhäkeln, fM in jede der nächsten 9 (10, 12) Maschen; ab * wiederholen, mittels Km in die erste Masche verbinden, 1 Lm – 4 Maschen abgenommen (40 [44, 52] Maschen).

Nächste Runde: fM in jede Masche, mittels Km in die erste Masche verbinden, 1 Lm.

Abnehmen: * 2 fM zusammenhäkeln, fM in jede der nächsten 8 (9, 11) Maschen; ab * wiederholen, mittels Km in die erste Masche verbinden, 1 Lm – 4 Maschen abgenommen (36 [40, 48] Maschen).

Nächste Runde: fM in jede Masche, mittels Km in die erste Masche verbinden, 1 Lm.

Abnehmen: * 2 fM zusammenhäkeln, fM in jede der nächsten 7 (8, 10) Maschen; ab * wiederholen, mittels Km in die erste Masche verbinden, 1 Lm – 4 Maschen abgenommen (32 [36, 44] Maschen).

Nächste Runde: fM in jede Masche, mittels Km in die erste Masche verbinden, 1 Lm.

Arbeiten Sie auf diese Weise weiter, indem Sie in jeder zweiten Runde 4 Maschen abnehmen, bis 24 Maschen übrigbleiben. Dann nehmen Sie auf dieselbe Weise, aber in jeder Runde ab, bis 16 Maschen übrigbleiben.

Beenden Sie die Arbeit und nähen Sie die Spitze zusammen (siehe Maschentechnik).

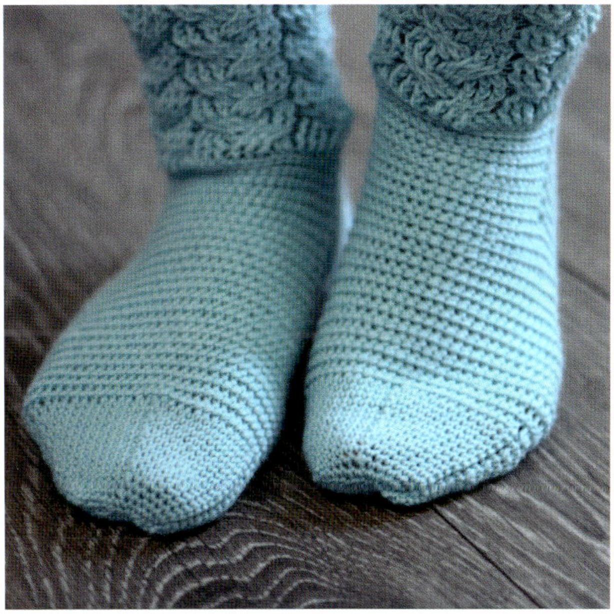

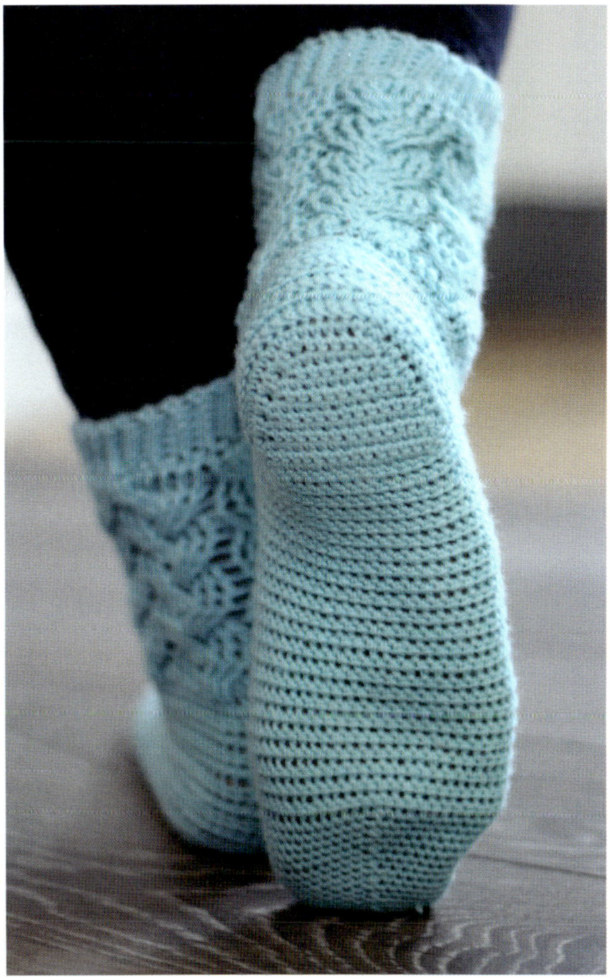

Vernähen Sie alle Fäden, waschen Sie die Socken und legen Sie sie flach zum Trocknen und Spannen auf.

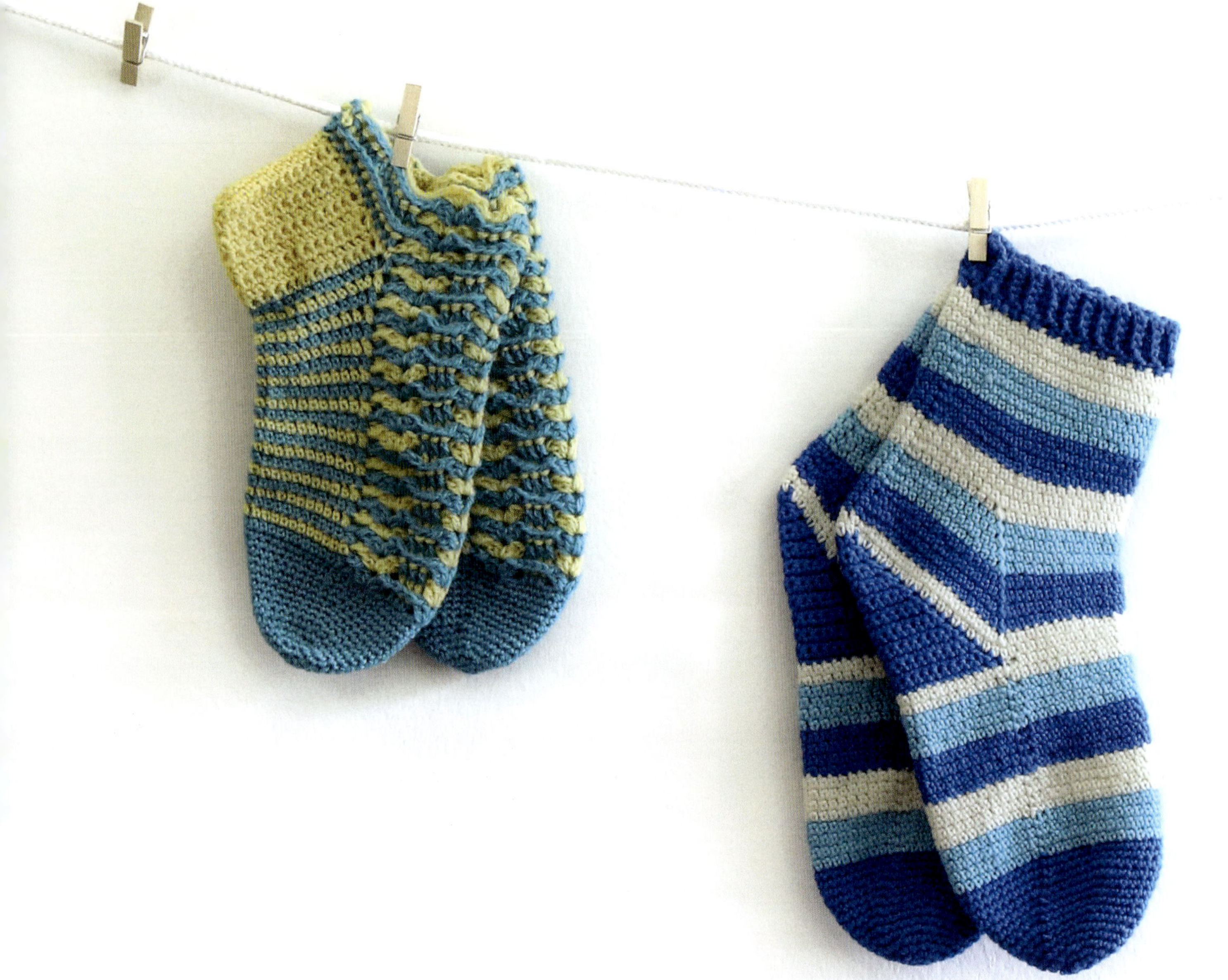

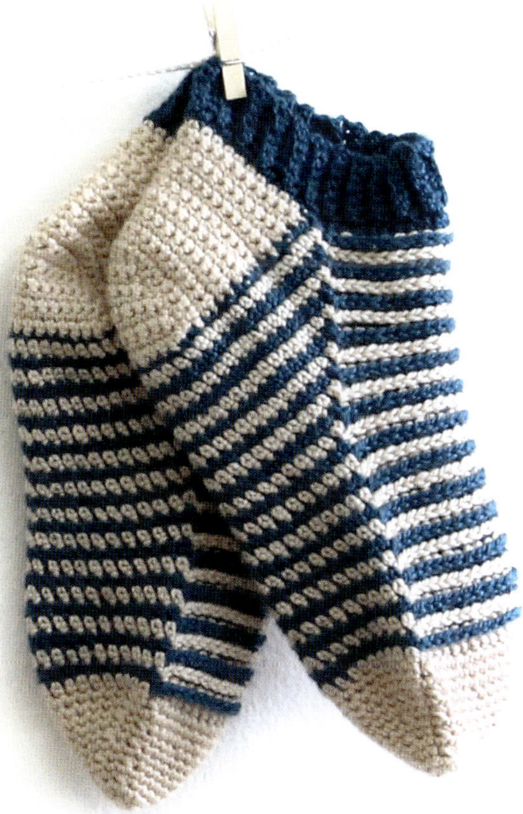

KAPITEL 7

BUNTE SOCKEN

Ich denke mir immer wieder mit großer Begeisterung Anleitungen für bunte Socken aus, aber viele Leute glauben, dass die Verwendung von mehreren Garnen auf Kosten der Elastizität geht. Aber es gibt eine Möglichkeit, Farbe in die Socken zu bringen, ohne die Dehnbarkeit zu schmälern: Strukturmaschen und Streifen.

Wenn man eine Kombination von Reliefmaschen und Maschen verschiedener Höhen einsetzt, kann man Socken häkeln, die viel komplizierter aussehen, als sie eigentlich herzustellen sind.

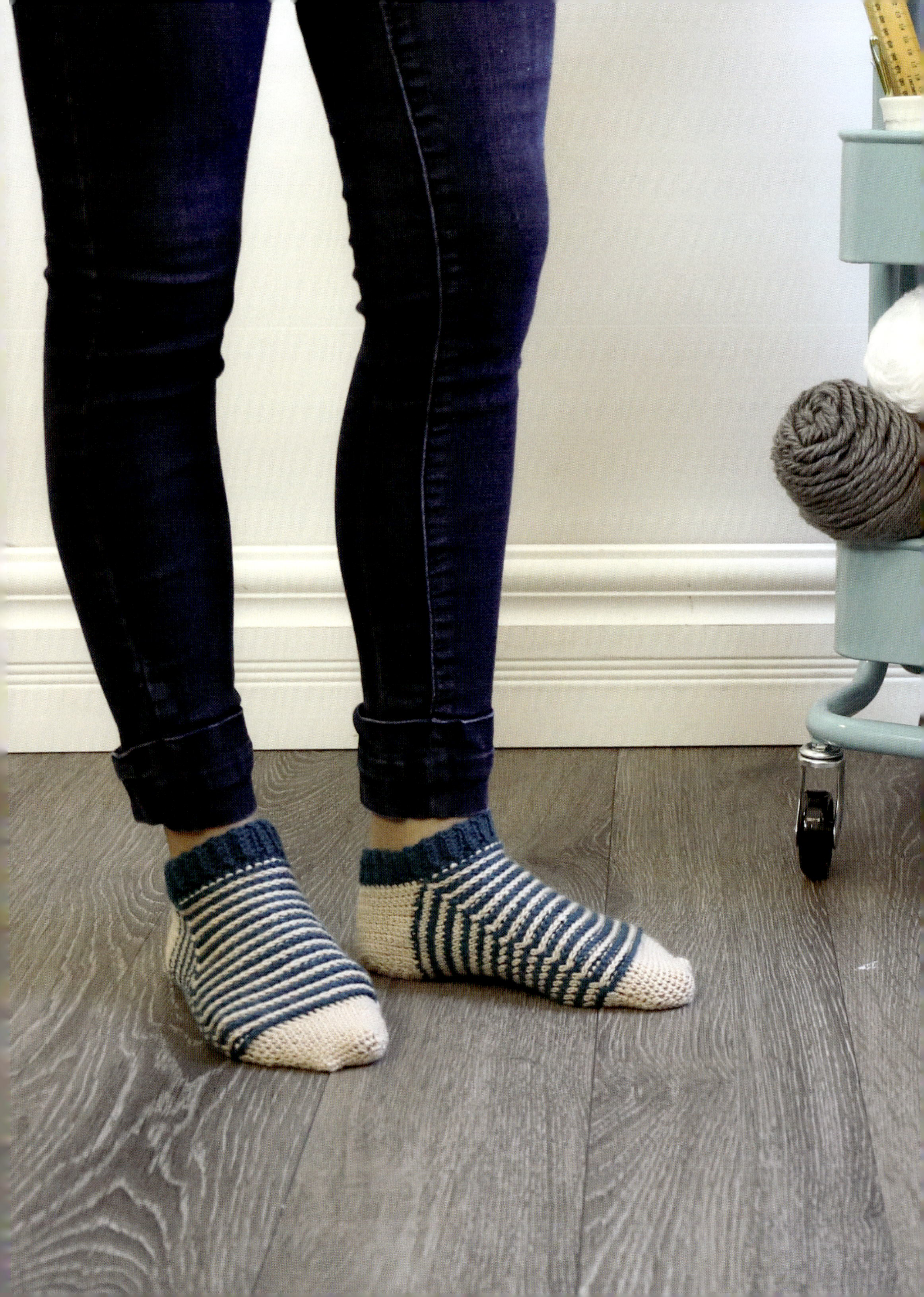

RINGELSPIELSOCKEN

Reliefmaschen geben einem in mehreren Farben gehäkelten Socken eine zusätzliche Plastizität.

Die Ringelspiel Socken werden in zwei kontrastierenden Farben gearbeitet, um die Reihen wirklich hervorspringen zu lassen. Wenn Sie sich das gleichzeitige Arbeiten von Streifen und Strukturmaschen nicht zutrauen, probieren Sie zuerst, ein Paar Socken in Strukturmaschen zu häkeln, und wagen Sie sich beim zweiten Paar an die Farben.

Diese toe-up-Socken haben eine Standard-Bandspitze, eine Fersenwand, ein einfaches Rippenbündchen und werden mit Strukturmaschen und einem Garnwechsel-Streifenmuster gearbeitet.

ENDMASSE

Fußlänge: 19 cm (21,5 cm, 24 cm)
Fußumfang: 18 cm (19 cm, 20,5 cm)
Schaftlänge: 2,5 cm

Der abgebildete Socken hat eine Fußlänge von 21,5 cm und einen Fußumfang von 19 cm.

GARN

Sockengarn #1 Super Fine
Abgebildet: Louet Yarns Gems (100 % Merinowolle; 389 m/100 g); (A) Champagne, (B) Marine Blue, je 1 (1, 2) Knäuel.

HÄKELNADEL

Größe 2,75 mm
Falls nötig, wechseln Sie die Häkelnadel, um die Maschenprobe zu erreichen.

ZUBEHÖR

Offene Maschenmarkierer, Sticknadel mit stumpfer Spitze

MASCHENPROBE

28 Maschen und 24 Reihen = 10 cm in verlängerten festen Maschen, in Runden gehäkelt, gespannt

DIE MASCHEN

FESTE MASCHE IN HINTERES MASCHENGLIED (FM IN HMGL)
Nur in das hintere Maschenglied der nächsten Masche einstechen, eine Schlaufe durchziehen, das Garn über die Nadel holen und es durch die zwei auf der Nadel befindlichen Schlaufen durchziehen.

SPITZE

Mit Garn der Farbe A 9 Luftmaschen (Lm).

1. Runde: fM in die zweite Lm von der Nadel und in jede weitere Masche, auf der gegenüberliegenden Seite der Luftmaschenkette arbeiten, fM in jede weitere Masche, mittels Kettmasche (Km) in die erste Masche verbinden. Achtung, nicht verdrehen! 1 Lm – 16 Maschen.

Zunehmen: * fM in die erste Masche, 2 fM in die nächste Masche, fM in jede der nächsten 5 Maschen, 2 fM in die nächste Masche; ab * 1 Mal wiederholen, mittels Km in die erste Masche verbinden, 1 Lm – 4 Maschen zugenommen (20 Maschen).

Zunehmen: * fM in die erste Masche, 2 fM in die nächste Masche, fM in jede der nächsten 7 Maschen, 2 fM in die nächste Masche; ab * 1 Mal wiederholen, mittels Km in die erste Masche verbinden, 1 Lm – 4 Maschen zugenommen (24 Maschen).

Nächste Runde: Durchgehend fM, mittels Km in die erste Masche verbinden.

Zunehmen: * fM in die erste Masche, 2 fM in die nächste Masche, fM in jede der nächsten 9 Maschen, 2 fM in die nächste Masche; ab * 1 Mal wiederholen, mittels Km in die erste Masche verbinden, 1 Lm – 4 Maschen zugenommen (28 Maschen).

Nächste Runde: Durchgehend fM, mittels Km in die erste Masche verbinden.

Zunehmen: * fM in die erste Masche, 2 fM in die nächste Masche, fM in jede der nächsten 11 Maschen, 2 fM in die nächste Masche; ab * 1 Mal wiederholen, 1 Lm – 4 Maschen zugenommen (32 Maschen).

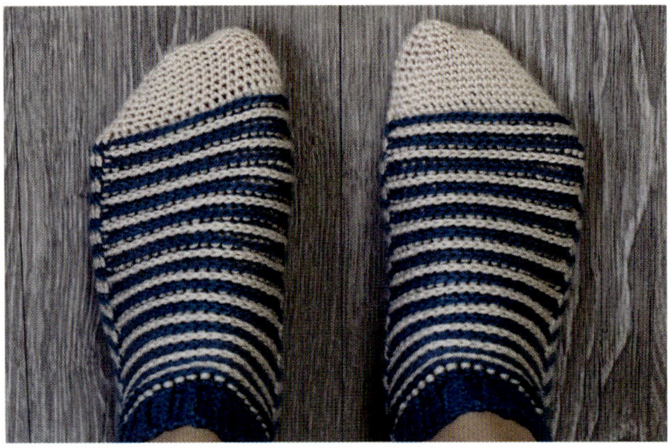

Nächste Runde: Durchgehend fM, mittels Km in die erste Masche verbinden.

Arbeiten Sie auf diese Weise weiter, nehmen Sie in jeder zweiten Runde 4 Maschen zu, bis Sie 44 (48, 52) Maschen haben. Am Ende der letzten Reihe arbeiten Sie die 1 Lm nicht.

FUSS

1. Runde: 2 Lm, Stäbchen (Stb, siehe Maschentechnik) in jede der ersten 22 (24, 26) Maschen, verlängerte feste Masche (vfM, siehe Maschentechnik) in jede weitere Masche, mittels Km in die erste Masche verbinden, 1 Lm.

2. Runde: Arbeiten Sie jetzt mit Farbe B, 2 Lm, Reliefstäbchen hinten (RStbh, siehe Maschentechnik) in jede der ersten 22 (24, 26) Maschen, vfM in jede weitere Masche, mittels Km in die erste Masche verbinden, 1 Lm.

Wiederholen Sie die 2. Runde, wechseln Sie in jeder zweiten Runde die Farbe, bis der Fuß 10 (12,5, 15) cm misst oder 9 cm kürzer als die gewünschte Länge ist.

ZWICKEL

Zunehmen: Nach Anleitung in jede der ersten 22 (24, 26) Maschen, 2 vfM in die nächste vfM, vfM in jede Masche bis zur letzten, 2 vfM in die letzte Masche, 1 Lm – 2 Maschen zugenommen (46 [50, 54]) Maschen.

Wiederholen Sie diese Runde, bis Sie 62 (66, 72) Maschen haben.

FERSENKÄPPCHEN

Arbeiten Sie nun in Reihen.

1. Reihe (RS): Arbeiten Sie mit Farbe A wie bisher über den Rist, fM in jede der nächsten 13 (14, 15) Maschen, 2 fM zusammenhäkeln, fM in jede der nächsten 12 (12, 14) Maschen, 1 Lm, wenden, die restlichen Maschen bleiben unbearbeitet.

2. Reihe (LS): 2 fM zusammenhäkeln, fM bis 2 Maschen vor dem Ende der vorherigen Reihe und 2 fM zusammenhäkeln, 1 Lm, wenden, die restlichen Maschen bleiben unbearbeitet.

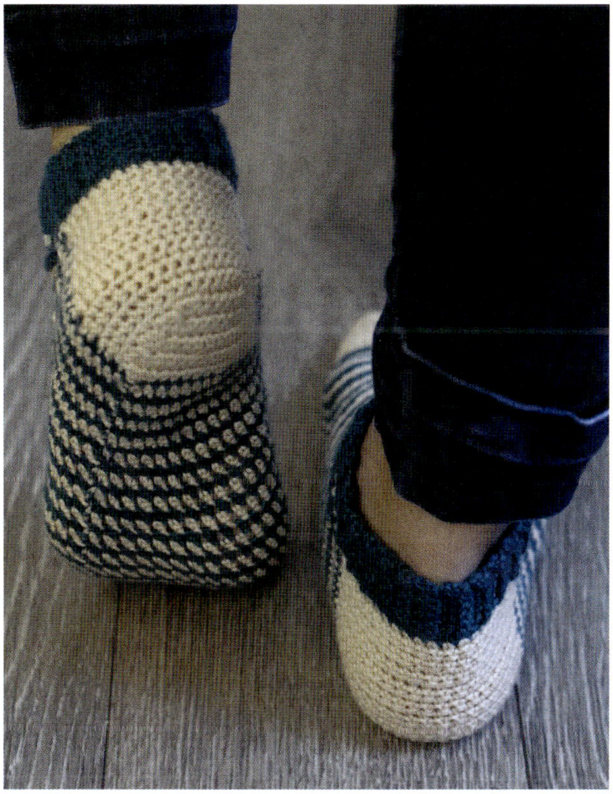

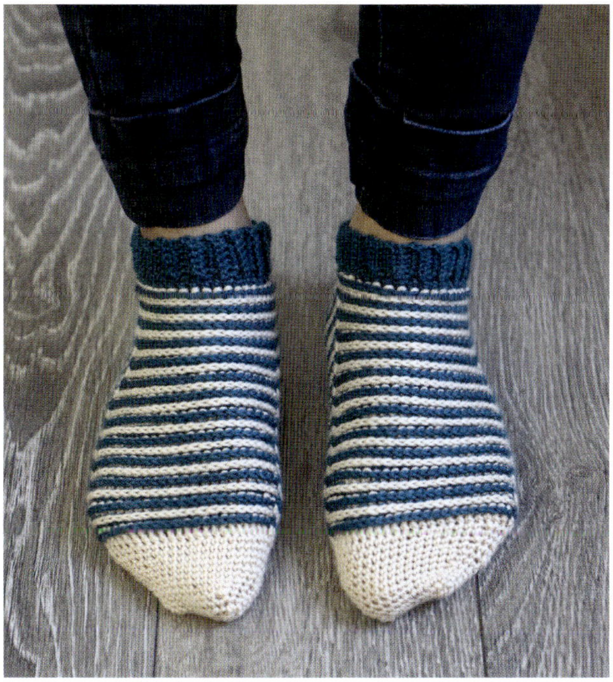

Wiederholen Sie die 2. Reihe, bis 4 Maschen übrigbleiben, enden Sie mit einer Reihe auf der LS.

FERSENWAND

Hinweis: Diese Ferse ist besonders lang, um den Mangel an Dehnbarkeit auszugleichen. Wenn Sie eine kürzere Ferse möchten, verbinden Sie einfach in jeder zweiten Reihe die Fersenwand mit den nächsten beiden Maschen statt nur mit einer.

Beginnen Sie mit der RS nach oben, fM in jede der ersten 4 Maschen, fM in jede der nächsten 10 (10, 12) Maschen entlang der einen Seite des Fersenkäppchens, 1 Lm, wenden.

fM in alle Maschen bis zur zweiten Seite des Fersenkäppchens, fM in jeder der nächsten 10 (10, 12) Maschen entlang der Seite der Fersenwand, 1 Lm – 24 (24, 28) Maschen rund um die Fersenwand.

1. Reihe (RS): fM in jede Masche der Fersenwand bis zur letzten, fM in die letzte Masche und gleichzeitig in die nächste Masche links auf dem Rist, 1 Lm, wenden.

2. Reihe (LS): fM in jede Masche der Fersenwand bis zur letzten, fM in die letzte Masche und gleichzeitig in die nächste Masche links auf dem Rist, 1 Lm, wenden.

Wiederholen Sie die 1. und 2. Reihe, bis alle Maschen auf dem Rist bearbeitet sind – 44 (48, 52) Maschen.

Setzen Sie mit dem Bündchen fort oder arbeiten Sie, wie bisher in RStbh, einen Schaft in der gewünschten Länge.

Beenden Sie die Arbeit mit Farbe A.

BÜNDCHEN

1. Reihe: Arbeiten Sie jetzt mit Farbe B 9 Lm, fM in die zweite Lm von der Nadel und in jede weitere Lm bis zur letzten, verbinden Sie die letzte Masche des Bündchens und die nächsten beiden Maschen des Schafts mit 2 fM zusammenhäkeln, 1 Lm, wenden.

2. Reihe: Feste Masche in das hintere Maschenglied (fM in hMgl, siehe Maschentechnik) in jede Masche, 1 Lm, wenden.

3. Reihe: fM in hMgl in jede Masche bis zur letzten, verbinden Sie die letzte Masche des Bündchens und die erste Masche des Schafts mit 2 fM zusammenhäkeln, 1 Lm, wenden.

Wiederholen Sie die 2. und 3. Reihe, bis alle Maschen des Schafts gearbeitet sind.

Beenden Sie die Arbeit, nähen Sie das Bündchen mit Matratzenstich (siehe Technik) zusammen.

Vernähen Sie alle Fäden, waschen Sie die Socken und legen Sie sie flach zum Trocknen und Spannen auf.

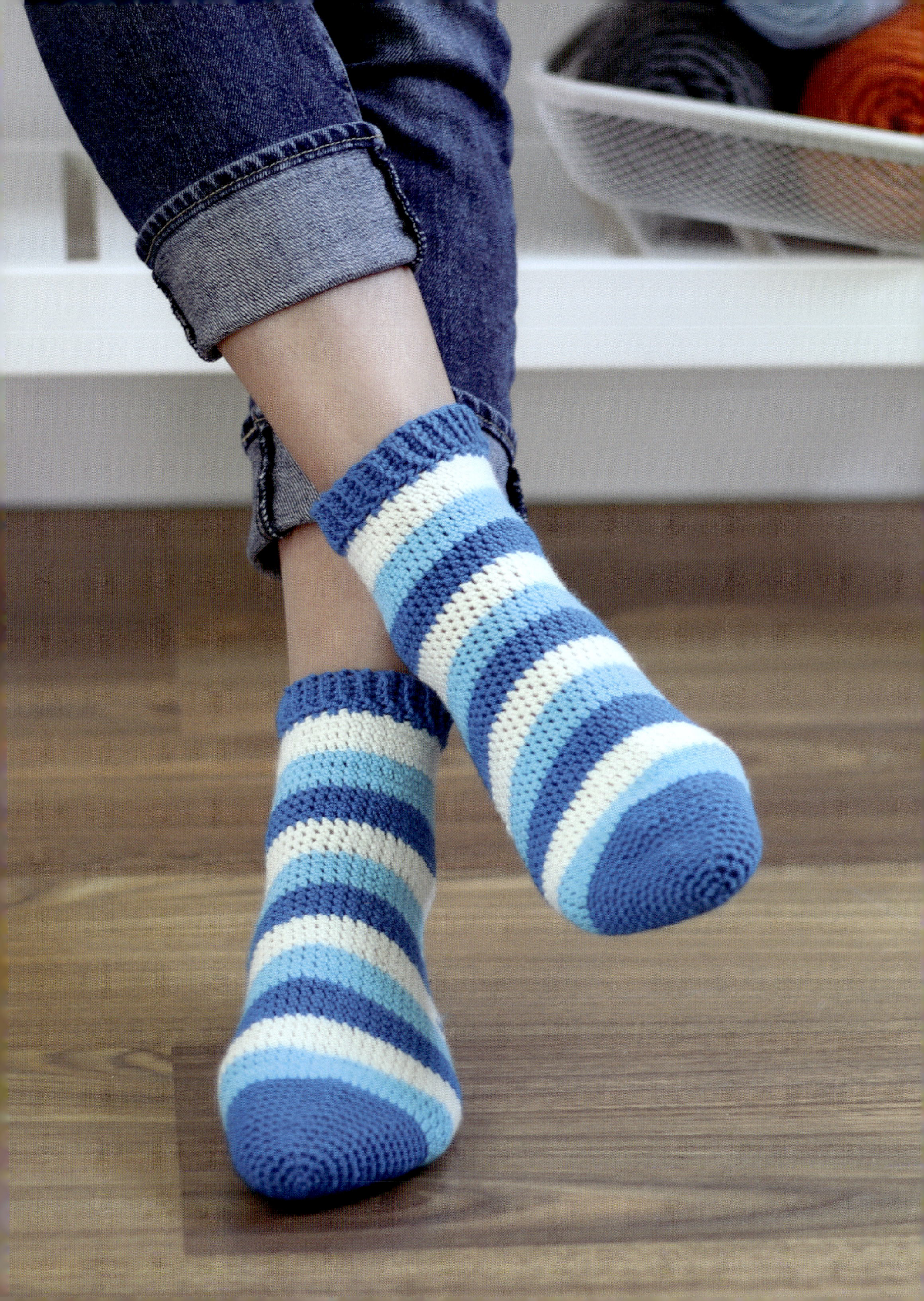

RUMMELPLATZ SOCKEN

Gestreifte Sockengarne sind nicht immer für gehäkelte Socken geeignet, weil das Ergebnis ungewollt fleckig aussehen kann, sodass Leute, die von Häkelsocken begeistert sind, diese Garne eher nicht verwenden. Die beste Lösung ist daher der Garnwechsel, wobei die Verbindungen mit einer einzigen Kettmasche gearbeitet werden, um holprige Übergänge zu vermeiden.

Sie sollten ruhig mutig sein, und so viele Farbwechsel wie nur möglich einbauen! Auf diese Weise können Sie auch Garnreste verbrauchen und Ihren höchstpersönlichen Farbmix kreieren.

Diese toe-up-Socken werden mit einer Sternspitze, einer starken Ferse und einem einfachen Rippenbündchen gearbeitet.

ENDMASSE

Fußlänge: 19 cm (21,5 cm, 24 cm)
Fußumfang: 18 cm (19 cm, 20,5 cm)
Schaftlänge: 12,5 cm

Der abgebildete Socken hat eine Fußlänge von 21,5 cm und einen Fußumfang von 19 cm.

GARN

Sockengarn #1 Super Fine
Abgebildet: Made in America Yarns Wayfarer (100 % Wolle; 349 m/100 g): (A) Harbor, (B) Hot Spring, (C) Natural, jeweils 1 Knäuel.

HÄKELNADEL

Größe 3,25 mm
Falls nötig, wechseln Sie die Häkelnadel, um die Maschenprobe zu erreichen.

ZUBEHÖR

Offene Maschenmarkierer, Sticknadel mit stumpfer Spitze

MASCHENPROBE

25,5 Maschen und 21 Reihen = 10 cm in verlängerten festen Maschen, in Runden gehäkelt, gespannt

DIE MASCHEN

FESTE MASCHE IN HINTERES MASCHENGLIED (FM IN HMGL)
Nur in das hintere Maschenglied der nächsten Masche einstechen, eine Schlaufe durchziehen, das Garn über die Nadel holen und es durch die zwei auf der Nadel befindlichen Schlaufen durchziehen.

SPITZE

Arbeiten Sie in Farbe A 2 Luftmaschen (Lm).

Basisrunde: 4 fM in die zweite Lm von der Nadel, mittels Kettmasche (Km) in die erste Masche verbinden. Achtung, nicht verdrehen! 1 Lm. Nicht wenden – 4 Maschen zugenommen (4 Maschen).

Zunehmen: 2 fM in jede Masche, mittels Km in die erste Masche verbinden, 1 Lm – 4 Maschen zugenommen (8 Maschen).

Zunehmen: 2 fM in jede Masche, mittels Km in die erste Masche verbinden, 1 Lm – 8 Maschen zugenommen (16 Maschen).

Zunehmen: * 2 fM in die erste Masche, fM in die nächste Masche; ab * wiederholen, mittels Km in die erste Masche verbinden, 1 Lm – 8 Maschen zugenommen (24 Maschen).

Nächste Runde: Durchgehend fM, mittels Km in die erste Masche verbinden, 1 Lm.

Zunehmen: * 2 fM in die erste Masche, fM in jede der nächsten 3 Maschen; ab * wiederholen, mittels Km in die erste Masche verbinden, 1 Lm – 6 Maschen zugenommen (30 Maschen).

Nächste Runde: Durchgehend fM, mittels Km in die erste Masche verbinden, 1 Lm.

Zunehmen: * 2 fM in die erste Masche, fM in jede der nächsten 4 Maschen; ab * wiederholen, mittels Km in die erste Masche verbinden, 1 Lm – 6 Maschen zugenommen (36 Maschen).

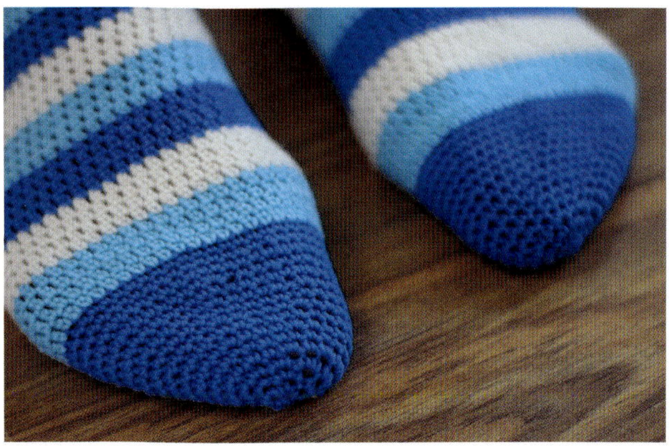

Nächste Runde: Durchgehend fM, mittels Km in die erste Masche verbinden, 1 Lm.

Zunehmen: * 2 fM in die erste Masche, fM in jede der nächsten 5 Maschen; ab * wiederholen, mittels Km in die erste Masche verbinden, 1 Lm – 6 Maschen zugenommen (42 Maschen).

Fahren Sie fort wie bisher, arbeiten Sie 1 zusätzliche fM bei jeder Zunahme, bis Sie 42 (48, 54) Maschen haben.

Arbeiten Sie so gleichmäßig weiter, bis die Spitze 5 cm lang ist.

FUSS

1.–4. Runde: Arbeiten Sie jetzt mit Farbe B, verlängerte feste Maschen (vfM, siehe Technik) in jede Masche, mittels Km in die erste Masche verbinden, 1 Lm.

5.–8. Runde: Arbeiten Sie jetzt mit Farbe C vfM in jede Masche, mittels Km in die erste Masche verbinden, 1 Lm.

9.–12. Runde: Arbeiten Sie jetzt mit Farbe A vfM in jede Masche, mittels Km in die erste Masche verbinden, 1 Lm.

Wiederholen Sie diese Streifenfolge, wechseln Sie dabei nach jeweils 4 Runden die Farbe, bis der Fuß 10 cm (12,5 cm, 15 cm) lang ist oder 9 cm kürzer als die gewünschte Länge.

Hinweis: Mein Mustersocken erreichte die richtige Länge in der Mitte einer Streifengruppe der Farbe A, also arbeitete ich die Ferse nach Anleitung in Farbe A, um den Streifen abzuschließen und begann dann, den Schaft in Farbe C zu häkeln.

FERSE

Arbeiten Sie nun für das Fersenkäppchen in Reihen.

Abnehmen (RS): Arbeiten Sie in Farbe A, 2 fM zusammenhäkeln, fM in jede der nächsten 19 (22, 25) fM, 1 Lm, wenden, die übrigen Maschen bleiben unbearbeitet.

Abnehmen (LS): 2 fM zusammenhäkeln, fM in jede weitere Masche, 1 Lm, wenden.

Wiederholen Sie die 2. Runde, bis 3 (4, 5) Maschen übrigbleiben, enden Sie mit einer Reihe auf der LS.

Schneiden Sie den Faden ab und arbeiten Sie mit der nächsten Farbe der Streifenabfolge.

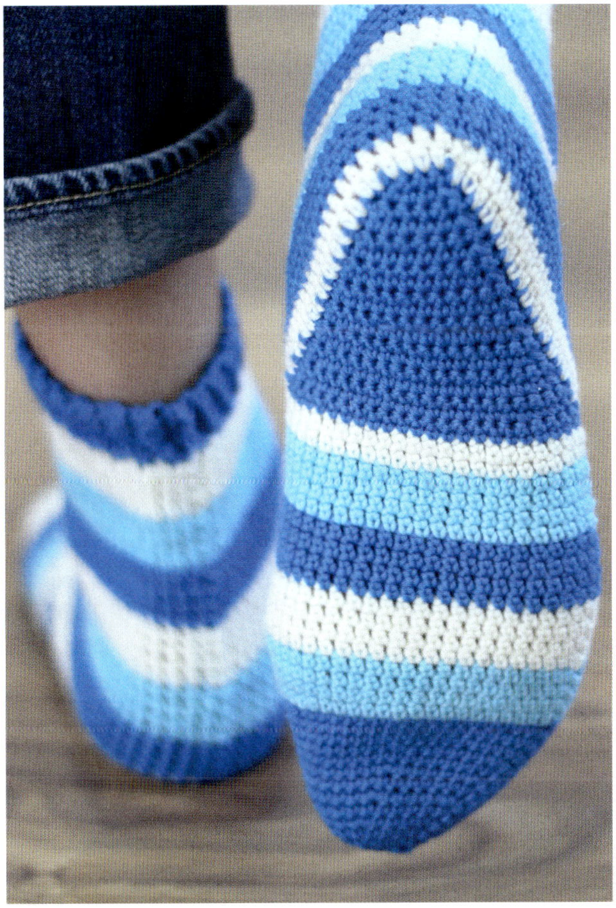

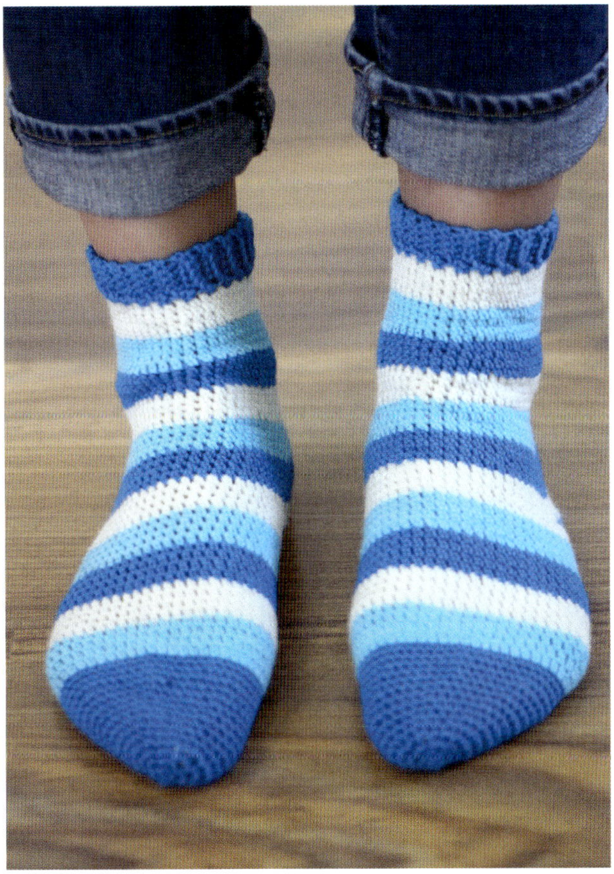

FERSENWAND

Arbeiten Sie mit der RS nach oben, fM in jede der nächsten 3 (4, 5) Maschen, drehen Sie das Werkstück um 90 Grad, 18 (20, 22) fM entlang der Seite des Fersenkäppchens, arbeiten Sie wie bisher über die 21 (24, 27) Maschen des Rists, 18 (20, 22) fM entlang der anderen Seite des Fersenkäppchens, mittels Km in die erste Masche verbinden. Achtung, nicht verdrehen! 1 Lm – 60 (68, 76) Maschen.

Setzen Sie einen Maschenmarkierer in die erste und letzte Masche des Rists.

Hinweis: Die erste Abnahmerunde wird versetzt gearbeitet, d. h., sie beginnt 1 Masche vor der vorhergehenden Zunahmerunde, denn auf diese Weise entsteht eine harmonische Rundung. Die zweite Abnahmerunde wird dann normal auf die erste Abnahmerunde aufgesetzt.

Arbeiten Sie nun in Runden.

Basisrunde: vfM in jede Masche bis zu den 2 Maschen vor dem ersten MM, 2 fM zusammenhäkeln, vfM über den Rist bis zum nächsten MM, 2 fM zusammenhäkeln, vfM bis zum Ende der Runde, mittels Km in die erste Masche verbinden, 1 Lm.

Abnehmen: vfM in jede Masche bis zu einer Masche vor der ersten Abnahme, 2 fM zusammenhäkeln, vfM über den Rist bis zur nächsten Abnahme, 2 fM zusammenhäkeln, vfM bis zum Ende der Runde, mittels Km in die erste Masche verbinden, 1 Lm.

Wiederholen Sie die Abnahmerunde, bis 44 (48, 52) Maschen übrigbleiben.

SCHAFT

Wechseln Sie die Farben, wie es notwendig ist, arbeiten Sie den Schaft bis zur gewünschten Länge minus der Länge des Bündchens.

BÜNDCHEN

Arbeiten Sie nun in Reihen.

1. Reihe: Schneiden Sie den Faden der letzten Farbe des Schafts ab, arbeiten Sie mit Farbe C ab der ersten Masche, 6 Lm, fM in die zweite Lm von der Nadel und in jede Lm bis zur letzten, die letzte Masche des Bündchens und die nächsten 2 Maschen des Schafts mittels 3 fM zusammenhäkeln verbinden, 1 Lm, wenden.

2. Reihe: Feste Masche in das hintere Maschenglied (fM in hMgl, siehe Maschentechnik) in jede Masche, 1 Lm, wenden.

3. Reihe: fM in hMgl in jede Masche bis zur letzten, die letzte Masche des Bündchens und die nächsten 2 Maschen des Schafts mittels 3 fM zusammenhäkeln verbinden, 1 Lm, wenden.

Arbeiten Sie den Schaft weiter, bis alle Maschen mit dem Bündchen verbunden sind.

Beenden Sie die Arbeit und nähen Sie das Bündchen mittels Matratzenstich (siehe Maschentechnik) zusammen.

Vernähen Sie alle Fäden, waschen Sie die Socken und breiten Sie sie flach zum Trocknen und Spannen aus.

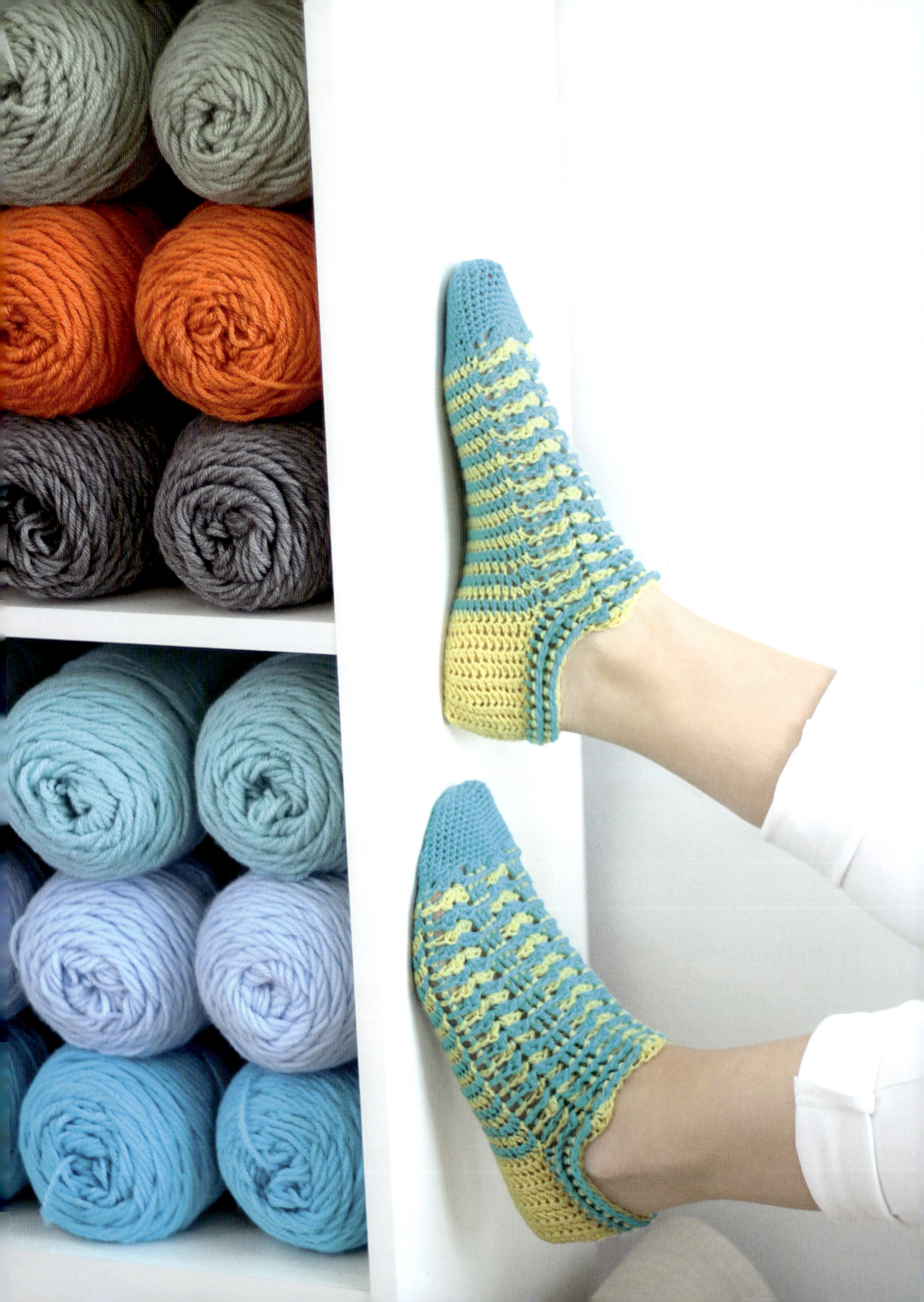

KATZENPFÖTCHEN SOCKEN

Manche Socken sind eine ziemliche Herausforderung, und wenn ich sie fertiggehäkelt habe, atme ich einmal tief durch, aus Erleichterung – und Zufriedenheit; diese Socken gehören dazu.

Mit verschiedenfarbigen Garnen, Struktur, Spitze, Abnahmen und Zunahmen gearbeitet, sind Sie ein richtiger Elchtest für Ihre Häkelkünste.

Diese toe-up-Socken haben eine gebräuchliche Ferse, eine Sternspitze und eine Sohle aus verlängerten festen Maschen.

ENDMASSE

Fußlänge: 19 cm (21,5 cm, 24 cm)
Fußumfang: 18 cm (19 cm, 21,5 cm)
Schaftlänge: 2,5 cm

Der abgebildete Socken hat eine Fußlänge von 21,5 cm und einen Fußumfang von 19 cm.

GARN

Sockengarn #1 Super Fine
Abgebildet: Cascade Yarns 220 Fingering (100 % Peruanische Hochlandwolle; 240 m/50 g): (A) #4147 Lemon Yellow, 1 Knäuel; (B) #8891 Cyan Blue, 1 Knäuel.

HÄKELNADEL

Größe 2,75 mm
Falls nötig, wechseln Sie die Häkelnadel, um die Maschenprobe zu erreichen.

ZUBEHÖR

Offene Maschenmarkierer, Sticknadel mit stumpfer Spitze

MASCHENPROBE

28 Maschen und 24 Reihen = 10 cm in verlängerten festen Maschen, in Runden gehäkelt, gespannt

SPITZE

Arbeiten Sie mit Farbe B 9 Luftmaschen (Lm).

Zunehmen: Feste Masche (fM) in die zweite Lm von der Nadel und in jede weitere Masche, arbeiten Sie auf der gegenüberliegenden Seite der Luftmaschenkette, fM in jede weitere Lm, mittels Kettmasche (Km) in die erste Masche verbinden. Achtung, nicht verdrehen! 1 Lm – 7 Maschen zugenommen (16 Maschen).

Zunehmen: * fM in die erste Masche, 2 fM in die nächste Masche, fM in jede der nächsten 5 Maschen, 2 fM in die nächste Masche; ab * 1 Mal wiederholen, mittels Km in die erste Masche verbinden, 1 Lm – 4 Maschen zugenommen (20 Maschen).

Zunehmen: * fM in die erste Masche, 2 fM in die nächste Masche, fM in jede der nächsten 7 Maschen, 2 fM in die nächste Masche; ab * 1 Mal wiederholen, mittels Km in die erste Masche verbinden, 1 Lm – 4 Maschen zugenommen (24 Maschen).

Nächste Runde: Durchgehend fM, mittels Km in die erste Masche verbinden, 1 Lm.

Zunehmen: * fM in die erste Masche, 2 fM in die nächste Masche, fM in jede der nächsten 9 Maschen, 2 fM in die nächste Masche; ab * 1 Mal wiederholen, 1 Lm – 4 Maschen zugenommen (28 Maschen).

Nächste Runde: Durchgehend fM, mittels Km in die erste Masche verbinden, 1 Lm.

Zunehmen: * fM in die erste Masche, 2 fM in die nächste Masche, fM in jede der nächsten 11 Maschen, 2 fM in die nächste Masche; ab * 1 Mal wiederholen, 1 Lm – 4 Maschen zugenommen (32 Maschen).

Nächste Runde: Durchgehend fM, mittels Km in die erste Masche verbinden, 1 Lm.

Arbeiten Sie weiter wie bisher, nehmen Sie in jeder zweiten Runde 4 Maschen zu, bis Sie 44 (48, 52) haben.

FUSS

1. Runde: 3 Lm, * überspringen (üspr) Sie 2 Maschen, [2 Stäbchen (Stb, siehe Maschentechnik), 1 Lm, 2 Stb] in die nächste Masche, 2 Maschen üspr, Stb in jede der nächsten 3 Maschen; ab * 1 Mal wiederholen, 2 Maschen üspr, (2 Stb, 1 Lm, 2 Stb) in die nächste Masche, 2 Maschen üspr, Stb in die letzte Masche, verlängerte feste Masche (vfM, siehe Maschentechnik) in jede der übrigen Maschen, mittels Km in die erste Masche verbinden, 3 Lm.

2. Runde: * (2 Stb, 1 Lm, 2 Stb) in den 1. 1-Luftmaschen-zwischenraum (1-Lm-Zwr), Reliefstäbchen hinten (RStbh, siehe Maschentechnik) in jedes der nächsten 3 Stb; ab * wiederholen bis zur letzten Muschel, (2 Stb, 1 Lm, 2 Stb)

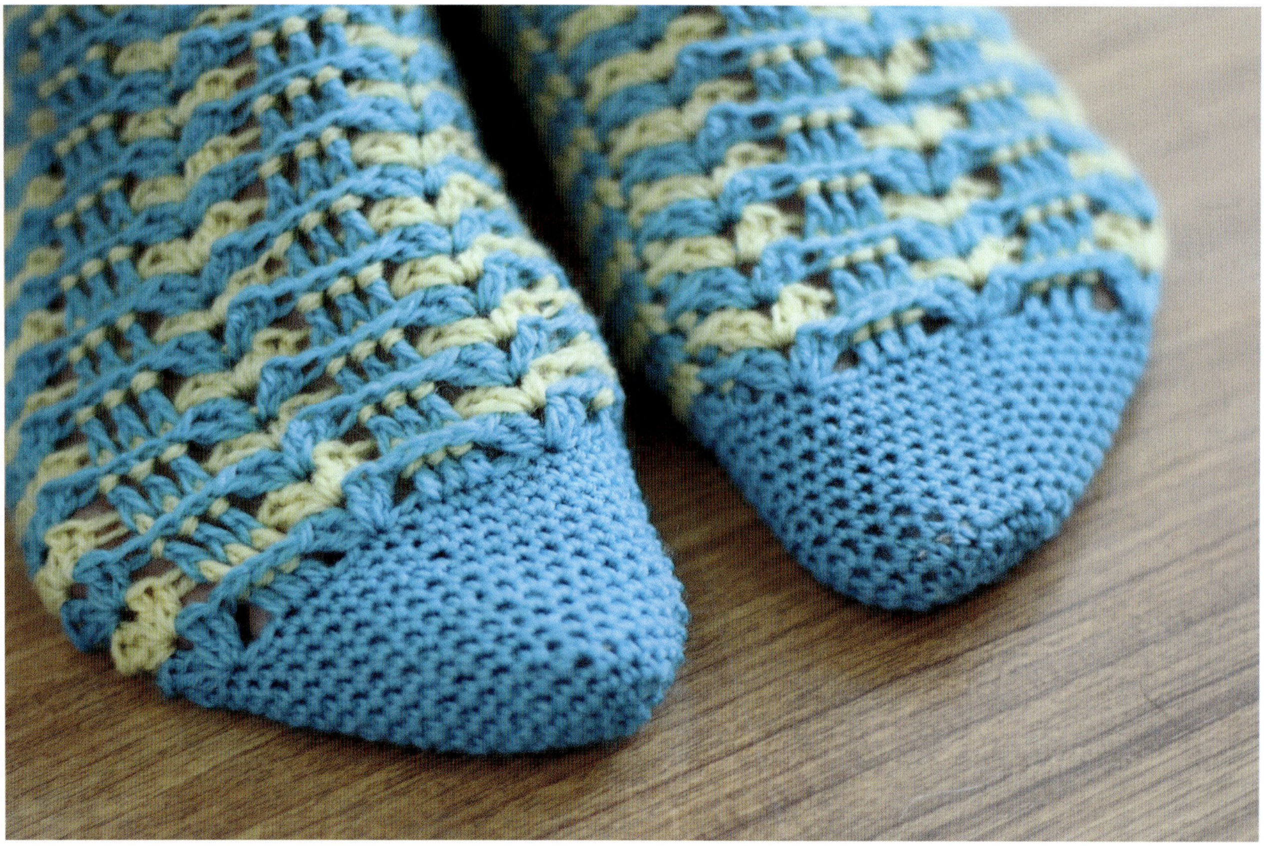

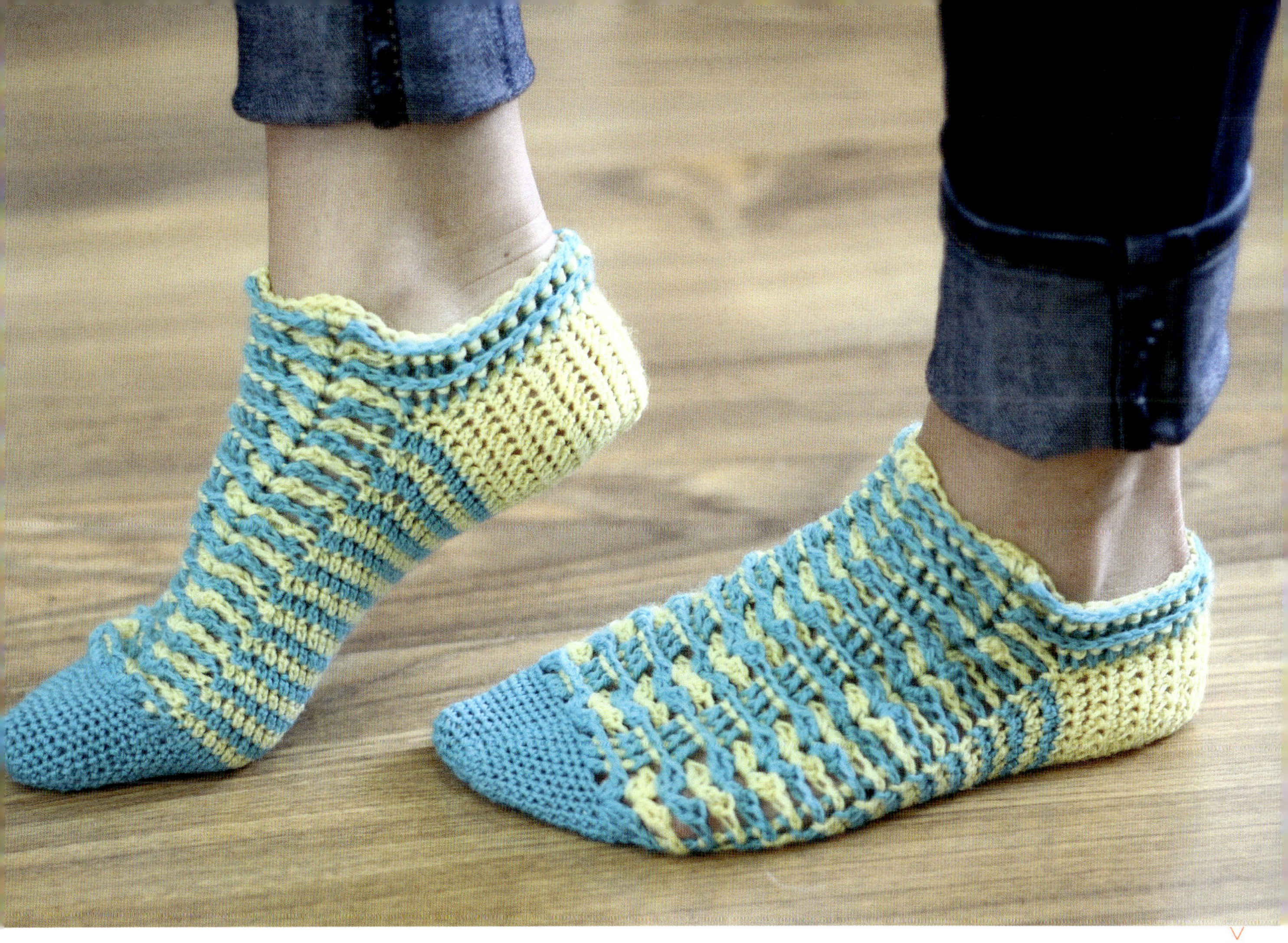

in den letzten 1-Lm-Zwr, Stb in das letzte Stb, vfM in jede der übrigen Maschen, mittels Km in die erste Masche verbinden, 3 Lm.

Wiederholen Sie die 2. Runde, wobei Sie in jeder zweiten Runde die Farbe wechseln, bis der Fuß 10 cm (12,5 cm, 15 cm) misst oder 9 cm kürzer ist als die gewünschte Länge; am Ende der letzten Runde arbeiten Sie nur 1 Lm statt 3 Lm.

ZWICKEL

Zunehmen: Arbeiten Sie durchgehend wie bisher, 2 vfM in die nächste vfM, vfM in jede Masche bis zur letzten, 2 vfM in die letzte Masche, 1 Lm – 2 Maschen zugenommen (46 [50, 54] Maschen).

Wiederholen Sie diese Zunahmerunde 2 Mal.

FERSENWAND

Arbeiten Sie nun in Reihen.

1. Reihe (RS): Arbeiten Sie wie bisher über den Rist, vfM in jede Masche bis zum Ende der Runde, 1 Lm, wenden.

2. Reihe (LS): vfM in jede Masche bis zum Ende der Sohle, 1 Lm, wenden.

Wiederholen Sie die 2. Reihe, bis die Fersenwand 7,5 cm lang ist. Nähen Sie die Rückseite der Ferse mittels Matratzenstich (siehe Maschentechnik) zusammen.

BÜNDCHEN

Beginnen Sie mit der RS nach oben, nehmen Sie die Farbe B und arbeiten Sie nach Anleitung über den Rist, Stb in jede Masche der Ferse, mittels Km in die erste Masche verbinden, 3 Lm.

Arbeiten Sie nun in Runden.

Nächste Runde: Arbeiten Sie nach Anleitung über den Rist, RStbh in jedes weitere Stb, mittels Km in die erste Masche verbinden, 3 Lm.

Wiederholen Sie die letzte Runde, bis der optionale Schaft die von Ihnen gewünschte Länge hat.

Beenden Sie die Arbeit und vernähen Sie alle Fäden.

Waschen Sie die Socken und breiten Sie sie flach zum Trocknen und Spannen aus.

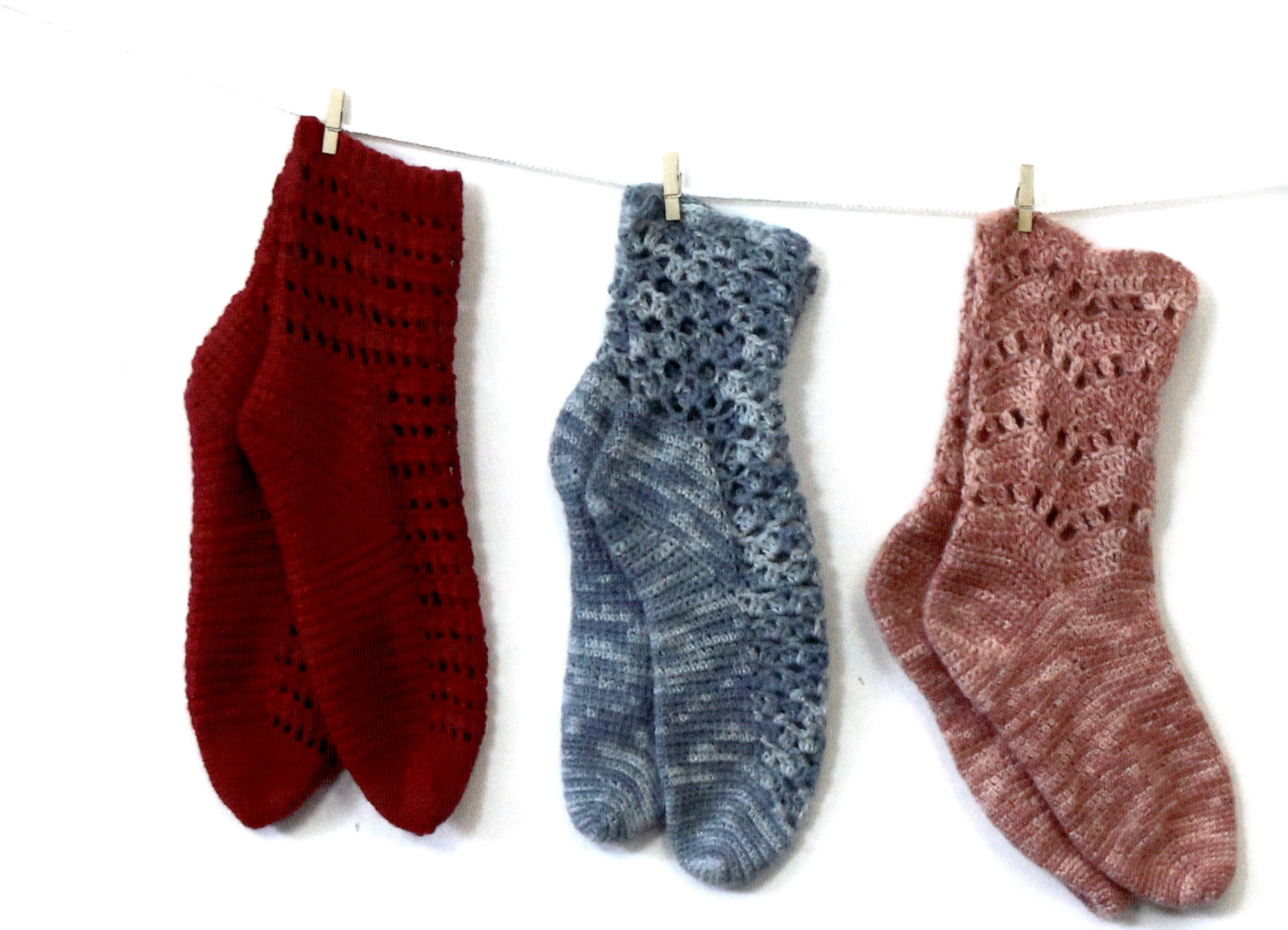

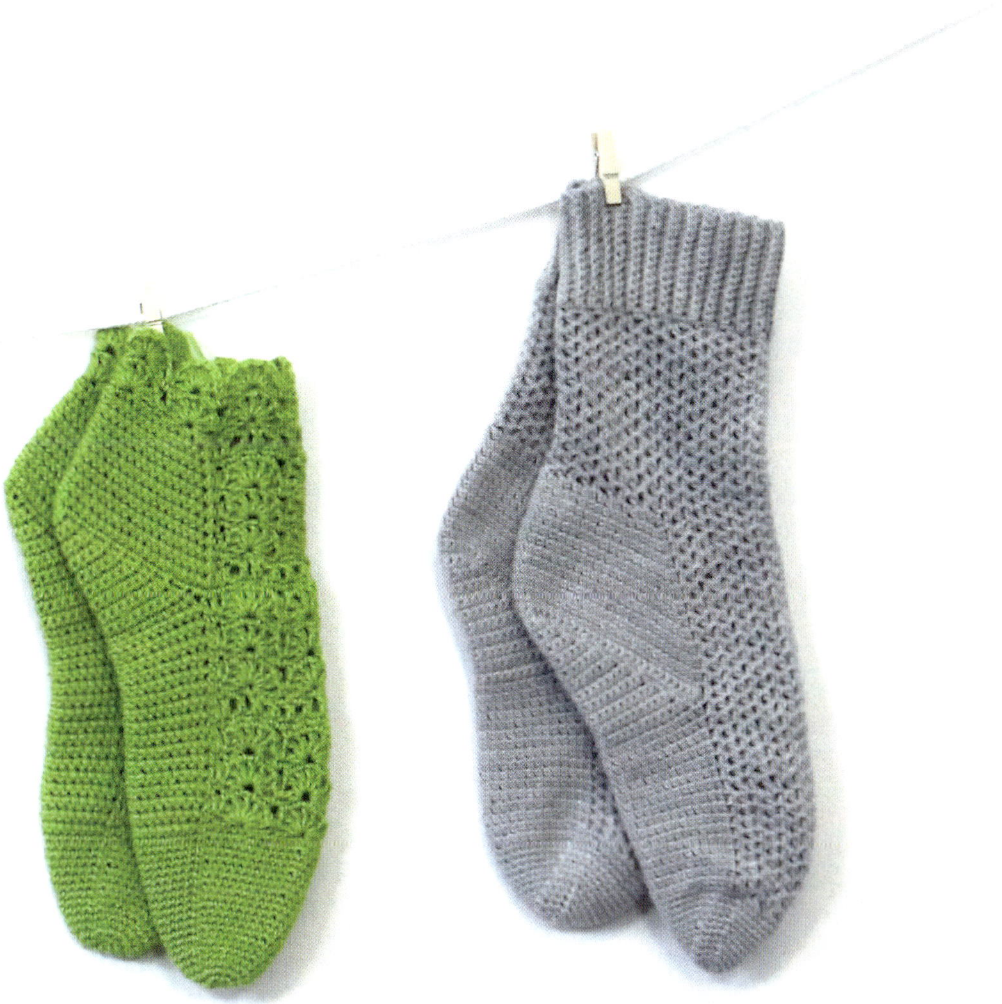

KAPITEL 8

SPITZENMUSTER

Häkelspitze ist anmutig und zart und perfekt für gehäkelte Socken. In diesem Kapitel finden Sie eine große Auswahl an Anleitungen für gehäkelte Spitzenmuster, sodass Sie zwischen einfach bis fortgeschritten wählen können. Alle Socken in diesem Abschnitt können ganz leicht für individuelle Maße geändert werden und sind aus Maschen gearbeitet, die jedem Fuß gut passen werden.

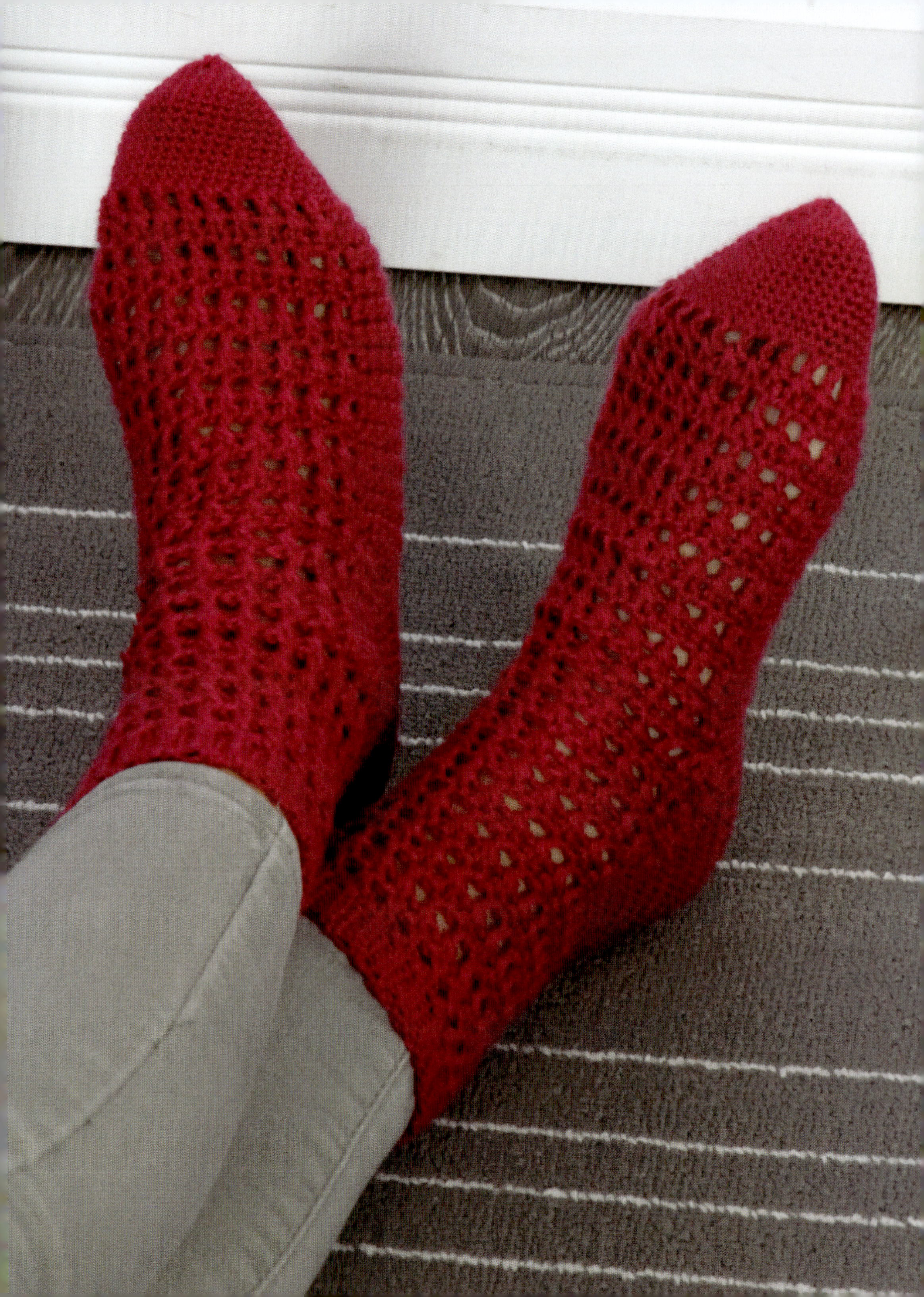

BASKETBALLSOCKEN

Kein Häkelfreund sollte vor Socken mit Spitzenmuster zurückschrecken, denn wenn man weiß, wie, sind sie gar nicht schwer zu arbeiten. Zum Beispiel sollte ein Spitzenmuster mit superelastischen Maschen wie dem verbundenen Halbstäbchen (vhStb) kombiniert werden.

Die Basketballsocken werden mit einer zweireihigen Spitzenmasche mit Wiederholung gehäkelt, wodurch sie perfekt für die individuelle Maßanfertigung sind. Ich habe sie mit meinem Lieblingsbündchen (geripptes Bündchen aus festen Maschen in das hintere Maschenglied) entworfen, um dem Spitzenmuster Halt zu geben. Den Schaft können Sie in jeder gewünschten Länge anfertigen, vielleicht sogar lang genug für einen schicken Kniestrumpf?

Diese toe-up-Socken haben eine modifizierte Bandspitze und eine starke Ferse.

ENDMASSE

Fußlänge: 21,5 cm (24 cm, 26,5 cm)
Fußumfang: 18 cm (19 cm, 20,5 cm)
Schaftlänge: 18 cm

Der abgebildete Socken hat eine Fußlänge von 24 cm und einen Fußumfang von 19 cm.

GARN

Sockengarn #1 Super Fine
Abgebildet: Cascade Yarns 220 Fingering (100 % Peruanische Hochlandwolle; 250 m/50 g):
(A) #5616 Fuchsia, 2 Knäuel.

HÄKELNADEL

Größe 3,25 mm
Falls nötig, wechseln Sie die Häkelnadel, um die Maschenprobe zu erreichen.

ZUBEHÖR

Offene Maschenmarkierer, Sticknadel mit stumpfer Spitze

MASCHENPROBE

24 Maschen und 24 Reihen = 10 cm in verbundenen Halbstäbchen, in Runden gehäkelt, gespannt

DIE MASCHEN

FESTE MASCHE IN HINTERES MASCHENGLIED (FM IN HMGL)
Nur in das hintere Maschenglied der nächsten Masche einstechen, eine Schlaufe durchziehen, das Garn über die Nadel holen und es durch die zwei auf der Nadel befindlichen Schlaufen durchziehen.

SPITZE

9 Luftmaschen (Lm).

Zunehmen: feste Masche (fM) in die zweite Lm von der Nadel und in jede weitere Lm, arbeiten Sie auf der gegenüberliegenden Seite der Luftmaschenkette, fM in jede weitere Lm, mittels Kettmasche (Km) in die erste Masche verbinden, 1 Lm – 8 Maschen zugenommen (16 Maschen).

Zunehmen: * fM in die erste Masche, 2 fM in die nächste Masche, fM in jede der nächsten 5 Maschen, 2 fM in die nächste Masche; ab * 1 Mal wiederholen, mittels Km in die erste Masche verbinden, 1 Lm – 4 Maschen zugenommen (20 Maschen).

Zunehmen: * fM in die erste Masche, 2 fM in die nächste Masche, fM in jede der nächsten 7 Maschen, 2 fM in die nächste Masche; ab * 1 Mal wiederholen, mittels Km in die erste Masche verbinden, 1 Lm – 4 Maschen zugenommen (24 Maschen).

Nächste Runde: Durchgehend fM, mittels Km in die erste Masche verbinden, 1 Lm.

Zunehmen: * fM in die erste Masche, 2 fM in die nächste Masche, fM in jede der nächsten 9 Maschen, 2 fM in die nächste Masche; ab * 1 Mal wiederholen, 1 Lm – 4 Maschen zugenommen (28 Maschen).

Nächste Runde: Durchgehend fM, mittels Km in die erste Masche verbinden, 1 Lm.

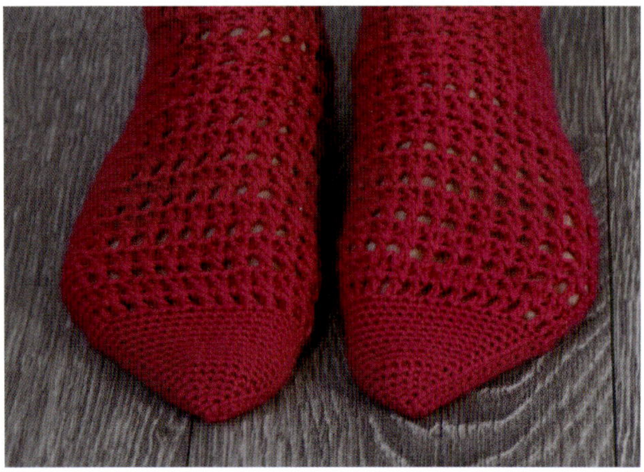

Zunehmen: * fM in die erste Masche, 2 fM in die nächste Masche, fM in jede der nächsten 11 Maschen, 2 fM in die nächste Masche; ab * 1 Mal wiederholen, 1 Lm – 4 Maschen zugenommen (32 Maschen).

Nächste Runde: Durchgehend fM, mittels Km in die erste Masche verbinden, 1 Lm.

Auf diese Weise weiterarbeiten, in jeder zweiten Runde 4 Maschen zunehmen, bis Sie 44 (48, 52) Maschen haben.

FUSS

Setzen Sie einen Maschenmarkierer (MM) in die 21. (25., 25.) Masche.

Arbeiten Sie nun nach der Häkelschrift „Gekreuzte Spitze mit Verbindungen".

1. Runde: 4 Lm, 1 Masche überspringen (üspr), * Stäbchen (Stb, siehe Maschentechnik) in die nächste Masche, 1 Lm; ab * bis zum MM wiederholen, verbundenes Halbstäbchen (vhStb) in jede weitere Masche, mittels Km in die erste Masche verbinden, 3 Lm (zählen als erstes Stb) – 20 (24, 24) Stb; 20 (24, 24) 1-Luftmaschenzwischenräume (1-Lm-Zwr); 22 (22, 26) vhStb.

2. Runde: * den nächsten Lm-Zwr üspr, Stb in den 2. 1-Lm-Zwr, Stb in den übersprungenen 1-Lm-Zwr; ab * bis zum MM wiederholen, vhStb in jede weitere Masche, mittels Km in die erste Masche verbinden, 3 Lm – 9 (11, 11) gekreuzte Paare; 1 Stb; 22 (22, 26) vhStb.

3. Runde: 1 Stb üspr, * Stb in das nächste Stb, 1 Lm; ab * bis zur markierten Masche wiederholen, vhStb in jede weitere Masche, mittels Km in die erste Masche verbinden, 3 Lm.

Wiederholen Sie die 2. und 3. Runde, bis der Fuß 10 cm (12,5 cm, 15 cm) misst oder 9 cm kürzer ist als die gewünschte Länge, am Ende der letzten Runde nur 1 Lm.

FERSE

Arbeiten Sie nun in Reihen.

Abnehmen (RS): Arbeiten Sie nach der Anleitung über die Ristmaschen, 2 fM zusammenhäkeln, fM in jede der nächsten 20 (22, 24) fM, 1 Lm, wenden, die übrigen Maschen bleiben unbearbeitet.

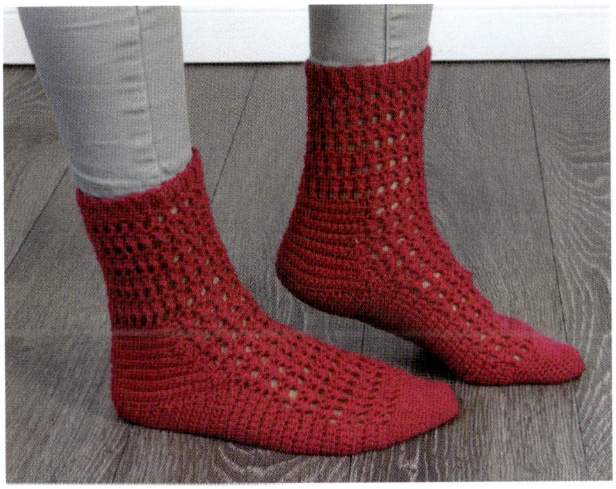

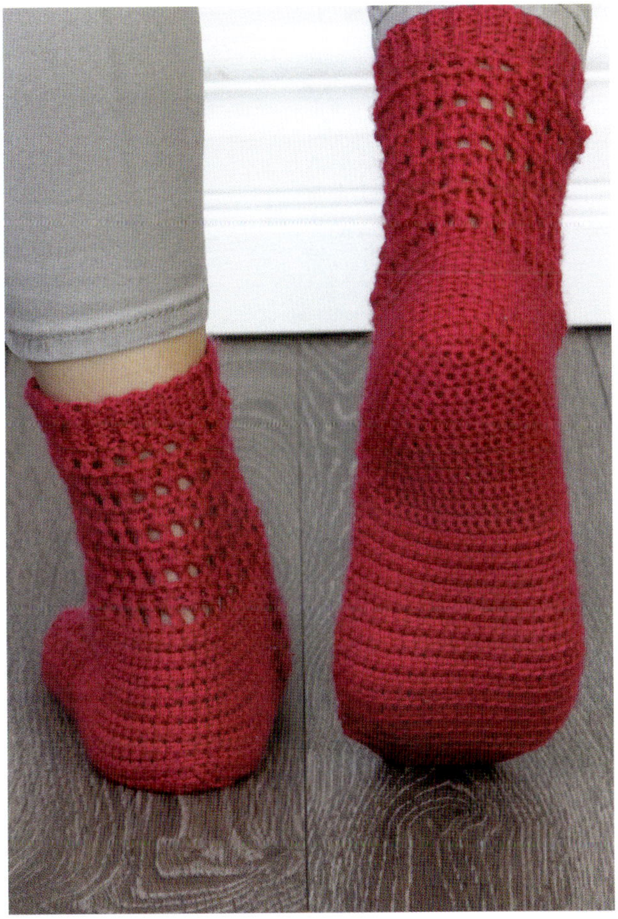

Abnehmen: 2 fM zusammenhäkeln, fM in jede weitere Masche, 1 Lm, wenden.

Wiederholen Sie die zweite Abnahmerunde, bis 4 Maschen übrigbleiben, enden Sie mit einer Reihe auf der LS.

Arbeiten Sie jetzt mit der RS nach oben, fM in jede der nächsten 4 Maschen, drehen Sie das Werkstück um 90 Grad, 18 (20, 22) fM entlang der einen Seite des Fersenkäppchens, arbeiten Sie wie bisher die nächsten 20 (24, 24) Maschen des Rists, 18 (20, 22) fM entlang der zweiten Seite des Fersenkäppchens, mittels Km in die erste Masche verbinden, 2 Lm – 60 (68, 72) Maschen.

Setzen Sie je einen Maschenmarkierer (MM) in die erste und letzte Masche des Rists.

Basisrunde: vhStb in jede Masche bis zu den beiden Maschen vor dem ersten MM, 2 fM zusammenhäkeln, das Spitzenmuster über den Rist bis zum nächsten MM, 2 fM zusammenhäkeln, vhStb bis zum Ende der Runde, mittels Km in die erste Masche verbinden, 2 Lm.

Abnehmen: vhStb in jede Masche bis zu den beiden Maschen vor der ersten Abnahme, 3 hStb zusammenhäkeln (siehe Maschentechnik), das Spitzenmuster über den Rist bis zur nächsten Abnahme, 3 hStb zusammenhäkeln, vhStb bis zum Ende der Runde, mittels Km in die erste Masche verbinden, 2 Lm – 4 Maschen abgenommen (56 [64, 68] Maschen).

Hinweis: Die erste Abnahmerunde wird versetzt gearbeitet, d. h., sie beginnt 1 Masche vor der vorhergehenden Zunahmerunde, denn auf diese Weise entsteht eine harmonische Rundung. Die zweite Abnahmerunde wird dann normal auf die erste Abnahmerunde aufgesetzt.

Wiederholen Sie die Abnahmerunde, bis 44 (48, 52) Maschen übrigbleiben.

SCHAFT

Arbeiten Sie nun in Runden.

Häkeln Sie im Spitzenmuster wie bisher, bis der Schaft 12,5 cm lang ist oder die von Ihnen gewünschte Länge hat.

BÜNDCHEN

Arbeiten Sie nun in Reihen.

1. Reihe: 8 Lm, fM in die zweite Lm von der Nadel und in jede Lm bis zur letzten Masche, die letzte Masche des Bündchens und die erste Masche des Schafts mittels 2 fM zusammenhäkeln verbinden, 1 Lm, wenden.

2. Reihe: fM in das hintere Maschenglied (fM in hMgl, siehe Maschentechnik) in jede Masche, 1 Lm, wenden.

3. Reihe: fM in hMgl in jede Masche bis zur letzten, die letzte Masche des Bündchens und die erste Masche des Schafts mittels 2 fM zusammenhäkeln verbinden, 1 Lm, wenden.

Arbeiten Sie weiter um den Schaft, bis alle Maschen mit dem Bündchen verbunden sind.

Beenden Sie die Arbeit, nähen Sie das Bündchen mittels Matratzenstich (siehe Maschentechnik) zusammen und vernähen Sie alle Fäden.

Waschen Sie die Socken und breiten Sie sie flach zum Trocknen aus.

GEKREUZTE SPITZE MIT VERBINDUNGEN

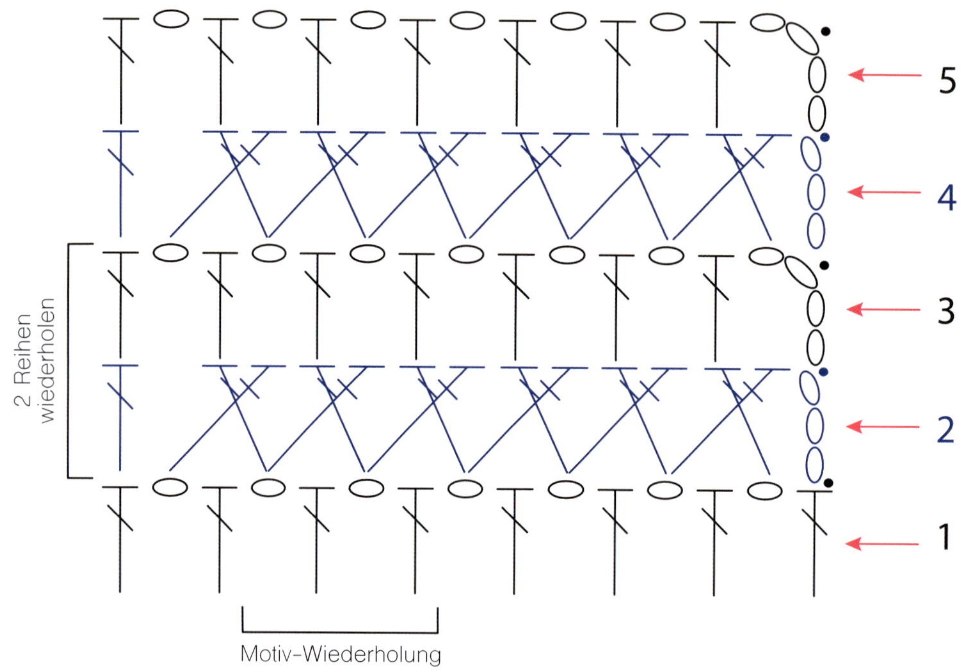

LEGENDE

- • Kettmasche (Km)
- Luftmasche (Lm)
- Stäbchen (Stb)

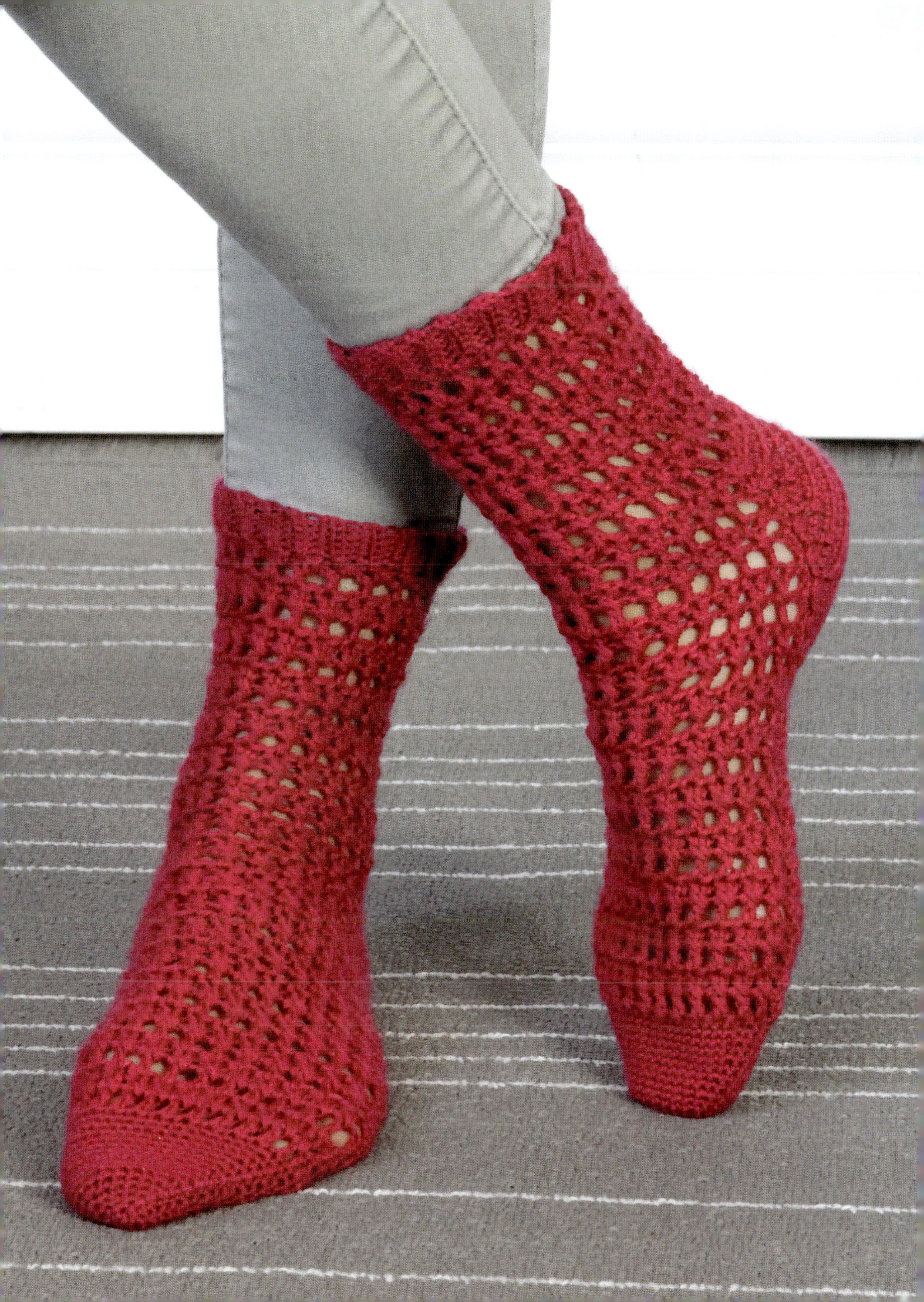

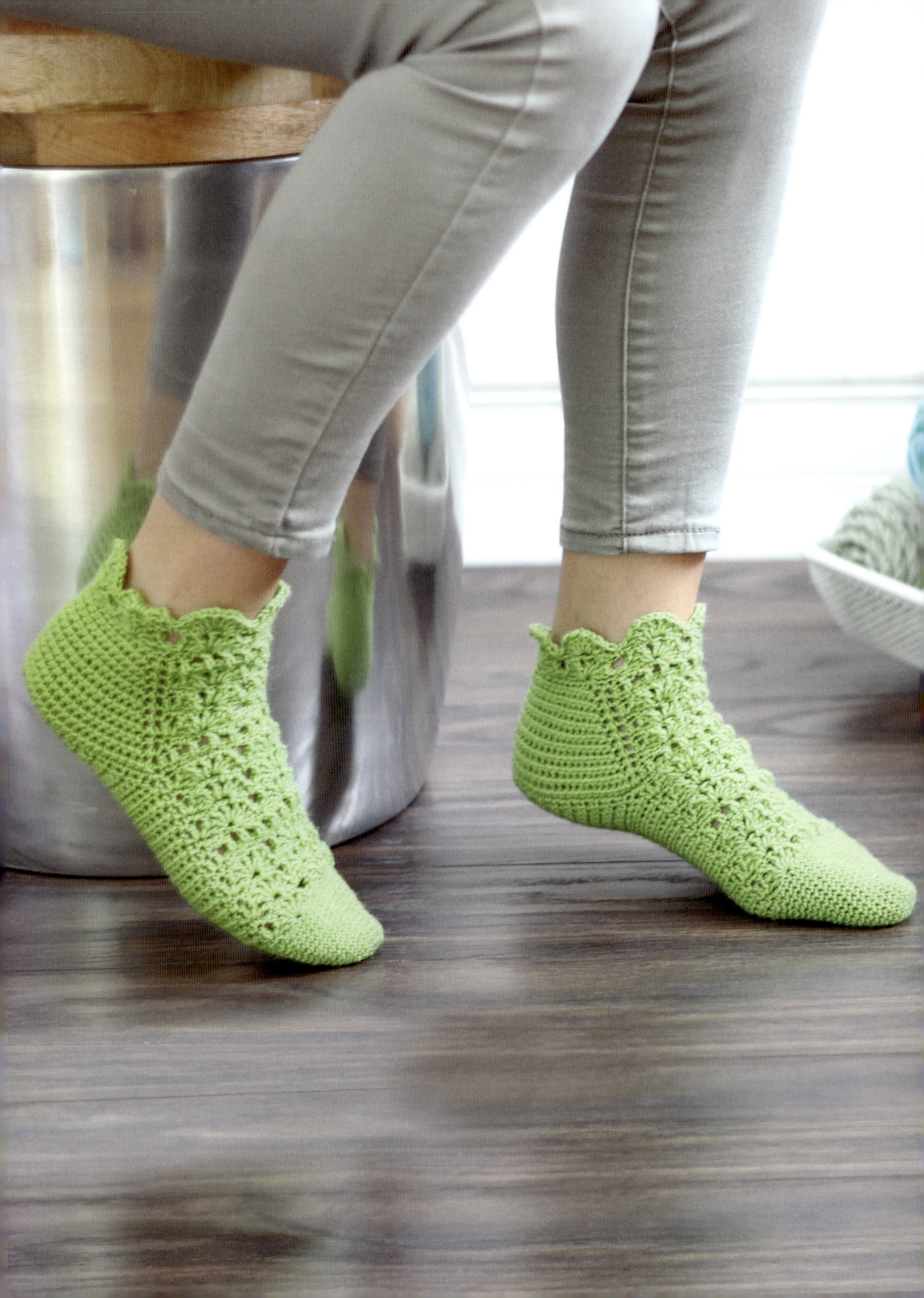

ELFENSOCKEN

Diese Socken sind wirklich etwas Besonderes. Ich bin ein großer Fan von Häkelspitzen, die einem Socken geradezu eine Persönlichkeit geben. Obwohl das Maschenmuster dieser Anleitung die Anpassung der Länge an individuelle Maße etwas schwieriger macht, können Sie durchaus an der Ferse einige Reihen hinzufügen oder die Spitze ein bisschen länger arbeiten. Wenn Sie mehr Umfang brauchen, häkeln Sie einige zusätzliche Maschen auf dem Rist oder wählen Sie die Häkelnadel eine Nummer größer, beides wird den Socken für einen größeren Fuß geeignet machen, ohne dass das Spitzenmuster darunter leidet.

Der Socken hat kein traditionelles Bündchen, sondern einen Rand aus Spitze.

Diese toe-up-Socken haben eine modifizierte rechteckige Spitze und eine starke Ferse.

ENDMASSE

Fußlänge: 20,5 cm (23 cm, 25,5 cm)
Fußumfang: 18 cm (19 cm, 20,5 cm)
Schaftlänge: 5 cm

Der abgebildete Socken hat eine Fußlänge von 23 cm und einen Fußumfang von 19 cm.

GARN

Sockengarn #1 Super Fine
Abgebildet: Spud & Chloe Fine (80 % Wolle, 20 % Seide; 227 m/65 g): #7812 Lizard, 2 (2, 3) Knäuel.

HÄKELNADEL

Größe 3,25 mm
Falls nötig, wechseln Sie die Häkelnadel, um die Maschenprobe zu erreichen.

ZUBEHÖR

Offene Maschenmarkierer, Sticknadel mit stumpfer Spitze

MASCHENPROBE

24 Maschen und 24 Reihen = 10 cm in verbundenen Halbstäbchen, in Runden gehäkelt, gespannt

SPITZE

2 Luftmaschen (Lm).

1. Runde: 6 feste Maschen (fM) in die zweite Lm von der Nadel, mittels Kettmasche (Km) in die erste Masche verbinden, 1 Lm. Nicht wenden – 6 Maschen.

Zunehmen: 2 fM in jede fM, mittels Km in die erste Masche verbinden, 1 Lm – 6 Maschen zugenommen (12 Maschen).

Zunehmen: * 2 fM, fM; ab * wiederholen, mittels Km in die erste Masche verbinden, 1 Lm – 6 Maschen zugenommen (18 Maschen).

Zunehmen: * 2 fM in die erste Masche, fM in die nächsten 2 Maschen; ab * wiederholen, mittels Km in die erste Masche verbinden, 1 Lm – 6 Maschen zugenommen (24 Maschen).

Nächste Runde: Durchgehend fM, mittels Km in die erste Masche verbinden, 1 Lm.

Zunehmen: * 2 fM in die erste Masche, fM in jede der nächsten 3 Maschen; ab * wiederholen, mittels Km in die erste Masche verbinden, 1 Lm – 6 Maschen zugenommen (30 Maschen).

Nächste Runde: Durchgehend fM, mittels Km in die erste Masche verbinden, 1 Lm.

Zunehmen: * 2 fM in die erste Masche, fM in jede der nächsten 4 Maschen; ab * wiederholen, mittels Km in die erste Masche verbinden, 1 Lm – 6 Maschen zugenommen (36 Maschen).

Nächste Runde: Durchgehend fM, mittels Km in die erste Masche verbinden, 1 Lm.

Zunehmen: * 2 fM in die erste Masche, fM in jede der nächsten 5 Maschen; ab * wiederholen, mittels Km in die erste Masche verbinden, 1 Lm – 6 Maschen zugenommen (42 Maschen).

Nächste Runde: Durchgehend fM, mittels Km in die erste Masche verbinden, 1 Lm.

Fahren Sie auf diese Weise fort, arbeiten Sie immer eine zusätzliche fM bei jede Zunahme, bis Sie 42 (48, 54) Maschen haben.

Arbeiten Sie gleichmäßig weiter, bis die Spitze 5 cm lang ist.

FUSS

Arbeiten Sie jetzt nach der „Zitrus-Spitze" Häkelschrift.

1. Runde: 3 Lm, * die nächsten 3 Maschen überspringen (üspr), Stäbchen (Stb, siehe Maschentechnik), (1 Lm, Stb) 6 Mal in die nächste Masche, die nächsten 3 Maschen üspr, fM in die nächste Masche; ab * 3 Mal wiederholen, fM in die letzte fM, verbundenes Halbstäbchen (vhStb, siehe Maschentechnik) in jede weitere Masche, mittels Km in die erste Masche verbinden, 3 Lm.

2., 4. und 6. Runde: * fM in den zweiten 1-Luftmaschen-zwischenraum (1-Lm-Zwr) der Muschel, 1 Lm, fM in den nächsten 1-Lm-Zwr, 3 Lm, fM in den nächsten 1-Lm-Zwr, 1 Lm, fM in den nächsten 1-Lm-Zwr, 1 Lm; ab * 3 Mal wiederholen, Stb in die letzte fM, mittels Km in die erste Masche verbinden.

3. und 5. Runde: * die nächsten 3 Maschen üspr, Stb, (1 Lm, Stb) 6 Mal in die nächste Masche, die nächsten 3 Maschen üspr, fM in die nächste Masche; ab * 3 Mal wiederholen, fM in die letzte fM, vhStb in jede weitere Masche, mittels Km in die erste Masche verbinden, 3 Lm.

7. Runde: fM in jede Masche und jeden Lm-Zwr, vhStb in jede weitere Masche, mittels Km in die erste Masche verbinden, 3 Lm.

8. Runde: * das nächste Stb üspr, Stb in das nächste Stb, 1 Lm; ab * 11 Mal wiederholen, vhStb in jede weitere Masche, mittels Km in die erste Masche verbinden, 1 Lm.

9. Runde: * fM in den zweiten 1-Lm-Zwr der Muschel, 1 Lm, fM in den nächsten 1-Lm-Zwr, 3 Lm, fM in den nächsten 1-Lm-Zwr, 1 Lm, fM in den nächsten 1-Lm-Zwr, 1 Lm; ab * 3 Mal wiederholen, Stb in die letzte fM, mittels Km in die erste Masche verbinden.

Wiederholen Sie die Runden 1–9, bis der Socken 9 cm kürzer ist als die gewünschte Länge.

FERSE

Arbeiten Sie nun in Reihen.

Basisreihe: Arbeiten Sie nach der Häkelschrift „Zitrus-Spitze" über die Maschen des Rists.

1. Reihe (RS): 2 fM zusammenhäkeln, fM in jede weitere Masche, 1 Lm, wenden.

2. Reihe (LS): 2 fM zusammenhäkeln, fM in jede weitere Masche, 1 Lm, wenden.

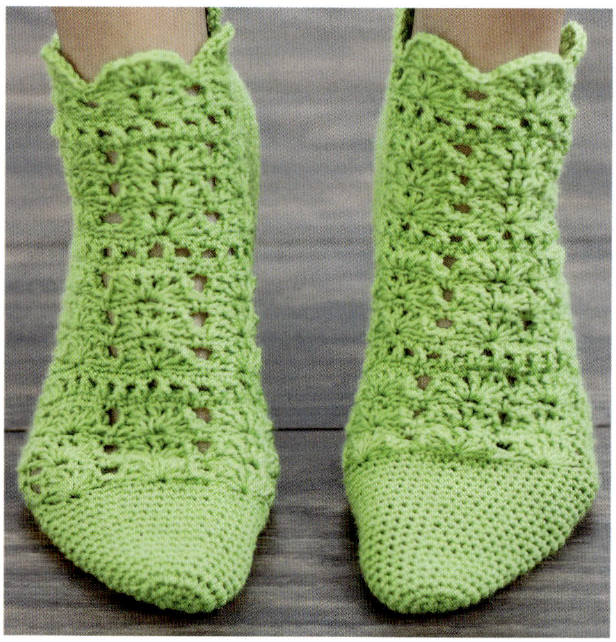

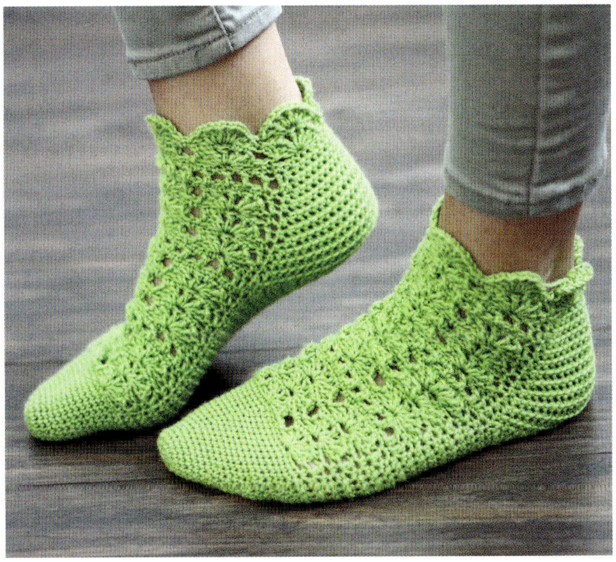

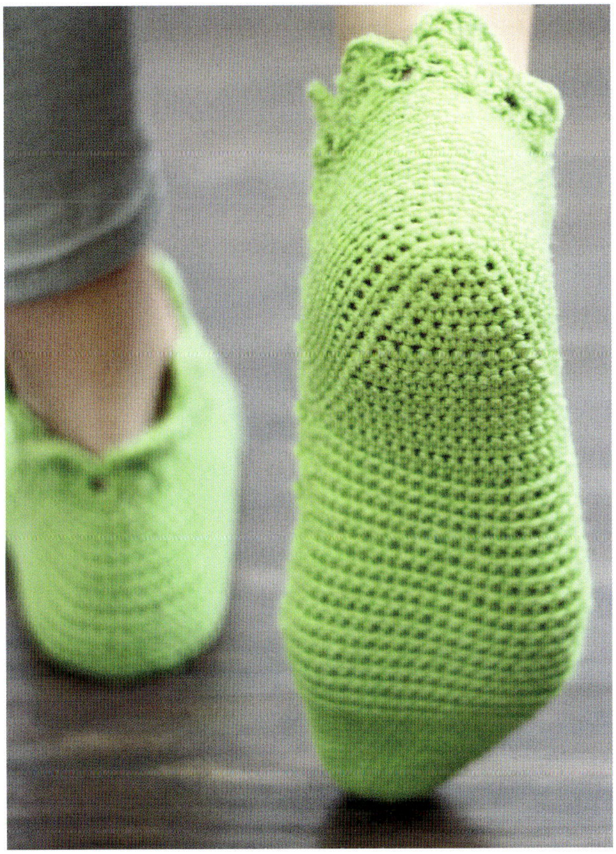

Wiederholen Sie die 2. Reihe, bis 4 Maschen übrigbleiben, enden Sie mit einer Reihe auf der LS.

RS nach oben, fM in jede der nächsten 4 Maschen, drehen Sie das Werkstück um 90 Grad, 18 (20, 22) fM entlang der einen Seite des Fersenkäppchens, arbeiten Sie wie bisher über den Rist, 18 (20, 22) fM entlang der anderen Seite des Fersenkäppchens, mittels Km in die erste Masche verbinden, 2 Lm.

Setzen Sie jeweils einen Maschenmarkierer (MM) in die erste und letzte Masche des Rists.

Arbeiten Sie nun in Runden.

Basisrunde: vhStb in jede Masche bis zu den beiden Maschen vor dem ersten MM, 2 fM zusammenhäkeln, arbeiten Sie im „Zitrus-Spitze"-Muster über den Rist bis zum nächsten MM, 2 fM zusammenhäkeln, vhStb bis zum Ende der Runde, mittes Km in die erste Masche verbinden, 1 Lm.

Abnehmen: Arbeiten Sie im „Zitrus-Spitze"-Muster über den Rist in jede Masche bis zur ersten Abnahme, 2 fM zusammenhäkeln, vhStb über den Rist bis zur nächsten Abnahme, 2 fM zusammenhäkeln, vhStb bis zum Ende der Runde, mittels Km in die erste Masche verbinden, 1 Lm.

Hinweis: Die erste Abnahmerunde wird versetzt gearbeitet, d. h., sie beginnt 1 Masche vor der vorhergehenden Zunahmerunde, denn auf diese Weise entsteht eine harmonische Rundung. Die zweite Abnahmerunde wird dann normal auf die erste Abnahmerunde aufgesetzt.

Wiederholen Sie die Abnahmerunde, bis 44 (48, 52) Maschen übrigbleiben.

Arbeiten Sie den Schaft, bis er 5 cm lang ist oder die gewünschte Länge minus des Spitzenrandes hat.

Es wird kein geripptes Bündchen gearbeitet, sondern das Spitzenmuster wie auf Rist und Ferse fortgeführt.

Beenden Sie die Arbeit und vernähen Sie alle Fäden.

Waschen Sie die Socken und legen Sie sie flach zum Trocknen und Spannen auf.

ZITRUS-SPITZE

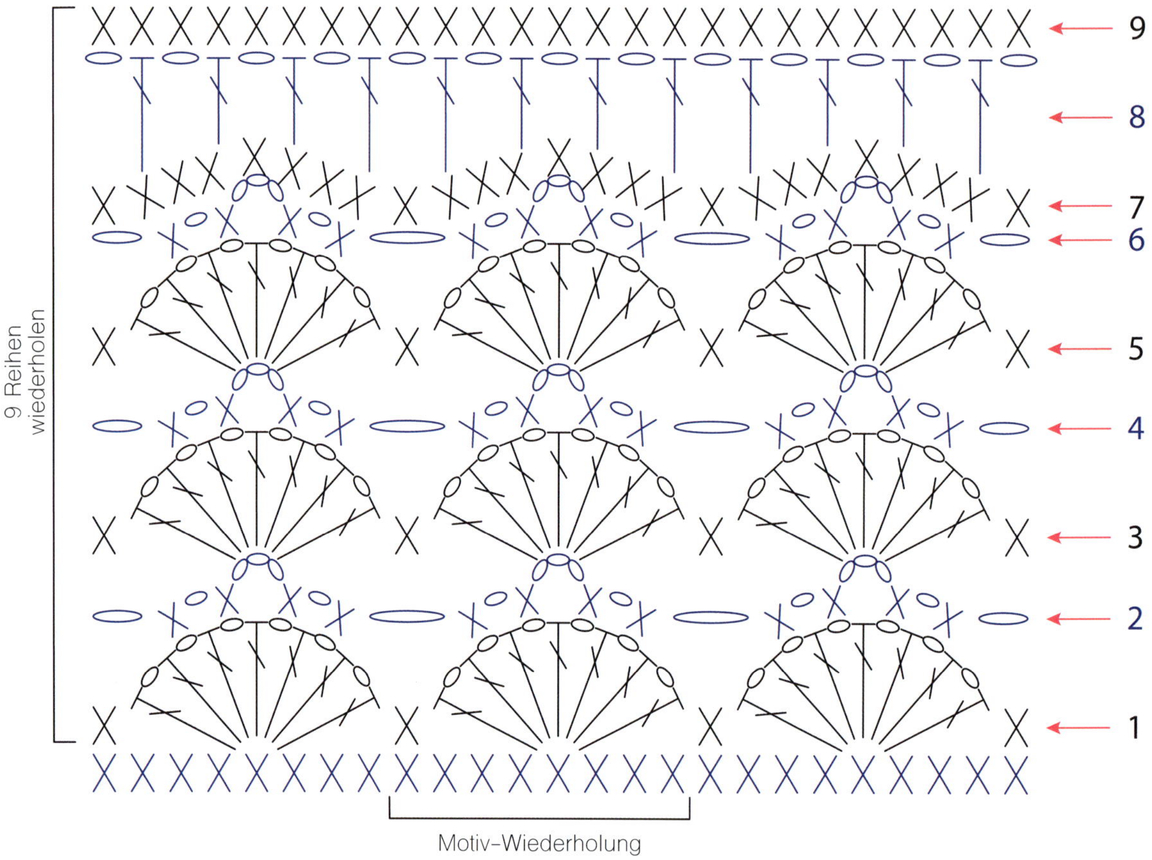

LEGENDE

⬭	Luftmasche (Lm)
X	feste Masche (fM)
Ŧ	Stäbchen (Stb)

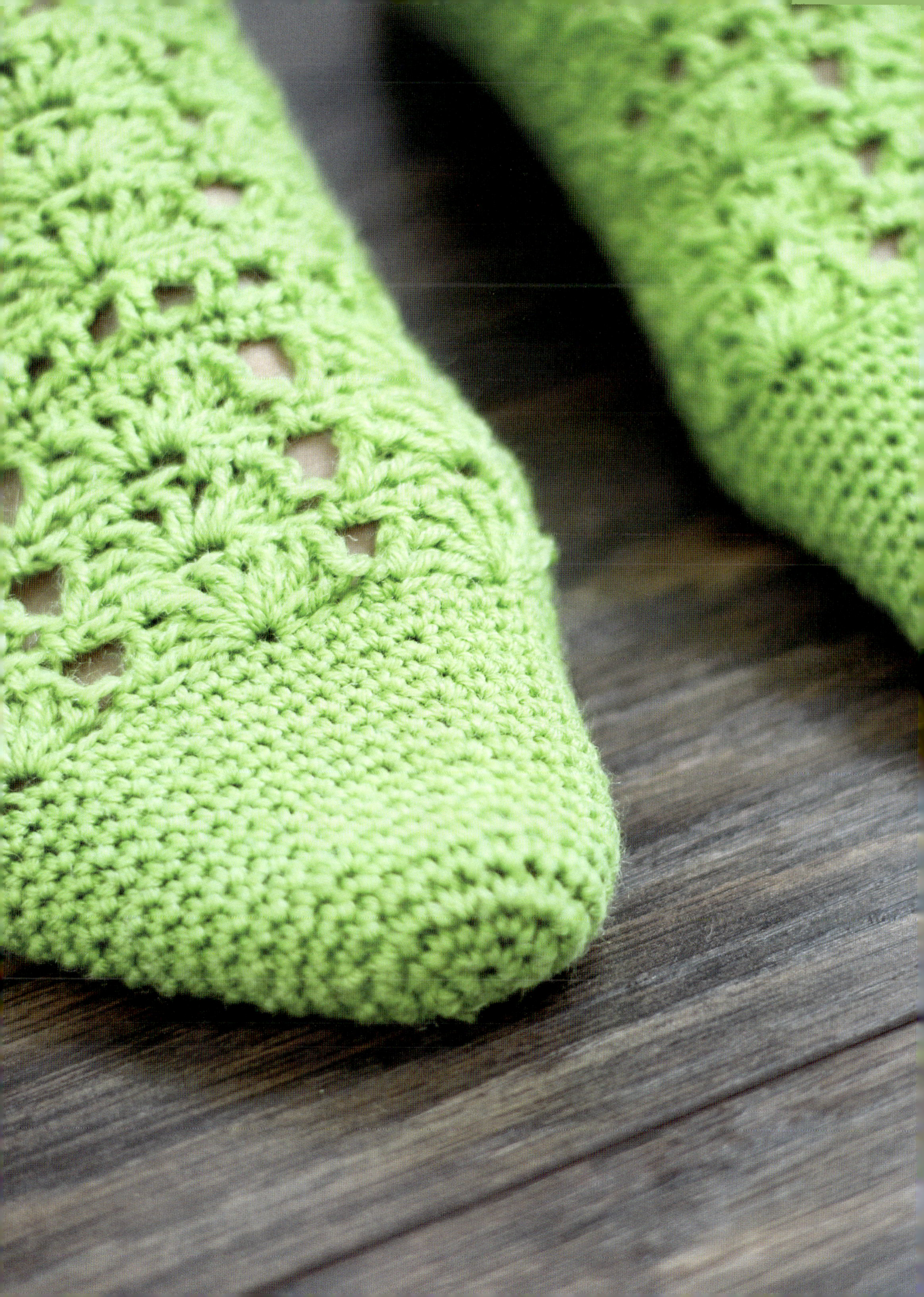

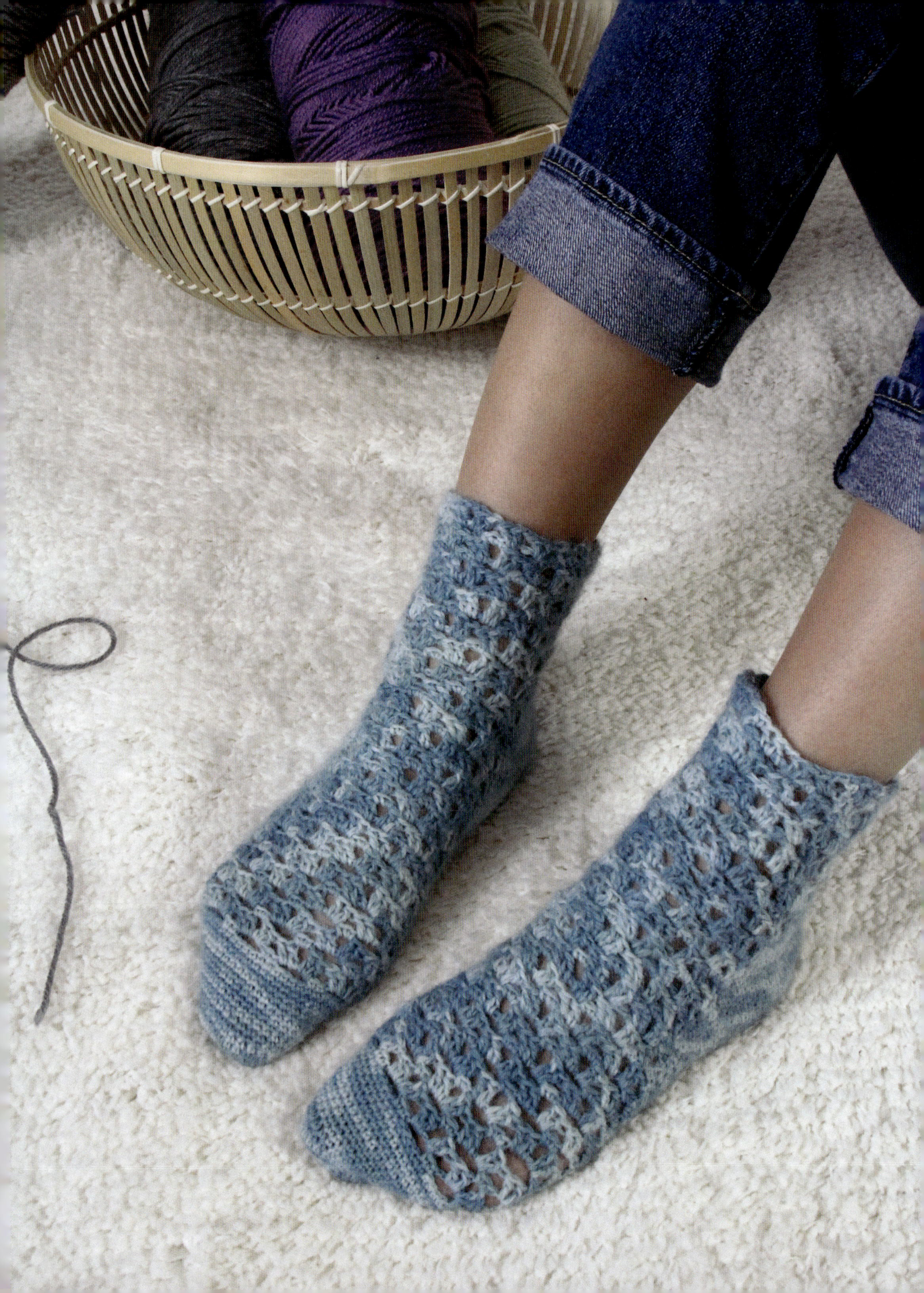

DURCHBLICKSOCKEN

Häkelspitze ist eine meiner Lieblingstechniken, aber wenn man sie für Socken verwenden möchte, kann das auf Kosten der Elastizität gehen. Um das wieder wettzumachen, hat dieses Sockenmodell ein einfaches Spitzenmuster mit verlängerten festen Maschen (vfM), die ausreichende Dehnbarkeit beisteuern.

Die starke Ferse macht diesen Bereich etwas größer und mit seinem kurzen Schaft wird der Socken bei jeder Wadenstärke gut sitzen.

Diese toe-up-Socken haben eine modifizierte rechteckige Spitze und eine starke Ferse.

ENDMASSE

Fußlänge: 20,5 cm (23 cm, 25,5 cm)
Fußumfang: 18 cm (20,5 cm, 23 cm)
Schaftlänge: 17,5 cm

Der abgebildete Socken hat eine Fußlänge von 23 cm und einen Fußumfang von 20,5 cm.

GARN

Sockengarn #1 Super Fine
Abgebildet: Classic Elite Yarns Alpaca Sox (60 % Alpaka, 20 % Merinowolle, 20 % Polyamid; 412 m/100xg): #1846 Aquamarine, 1 (1, 2) Knäuel.

HÄKELNADEL

Größe 2,75 mm
Falls nötig, wechseln Sie die Häkelnadel, um die Maschenprobe zu erreichen.

ZUBEHÖR

Offene Maschenmarkierer, Sticknadel mit stumpfer Spitze

MASCHENPROBE

24 Maschen und 21 Reihen = 10 cm in verlängerten festen Maschen, in Runden gehäkelt, gespannt

SPITZE

9 Luftmaschen (Lm).

Zunehmen: Feste Masche (fM) in die zweite Lm von der Nadel und in jede weitere Lm, arbeiten Sie auf der gegenüberliegenden Seite der Luftmaschenkette, fM in jede Lm, mittels Km in die erste Masche verbinden. Achtung, nicht verdrehen! 1 Lm – 7 Maschen zugenommen (16 Maschen).

Zunehmen: * fM in die erste Masche, 2 fM in die nächste Masche, fM in jede der nächsten 5 Maschen, 2 fM in die nächste Masche; ab * 1 Mal wiederholen, mittels Km in die erste Masche verbinden, 1 Lm – 4 Maschen zugenommen (20 Maschen).

Zunehmen: * fM in die erste Masche, 2 fM in die nächste Masche, fM in jede der nächsten 7 Maschen, 2 fM in die nächste Masche; ab * 1 Mal wiederholen, mittels Km in die erste Masche verbinden, 1 Lm – 4 Maschen zugenommen (24 Maschen).

Nächste Runde: Durchgehend fM, mittels Km in die erste Masche verbinden, 1 Lm.

Zunehmen: * fM in die erste Masche, 2 fM in die nächste Masche, fM in jede der nächsten 9 Maschen, 2 fM in die nächste Masche; ab * 1 Mal wiederholen, 1 Lm – 4 Maschen zugenommen (28 Maschen).

Nächste Runde: Durchgehend fM, mittels Km in die erste Masche verbinden, 1 Lm.

Zunehmen: * fM in die erste Masche, 2 fM in die nächste Masche, fM in jede der nächsten 11 Maschen, 2 fM in die nächste Masche; ab * 1 Mal wiederholen, 1 Lm – 4 Maschen zugenommen (32 Maschen).

Nächste Runde: Durchgehend fM, mittels Km in die erste Masche verbinden, 1 Lm.

Arbeiten Sie weiter wie bisher, nehmen Sie in jeder zweiten Runde 4 Maschen zu, bis Sie 44 (48, 52) Maschen haben.

FUSS

Maschenmarkierer (MM) in die 19. (25., 25.) Masche setzen.

Nach der Häkelschrift „Muschel-Spitze mit Verbindungen" arbeiten.

1. Runde: fM in jede der ersten zwei Maschen, * 4 Lm, 4 Maschen überspringen (üspr), fM in jede der nächsten 2 Maschen; ab * wiederholen, verlängerte feste Masche (vfM, siehe Maschentechnik) in jede weitere Masche, mittels Km in die erste Masche verbinden, 3 Lm.

2. Runde: [2 Stäbchen (Stb, siehe Maschentechnik), 2 Lm, 2 Stb] in jeden 4-Luftmaschenzwischenraum (4-Lm-Zwr) bis zu einer Masche vor dem MM, Stb in die markierte Masche, vfM in jede weitere Masche, mittels Km in die erste Masche verbinden, 5 Lm.

3. Runde: * 2 fM in den 2-Lm-Zwr, 4 Lm; ab * über das Ende der letzten Wiederholung wiederholen mit 2 Lm, Stb in Stb, vfM in jede weitere Masche, mittels Km in die erste Masche verbinden, 4 Lm.

4. Runde: 2 Stb in den ersten 2-Lm-Zwr, (2 Stb, 2 Lm, 2 Stb) in jeden 4-Lm-Zwr bis zum letzten 2-Lm-Zwr, 2 Stb in den letzten 2-Lm-Zwr, 1 Lm, Stb in Stb, vfM in jede weitere Masche, mittels Km in die erste Masche verbinden, 1 Lm.

5. Runde: fM in jede der ersten 2 Maschen, * 4 Lm, 4 Maschen üspr, fM in jede der nächsten 2 Maschen; ab * wiederholen bis zum MM, vfM in jede weitere Masche, mittels Km in die erste Masche verbinden, 3 Lm.

Wiederholen Sie die Runden 2–5, bis der Fuß 10 cm (12,5 cm, 15 cm) misst oder 9 cm kürzer als die gewünschte Länge ist.

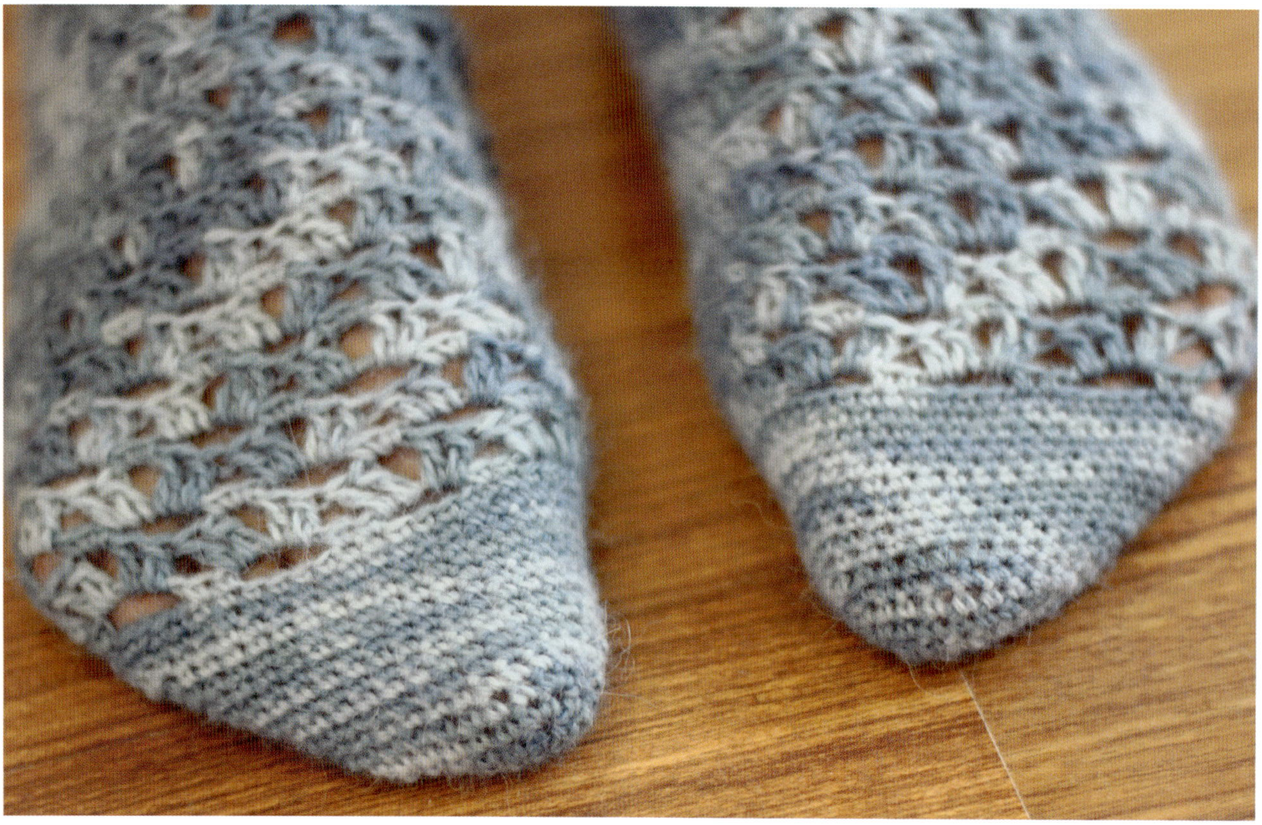

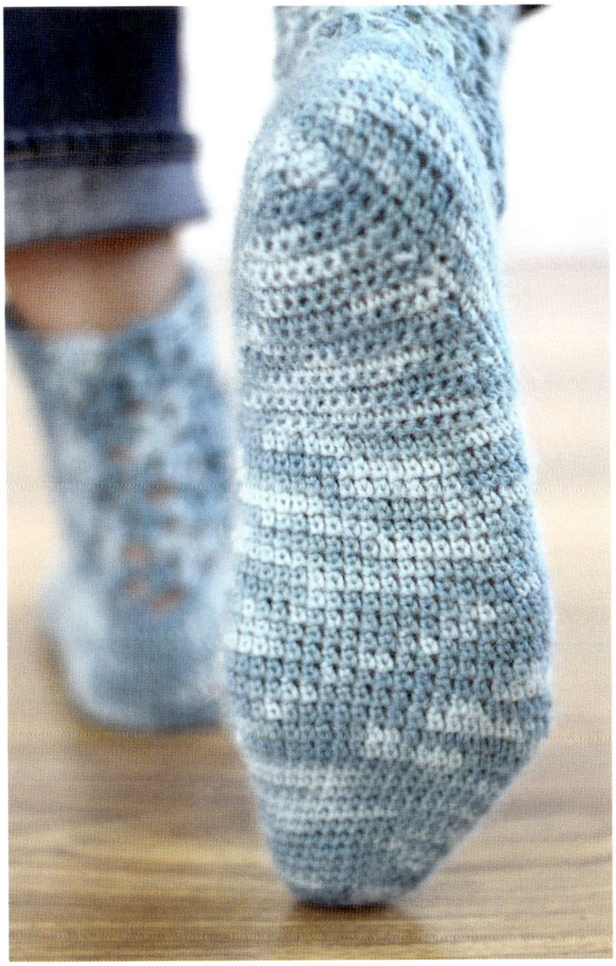

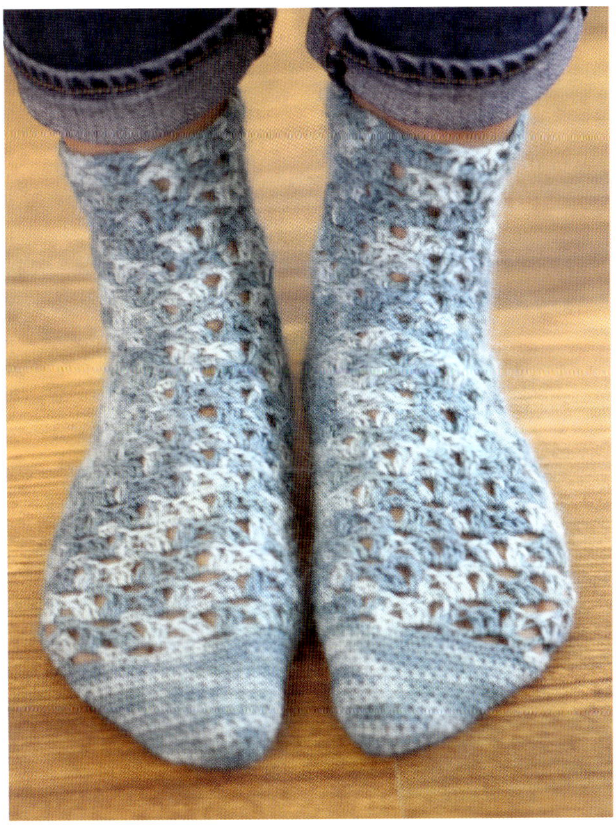

FERSE

Arbeiten Sie nun in Reihen.

1. Reihe (RS): 2 fM zusammenhäkeln, fM in jede der nächsten 20 (22, 24) Maschen, 1 Lm, wenden, die übrigen Maschen bleiben unbearbeitet.

2. Reihe (LS): 2 fM zusammenhäkeln, fM in jede weitere Masche, 1 Lm, wenden.

Wiederholen Sie die 2. Reihe, bis 4 Maschen übrigbleiben, beenden Sie mit einer Reihe auf der LS.

RS nach oben, fM in jede der nächsten 4 Maschen, drehen Sie das Werkstück um 90 Grad, 18 (20, 22) fM entlang der einen Seite des Fersenkäppchens, arbeiten Sie wie bisher über den Rist, 18 (20, 22) fM entlang der anderen Seite des Fersenkäppchens, mittels Km in die erste Masche verbinden, 1 LM.

1 Maschenmarkierer (MM) in die erste und letzte Masche des Rists setzen.

Basisrunde: vfM in jede weitere Masche bis zu den beiden Maschen vor dem ersten MM, 2 fM zusammenhäkeln, Muschel-Muster über den Rist bis zum nächsten MM, 2 fM zusammenhäkeln, vfM bis zum Ende der Runde, mittels Km in die erste Masche verbinden, 1 Lm.

Abnehmen: vfM in jede Masche bis zu einer Masche vor der ersten Abnahme, 2 fM zusammenhäkeln, Muschel-Muster über den Rist bis zur nächsten Abnahme, 2 fM zusammenhäkeln, vfM bis zum Ende der Runde, mittels Km in die erste Masche verbinden, 1 Lm.

Hinweis: Die erste Abnahmerunde wird versetzt gearbeitet, d. h., sie beginnt 1 Masche vor der vorhergehenden Zunahmerunde, denn so wird die Rundung harmonisch. Die zweite Abnahmerunde wird dann normal auf die erste Abnahmerunde aufgesetzt.

Wiederholen Sie die Abnahmerunde, bis 42 (48, 54) Maschen übrigbleiben.

SCHAFT

1. Runde: 1 Lm, fM in jede der ersten 2 Maschen, 4 Lm, 4 Maschen üspr, fM in jede der nächsten 2 Maschen; ab * wiederholen, mittels Km in die erste Masche verbinden, 3 Lm.

2. Runde: [2 Stb, 2 Lm, 2 Stb] in jeden 4-Lm-Zwr bis zur letzten Masche, Stb in die letzte Masche, mittels Km in die erste Masche verbinden, 5 Lm.

3. Runde: * 2 fM in den 2-Lm-Zwr, 4 Lm; ab * wiederholen, die letzte Wiederholung mit 2 Lm beenden, Stb in Stb, mittels Km in die erste Masche verbinden, 4 Lm.

4. Runde: 2 Stb in den ersten 2-Lm-Zwr [2 Stb, 2 Lm, 2 Stb] in jeden 4-Lm Zwr bis zum letzten 2-Lm-Zwr, 2 Stb in den letzten 2-Lm-Zwr, 1 Lm, Stb in Stb, mittels Km in die erste Masche verbinden, 1 Lm.

5. Runde: fM in jede der ersten 2 Maschen, * 4 Lm, 4 Maschen üspr, fM in jede der nächsten 2 Maschen; ab * wiederholen, mittels Km in die erste Masche verbinden, 3 Lm.

Wiederholen Sie die Runden 2–5, bis der Schaft die gewünschte Länge hat. Beenden Sie mit einer 5. Runde.

Beenden Sie die Arbeit und vernähen Sie alle Fäden.

Waschen Sie die Socken und legen Sie sie flach zum Trocknen auf.

MUSCHEL-SPITZE MIT VERBINDUNGEN

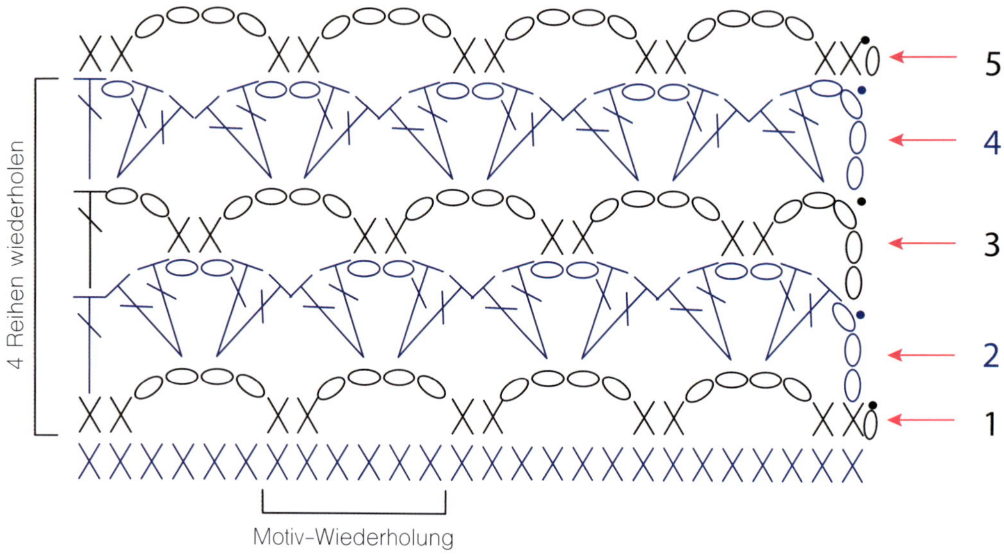

LEGENDE

- Kettmasche (Km)
- Luftmasche (Lm)
- feste Masche (fM)
- Stäbchen (Stb)

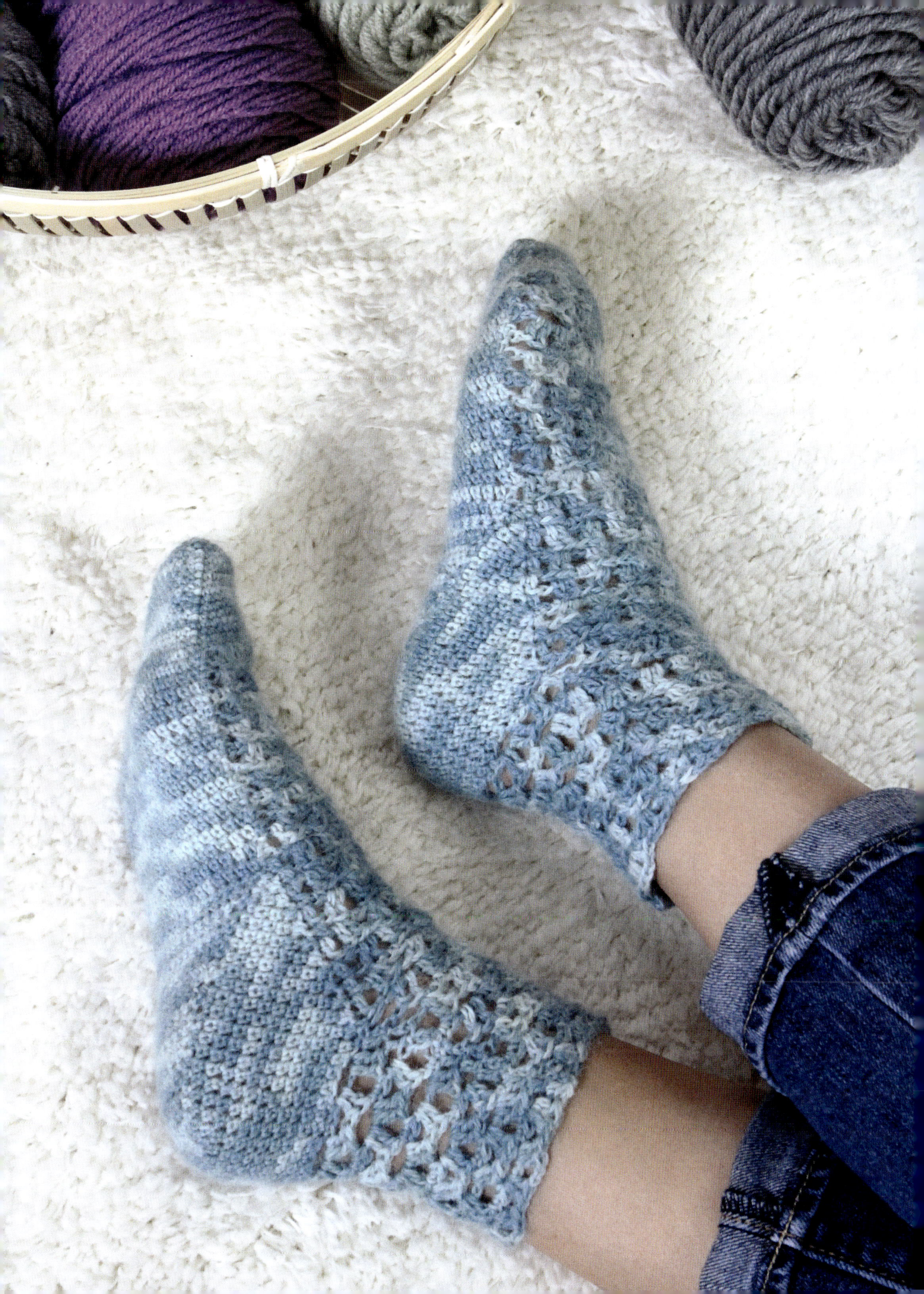

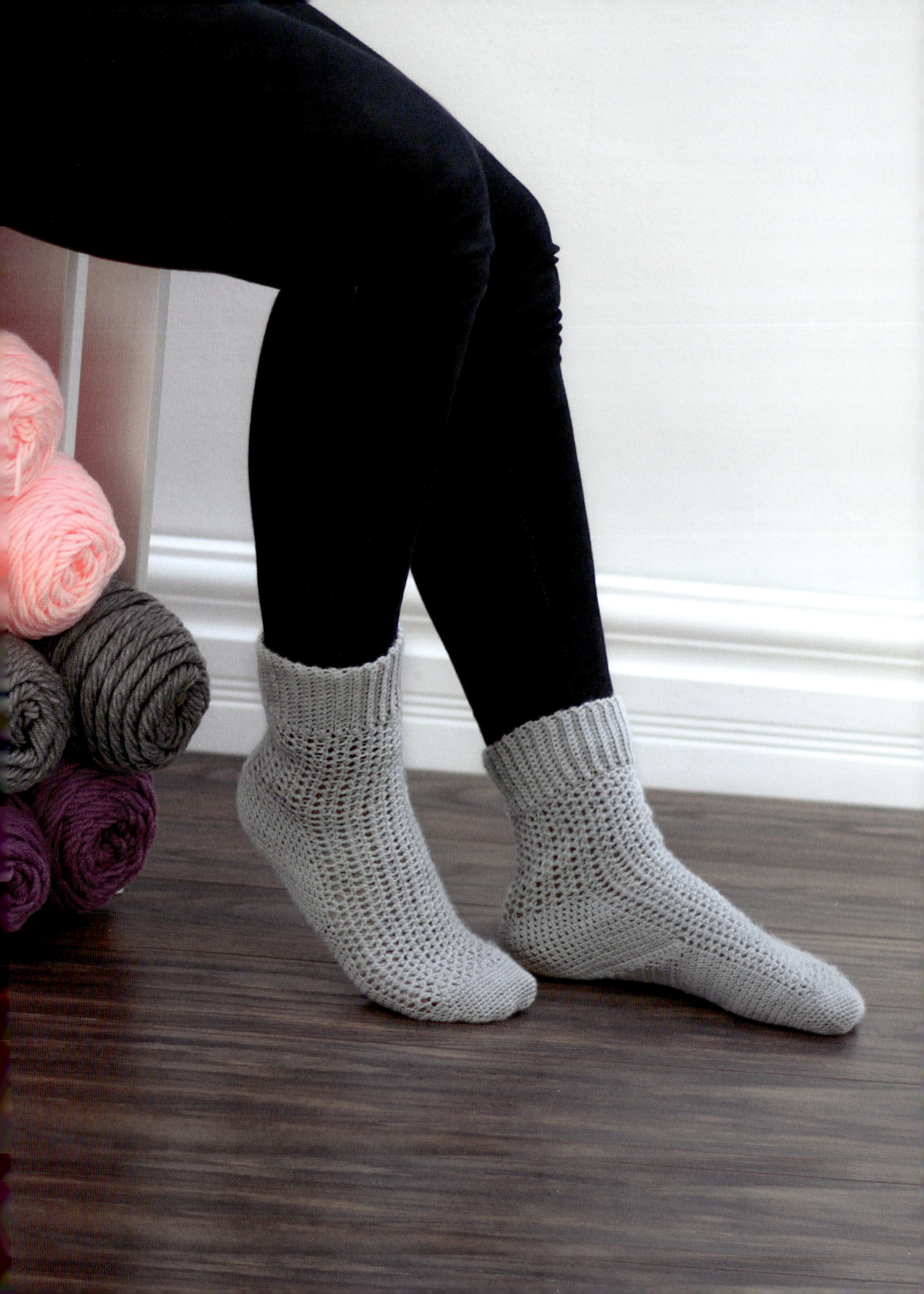

BODENHAFTUNGS SOCKEN

Ein einfaches, elastisches und dabei beeindruckendes Spitzenmuster ist das Charakteristikum dieses Sockens. Die Häkelspitze ist dabei keinesfalls aufdringlich, sie ist einfach nur perfekt. Ein solides geripptes Bündchen und eine starke Ferse machen dieses Modell superbequem und den durchgehenden verlängerten festen Maschen (vfM) verdankt es seine traumhafte Passform.

Diese cuff-down-Socken haben eine starke Ferse und eine Bandspitze.

ENDMASSE

Fußlänge: 19 cm (21,5 cm, 24 cm)
Fußumfang: 18 cm (19 cm, 21,5 cm)
Schaftlänge: 12,5 cm

Der abgebildete Socken hat eine Fußlänge von 21,5 cm und einen Fußumfang von 19 cm.

GARN

Sockengarn #1 Super Fine
Abgebildet: YOTH Yarns Little Brother (80 % Merinowolle, 10 % Kaschmir, 10 % Polyamid; 398 m/100 g): Oyster, 1 (2, 2) Knäuel.

HÄKELNADEL

Größe 2,75 mm
Falls nötig, wechseln Sie die Häkelnadel, um die Maschenprobe zu erreichen.

ZUBEHÖR

Offene Maschenmarkierer, Sticknadel mit stumpfer Spitze

MASCHENPROBE

28 Maschen und 24 Reihen = 10 cm in verlängerten festen Maschen, in Runden gehäkelt, gespannt

DIE MASCHEN

FESTE MASCHE IN HINTERES MASCHENGLIED (FM IN HMGL)
Nur in das hintere Maschenglied der nächsten Masche einstechen, eine Schlaufe durchziehen, das Garn über die Nadel holen und es durch die zwei auf der Nadel befindlichen Schlaufen durchziehen.

BÜNDCHEN

1. Reihe (RS): 19 Luftmaschen (Lm), feste Masche (fM) in die zweite Lm von der Nadel und in jede Lm bis zur letzten, 1 Lm, wenden – 18 Maschen.

Zunehmen: Feste Masche in das hintere Maschenglied (fM in hMgl, siehe Maschentechnik) in jede weitere Masche, 1 Lm, wenden.

Wiederholen Sie diese Reihe, bis Sie 48 (52, 60) Reihen haben.

Nähen Sie das Bündchen mittels Matratzenstich (siehe Maschentechnik) zusammen.

Arbeiten Sie nun in Runden.

1. Runde: 50 (53, 62) fM gleichmäßig rund um den einen Rand des Bündchens, mittels Kettmasche (Km) in die erste Masche verbinden, 1 Lm.

SCHAFT

Arbeiten Sie nach der Häkelschrift „Einfache Spitze mit Verbindungen".

1. Runde: fM in die erste Masche, die nächste Masche überspringen (üspr), * [Halbstäbchen (hStb, siehe Maschentechnik), 2 Lm, hStb], 2 Maschen üspr; ab * wiederholen, mittels Km in die erste Masche verbinden, 1 Lm – 16 (17, 20) Maschen-Motive.

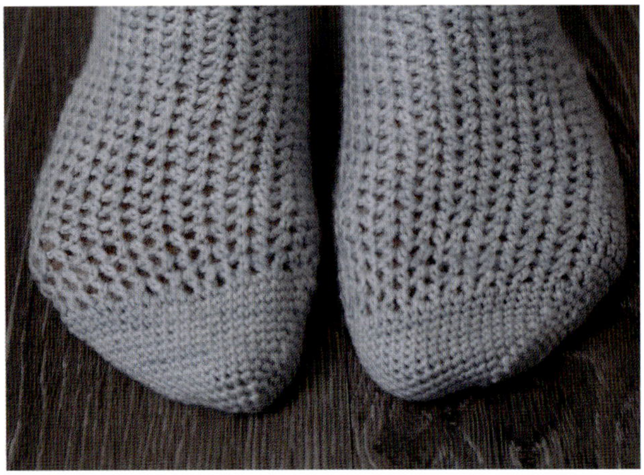

2. Runde: fM in die erste Masche, nächste Masche üspr, * [hStb, 2 Lm, hStb] in den nächsten 2-Luftmaschen-Zwischenraum (2-Lm-Zwr); ab * wiederholen, mittels Km in die erste Masche verbinden, 1 Lm.

Wiederholen Sie die Runde 2, bis der Schaft 12,5 cm lang ist oder die gewünschte Länge hat.

FERSE

1. Runde: Arbeiten Sie verlängerte feste Maschen (vfM, siehe Maschentechnik) in jedes hStb und in jeden Lm-Zwr über die ersten 8 (9, 10) Motive, arbeiten Sie wie bisher die übrigen Maschen, mittels Km in die erste Masche verbinden, 1 Lm – 24 (27, 30) vfM; 8 (8, 10) Motive.

Zunehmen: 2 vfM in jede Masche, vfM in die übrigen Maschen bis zur letzten vfM, 2 vfM in die letzte Masche, die übrigen Maschen wie bisher arbeiten, mittels Km in die erste Masche verbinden, 1 Lm – 2 Maschen zugenommen (26 [29, 32] Fersen-Maschen).

Wiederholen Sie die Zunahmerunde, bis Sie 44 (49, 52) Maschen haben.

FERSENKÄPPCHEN

Arbeiten Sie nun in Reihen.

1. Reihe (LS): fM in jede der ersten 22 (25, 26) Maschen, 2 fM zusammenhäkeln, fM in die nächste Masche, wenden, 1 Lm.

2. Reihe (RS): fM in jede der ersten 4 Maschen, 2 fM zusammenhäkeln, fM in die nächste Masche, wenden, 1 Lm.

3. Reihe (LS): fM in jede der ersten 5 Maschen, 2 fM zusammenhäkeln, fM in die nächste Masche, wenden, 1 Lm.

4. Reihe (RS): fM in jede der ersten 6 Maschen, 2 fM zusammenhäkeln, fM in die nächste Masche, wenden, 1 Lm.

Fahren Sie fort wie bisher, arbeiten Sie eine zusätzliche Masche in jeder Reihe, bis alle Maschen bearbeitet sind – 48 (51, 60) Maschen.

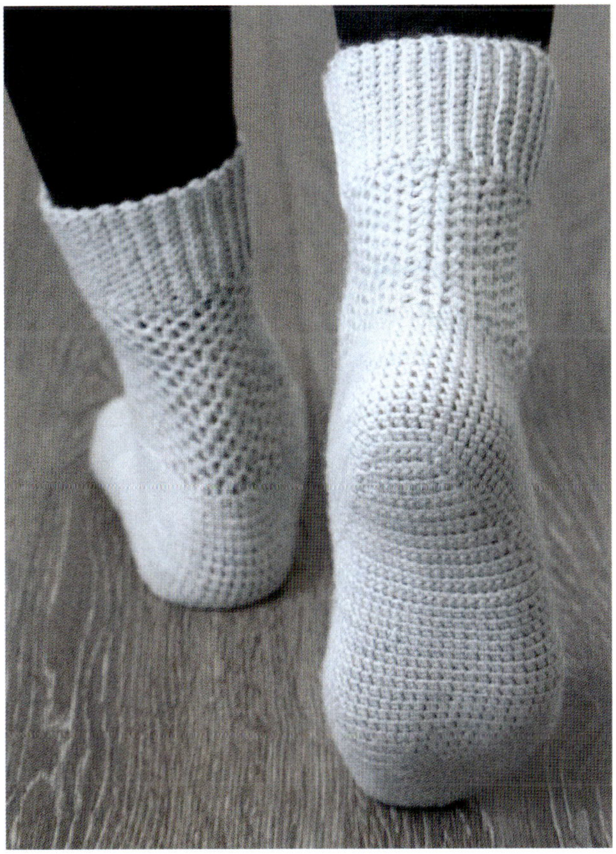

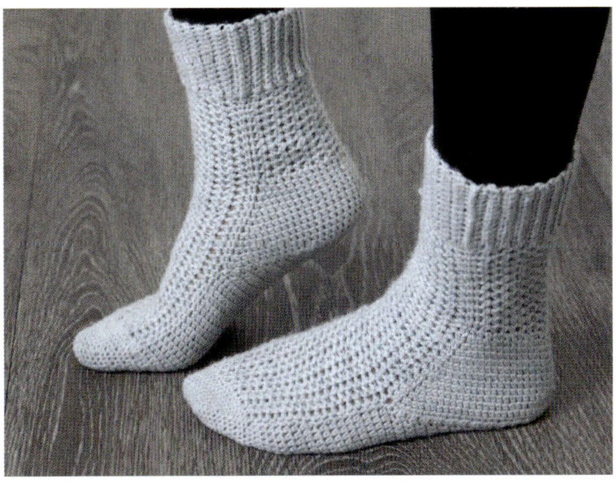

FUSS

1. Runde: vfM über die Sohle, über den Rist arbeiten Sie das Spitzenmuster wie bisher, mittels Km in die erste Masche verbinden, 1 Lm.

Wiederholen Sie die Runde 1, bis der Fuß die gewünschte Länge minus 5 cm von der Fersenrückseite hat.

SPITZE

Abnehmen: [fM in die erste Masche, 2 fM zusammenhäkeln, 19 (21, 25) fM gleichmäßig über die Hälfte der Fuß-Maschen, 2 fM zusammenhäkeln] 2 Mal, mittels Km in die erste Masche verbinden, 1 Lm – 4 Maschen abgenommen (44 [48, 56] Maschen).

Nächste Runde: fM in jede Masche, mittels Km in die erste Masche verbinden, 1 Lm.

Abnehmen: [fM in die erste Masche, 2 fM zusammenhäkeln, fM in jede der nächsten 17 (19, 23) Maschen, 2 fM zusammenhäkeln] 2 Mal, mittels Km in die erste Masche verbinden, 1 Lm – 4 Maschen abgenommen (40 [44, 52] Maschen).

Nächste Runde: fM in jede Masche, mittels Km in die erste Masche verbinden, 1 Lm.

Abnehmen: [fM in die erste Masche, 2 fM zusammenhäkeln, fM in jede der nächsten 15 (17, 21) Maschen, 2 fM zusammenhäkeln] 2 Mal, mittels Km in die erste Masche verbinden, 1 Lm – 4 Maschen abgenommen (36 [40, 48] Maschen).

Nächste Runde: fM in jede Masche, mittels Km in die erste Masche verbinden, 1 Lm.

Abnehmen: [fM in die erste Masche, 2 fM zusammenhäkeln, fM in jede der nächsten 13 (15, 19) Maschen, 2 fM zusammenhäkeln] 2 Mal, mittels Km in die erste Masche verbinden, 1 Lm – 4 Maschen abgenommen (32 [36, 44] Maschen).

Nächste Runde: fM in jede Masche, mittels Km in die erste Masche verbinden, 1 Lm.

Arbeiten Sie weiter wie bisher, in jeder zweiten Runde 4 Maschen abnehmen, bis 24 Maschen übrigbleiben. Dann nehmen Sie auf dieselbe Weise, aber in jeder Runde ab, bis 16 Maschen übrigbleiben.

Beenden Sie die Arbeit, nähen Sie die Spitze zusammen (siehe Maschentechnik) und vernähen Sie alle Fäden.

Waschen Sie die Socken und breiten Sie sie flach zum Trocknen und Spannen aus.

EINFACHE SPITZE MIT VERBINDUNGEN

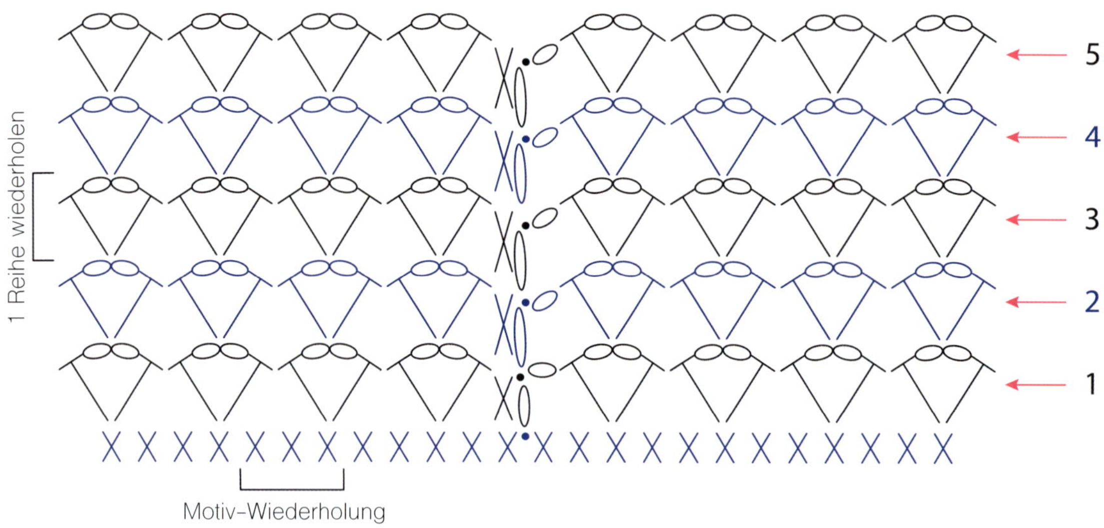

LEGENDE	
•	Kettmasche (Km)
⬭	Luftmasche (Lm)
X	feste Masche (fM)
T	Halbstäbchen (hStb)

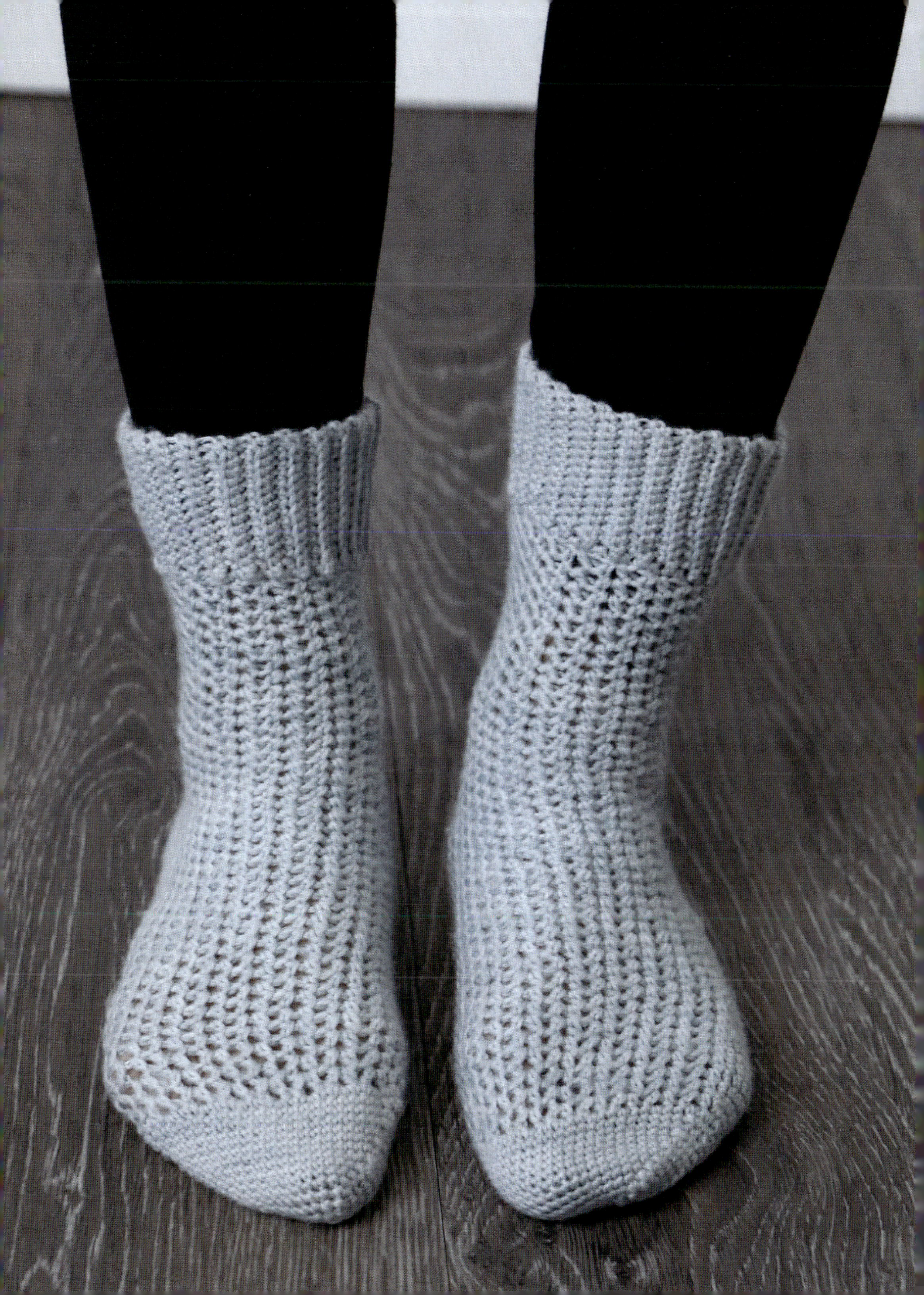

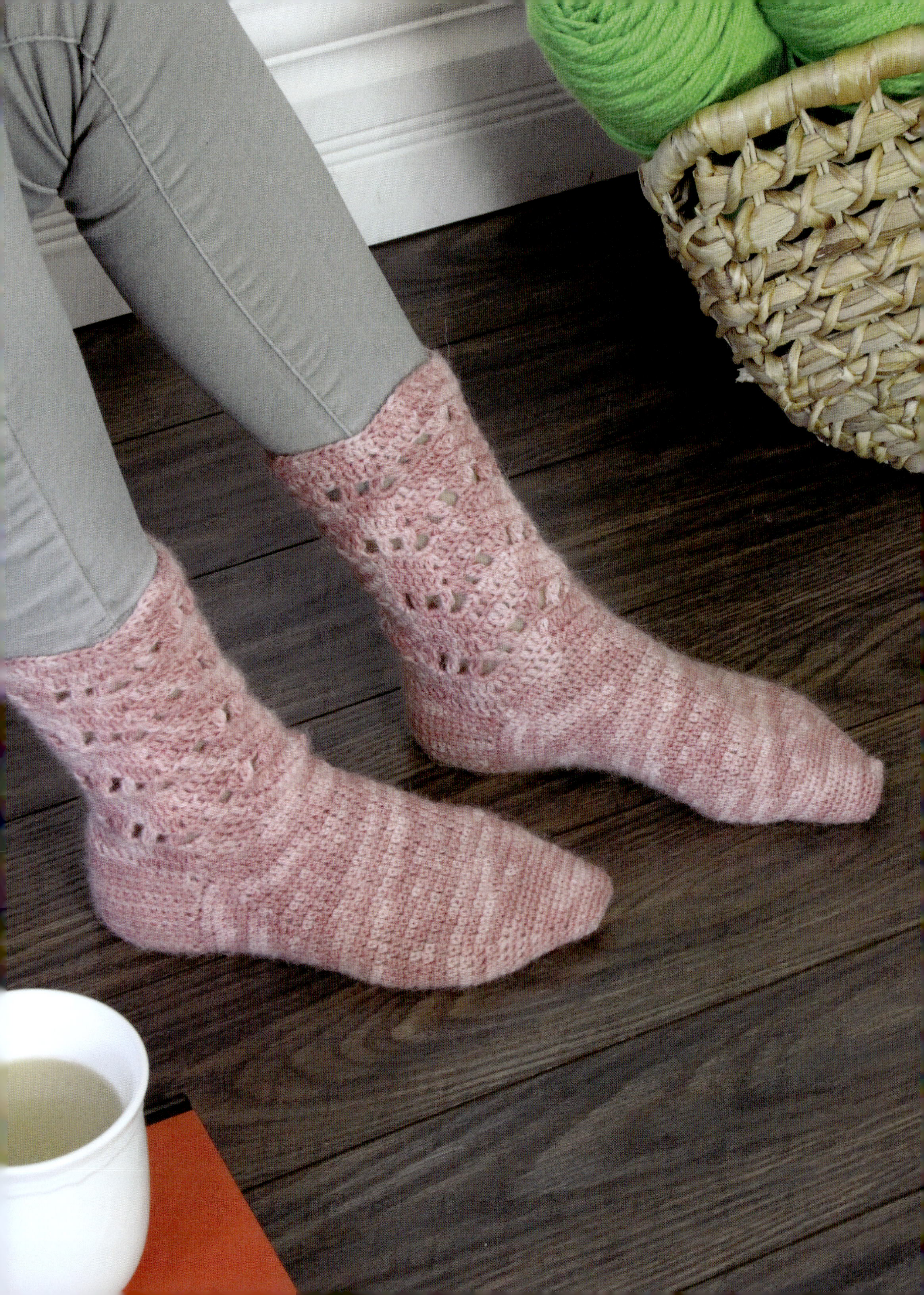

ROSENBLÜTEN SOCKEN

Falls es schwierig ist, diesen schönen Socken anzupassen, oder wenn er beim Anprobieren herunterrutscht, können Sie einfach ein kleines Rippenbündchen arbeiten, bevor Sie das Chevron-Spitzenmuster beginnen.

Obwohl ich hier nur zwei Größen angebe, können Sie mit dem Wissen aus dem ersten Teil des Buchs diese Socken auch für individuelle Größen nach Maß anfertigen.

Diese cuff-down-Socken haben eine Rundferse, durchgehende verlängerte feste Maschen auf dem Fuß und eine Bandspitze.

ENDMASSE

Fußlänge: 21,5 cm (24 cm)
Fußumfang: 19 cm (21,5 cm)
Schaftlänge: 17,5 cm

Der abgebildete Socken hat eine Fußlänge von 24 cm und einen Fußumfang von 19 cm.

GARN

Sockengarn #1 Super Fine
Abgebildet: Classic Elite Yarns Alpaca Sox (60 % Alpaka, 20 % Merinowolle, 20 % Polyamid; 411,5 m/100 g): Tea Rose 1822, 1 (2) Knäuel.

HÄKELNADEL

Größe 2,75 mm
Falls nötig, wechseln Sie die Häkelnadel, um die Maschenprobe zu erreichen.

ZUBEHÖR

Offene Maschenmarkierer, Sticknadel mit stumpfer Spitze

MASCHENPROBE

28 Maschen und 21 Reihen = 10 cm in verlängerten festen Maschen, in Runden gehäkelt, gespannt

DIE MASCHEN

STÄBCHEN MIT FUSSSCHLINGE (STB M FSCHL)
3 Lm, Faden holen, in die 3. Lm von der Nadel einstechen, Faden holen, eine Schlaufe durchziehen, Faden holen, durch 1. Schlinge ziehen, Faden holen, durch 2 Schlaufen ziehen, Faden holen, dann noch einmal durch 2 Schlaufen ziehen, Faden holen, in die Fußschlinge des zuletzt gearbeiteten Stb einstechen.

STÄBCHENGRUPPE (STBGR)
Faden holen, in die nächste Masche einstechen, Faden holen, eine Schlaufe durchziehen, Faden holen, durch 2 Schlaufen durchziehen, Faden holen, in die nächste Masche einstechen, Faden holen, Schlinge durchziehen, Faden holen, durch 2 Schlaufen ziehen, Faden holen, durch 3 Schlaufen ziehen.

SCHAFT

Machen Sie einen Anschlag aus 56 Stäbchen mit Fußschlingen (Stb m Fschl, siehe oben), verbinden Sie sie, um in Runden zu arbeiten, 4 Luftmaschen (Lm) (zählen als erstes Stäbchen [Stb, siehe Maschentechnik] und Luftmaschen-Zwischenraum [Lm-Zwr]).

Arbeiten Sie nach der Häkelschrift „Chevron-Spitze mit Verbindungen".

1. Runde: Stb in dieselbe Masche wie die Verbindung, * Stb in jede der nächsten 5 Maschen, 2 Stb zusammenhäkeln, Stb in jede der nächsten 5 Maschen, (Stb, 1 Lm, Stb) in die nächste Masche; ab * wiederholen, mittels Kettmasche (Km) in die erste Masche verbinden, Km in den ersten Lm-Zwr, 4 Lm. 56 Stb, 4 1-Lm-Zwr.

2. Runde: Wiederholen Sie die 1. Runde.

3. Runde: Stäbchengruppe (Stbgr, siehe oben) in dieselbe Masche wie die Verbindung, * 2 Lm, 2 Maschen überspringen (üspr), Stbgr in die nächste Masche, 2 Lm, nächste Masche üspr, Stbgr in die nächste Masche zusammen mit Stbgr in die zweite Masche nach der zuletzt gearbeiteten Stbgr, 2 Lm, die nächsten 2 Maschen üspr, Stbgr in die nächste Masche, 2 Lm, 2 Lm (Stbgr **, 3 Lm, Stbgr) in den nächsten Lm-Zwr, ab * wiederholen, die letzte Wiederholung bei ** beenden, 1 Lm, Km in die dritte Lm der 4-Luftmaschenkette, 1 Lm – 24 Stbgr.

4. Runde: fM in dieselbe Masche wie die Verbindung, 2 fM in den nächsten 1-Lm-Zwr, * 2 fM in jeden der nächsten 2-Lm-Zwr **, 5 fM in den nächsten 3-Lm-Zwr, 2 fM in jeden der nächsten 2-Lm-Zwr, fM in die nächste Masche; ab * wiederholen, die letzte Wiederholung bei ** beenden, 2 fM in den nächsten 1-Lm-Zwr, Km in die erste Masche, um zu verbinden. (56, 56) fM.

Wiederholen Sie die Runden 1–4, bis der Schaft 18 cm misst oder die gewünschte Länge hat.

FERSENWAND

Arbeiten Sie jetzt in Reihen.

1. Reihe (RS): verbundenes Halbstäbchen (vhStb, siehe Maschentechnik) in jede der ersten 26 (30) Maschen, 2 Lm, wenden.

2. Reihe (LS): vhStb in jede weitere Masche, 2 Lm, wenden.

Wiederholen Sie die Reihe 2 8 Mal, am Ende der letzten Reihe aber nur 1 Lm statt 2 Lm.

FERSENKÄPPCHEN

Hinweis: Arbeiten Sie das Fersenband mit 10 Maschen.

1. Reihe (RS): fM in jede der ersten 17 (18) Maschen, 2 fM zusammenhäkeln, 1 Lm, wenden.

2. Reihe (LS): fM in jede der ersten 9 Maschen, 2 fM zusammenhäkeln, 1 Lm, wenden.

Wiederholen Sie die Reihe 2, bis alle Maschen bearbeitet worden sind – 10 Maschen bleiben am Ende des Fersenkäppchens übrig.

ZWICKEL

Arbeiten Sie nun in Runden.

1. Runde: fM über das Fersenkäppchen, 13 (14) fM entlang der einen Seite der Fersenwand, fM über den Rist, 13 (14) fM entlang der anderen Seite der Fersenwand, mittels Km in die erste Masche verbinden, 2 Lm – 64 (66) Maschen.

Abnehmen: Arbeiten Sie verlängerte feste Maschen (vfM, siehe Maschentechnik) in jede Masche bis zu den 2 Maschen vor dem Rist, 2 fM zusammenhäkeln, vfM über den Rist bis zur letzten Masche des Rists, vfM in die letzte Masche, 2 fM zusammenhäkeln, vfM in jede weitere Masche, mittels Km in die erste Masche verbinden, 2 Lm – 2 Maschen abgenommen (62 [64] Maschen).

Wiederholen Sie die Runde 2, bis 52 (60) Maschen übrigbleiben.

FUSS

Nächste Runde: vfM in jede Masche, 1 Lm.

Wiederholen Sie diese Runde, bis der Fuß 16,5 cm (19 cm) misst oder 5 cm kürzer als die gewünschte Länge von der Fersenrückseite ist.

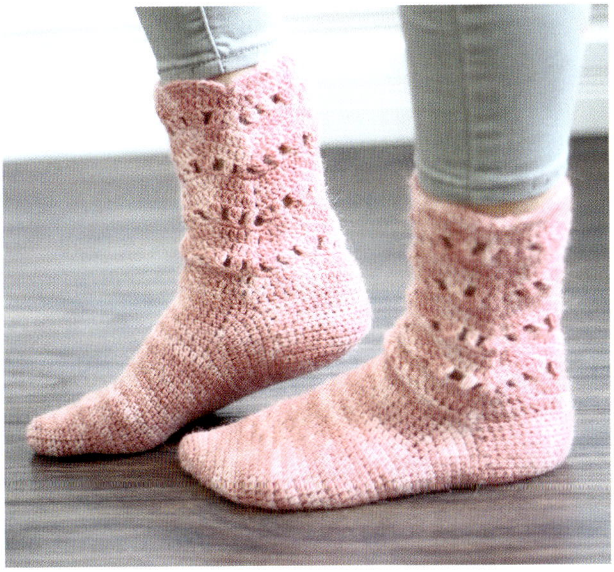

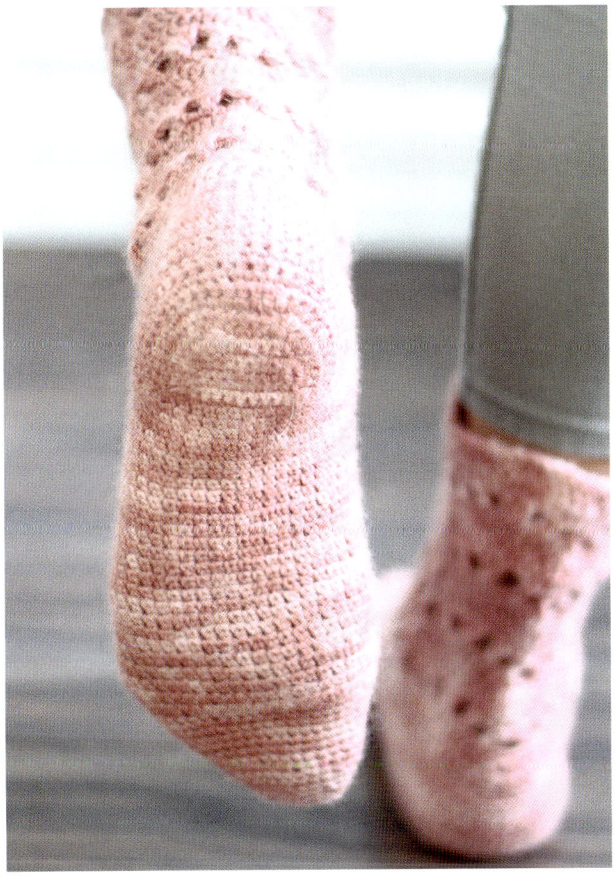

SPITZE

Abnehmen: [fM in die erste Masche, 2 fM zusammenhäkeln, fM in jede der nächsten 22 (26) Maschen, 2 fM zusammenhäkeln] 2 Mal, mittels Km in die erste Masche verbinden, 1 Lm – 4 Maschen abgenommen (48, 56 Maschen).

Nächste Runde: fM in jede Masche, mittels Km in die erste Masche verbinden, 1 Lm.

Abnehmen: [fM in die erste Masche, 2 fM zusammenhäkeln, fM in jede der nächsten 20 (24) Maschen, 2 fM zusammenhäkeln] 2 Mal, mittels Km in die erste Masche verbinden, 1 Lm – 4 Maschen abgenommen (44, 52 Maschen).

Nächste Runde: fM in jede Masche, mittels Km in die erste Masche verbinden, 1 Lm.

Abnehmen: [fM in die erste Masche, 2 fM zusammenhäkeln, fM in jede der nächsten 18 (22) Maschen, 2 fM zusammenhäkeln] 2 Mal, mittels Km in die erste Masche verbinden, 1 Lm – 4 Maschen abgenommen (40, 48 Maschen).

Nächste Runde: fM in jede Masche, mittels Km in die erste Masche verbinden, 1 Lm.

Abnehmen: [fM in die erste Masche, 2 fM zusammenhäkeln, fM in jede der nächsten 16 (20) Maschen, 2 fM zusammenhäkeln] 2 Mal, mittels Km in die erste Masche verbinden, 1 Lm – 4 Maschen abgenommen (36, 44 Maschen).

Fahren Sie fort wie bisher, nehmen Sie in jeder zweiten Runde 4 Maschen ab, bis 24 Maschen übrigbleiben. Dann nehmen Sie in derselben Weise, aber in jeder Runde ab, bis 16 Maschen übrigbleiben.

Nähen Sie die Spitze mittels Matratzenstich (siehe Maschentechnik) zusammen. Vernähen Sie alle Fäden.

Waschen Sie die Socken und legen Sie sie flach zum Trocknen und Spannen auf.

CHEVRON-SPITZE MIT VERBINDUNGEN

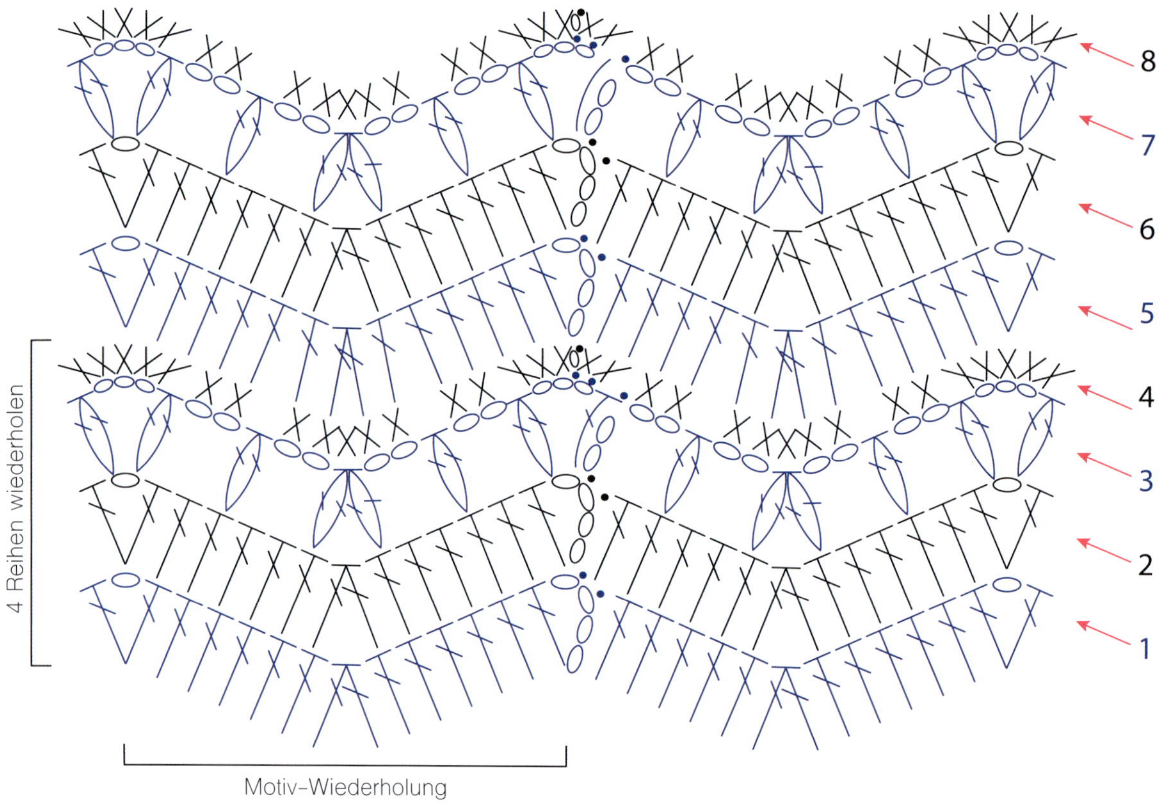

LEGENDE

- Kettmasche (Km)
- Luftmasche (Lm)
- feste Masche (fM)
- Stäbchen (Stb)
- Stäbchengruppe (Stbgr)
- 2 Stb zusammenhäkeln

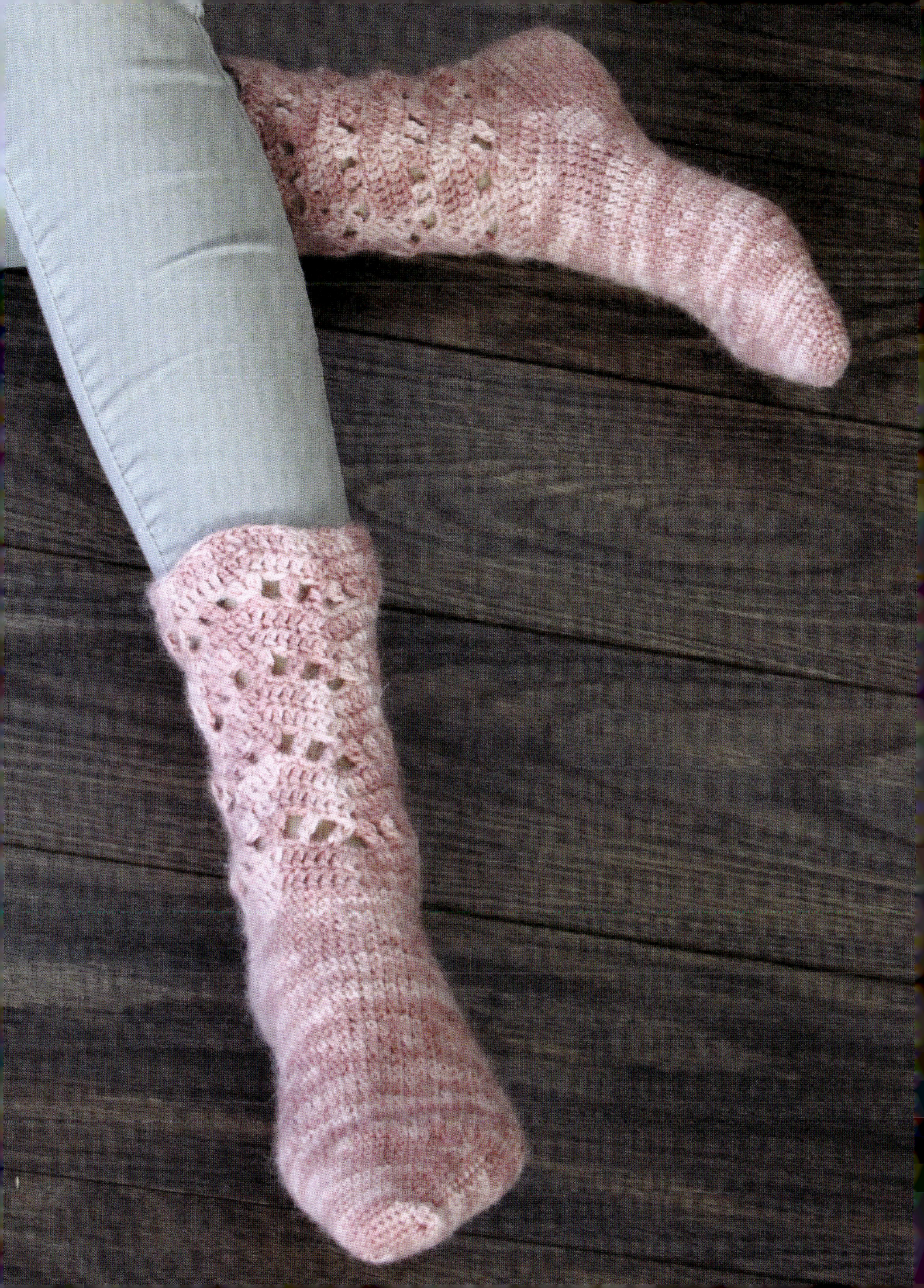

ABKÜRZUNGEN

cm	Zentimeter
fM	feste Masche
fM in hMgl	feste Masche in hinteres Maschenglied
2 fM zusammenhäkeln	2 feste Maschen zusammenhäkeln
g	Gramm
hStb	halbes Stäbchen
Km	Kettmasche
Lm	Luftmasche
Lm-Zwr	Luftmaschenzwischenraum
LS	Linke Seite
m	Meter
MM	Maschenmarkierer
RS	Rechte Seite
RStbh	Reliefstäbchen hinten
RStbv	Reliefstäbchen vorne
Stb	Stäbchen
Stbgr	Stäbchengruppe
2 Stb zusammenhäkeln	2 Stäbchen zusammenhäkeln
üspr	überspringen
vfM	verlängerte feste Masche
vf Rm	vordere feste Reliefmasche
vhStb	verbundenes Halbstäbchen
*	ab hier ist die Anweisung zu wiederholen
**	bis hier ist die Anweisung zu wiederholen

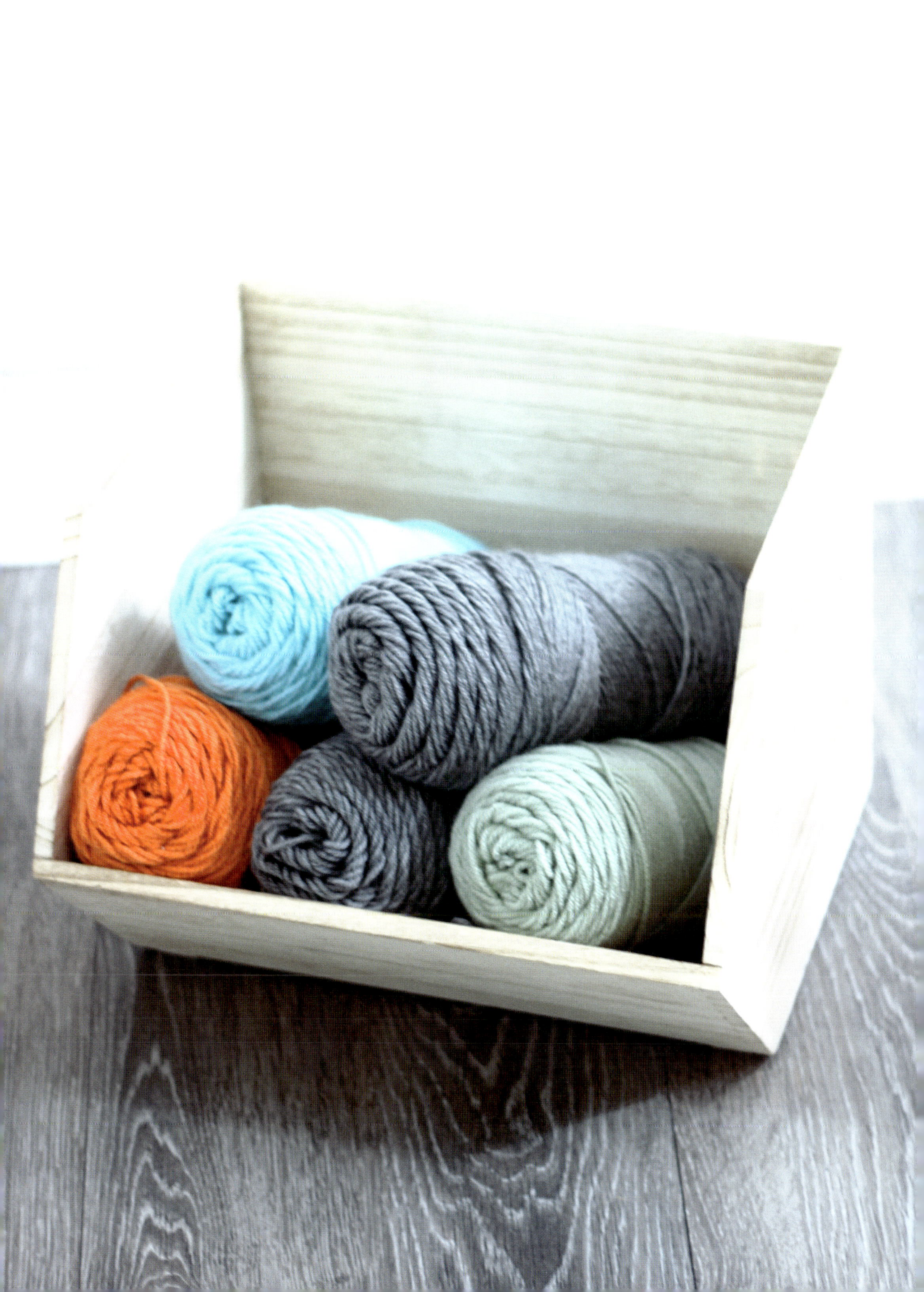

MASCHENTECHNIK

LUFTMASCHENKETTE

Machen Sie eine Anfangsschlinge, die Sie dann auf die Häkelnadel nehmen.
* Faden über die Nadel holen und durch die Schlaufe auf der Nadel durchziehen.
Ab * in gewünschter Maschenzahl wiederholen.

FESTE MASCHE

Die Nadel in die Masche einstechen, Faden holen, eine Schlaufe durchziehen, Faden holen und durch beide Schlaufen auf der Nadel durchziehen.

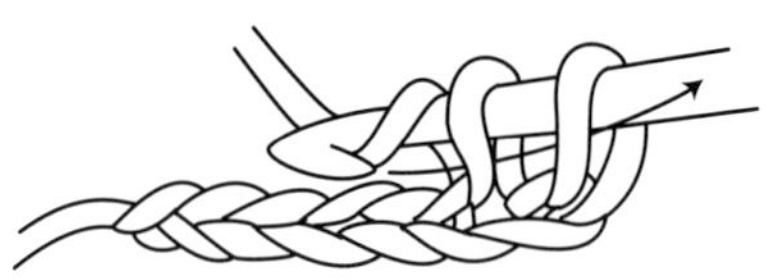

KETTMASCHE

* Nadel in die Masche einstechen, Faden über die Nadel holen und eine Schlaufe durch die Masche und die Schlaufe auf der Nadel ziehen. Ab * wiederholen

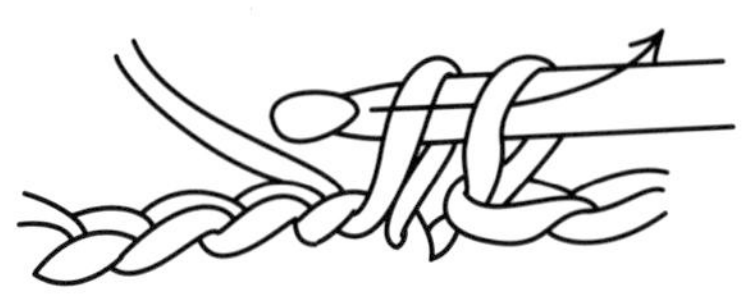

2 FESTE MASCHEN ZUSAMMENHÄKELN

[Nadel in die nächste Masche einstechen, Faden über die Nadel holen und eine Schlaufe durchziehen (Figur 1)] 2 Mal, Faden über die Nadel holen, durch alle Schlaufen auf der Nadel durchziehen (Figur 2) – 1 Masche abgenommen (Figur 3).

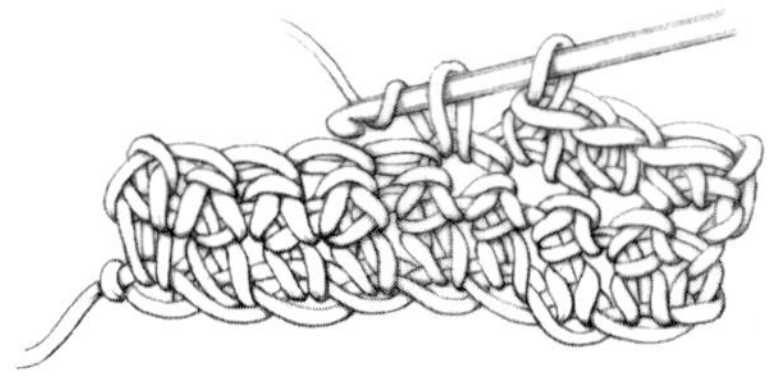

Figur 1

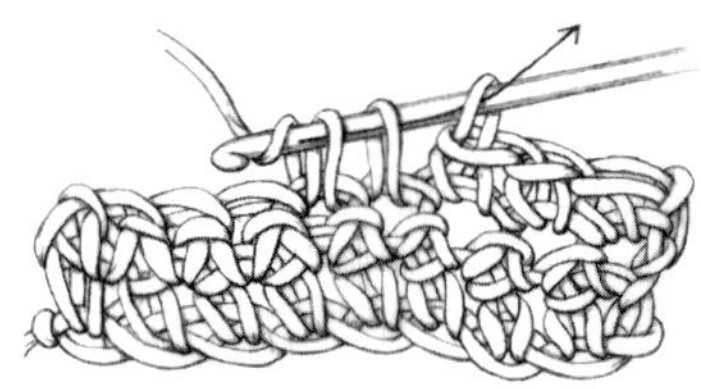

Figur 2

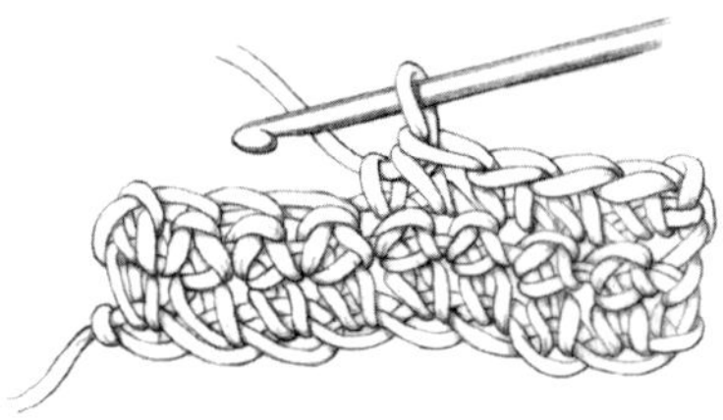

Figur 3

STÄBCHEN

* Faden über die Nadel holen, Nadel in die Masche einstechen, Faden über die Nadel holen und eine Schlaufe durchziehen (Figur 1), Faden über die Nadel holen und durch 2 Schlaufen durchziehen (Figur 2), Faden über die Nadel holen und durch die 2 übriggebliebenen Schlaufen auf der Nadel ziehen (Figur 3). Ab * wiederholen.

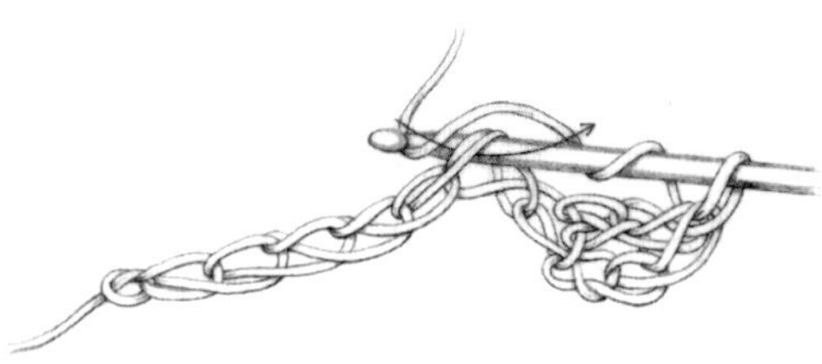

Figur 1

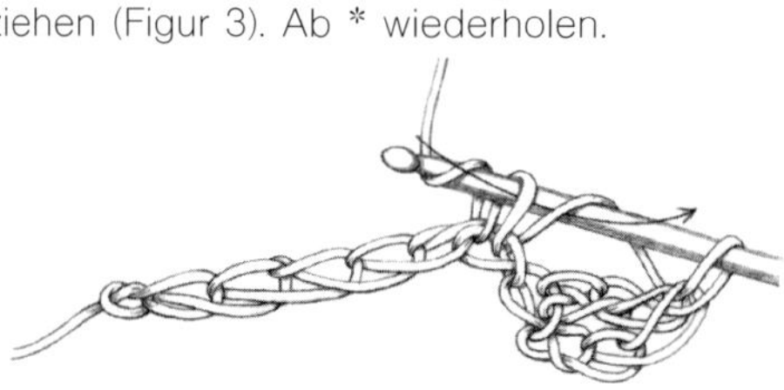

Figur 2

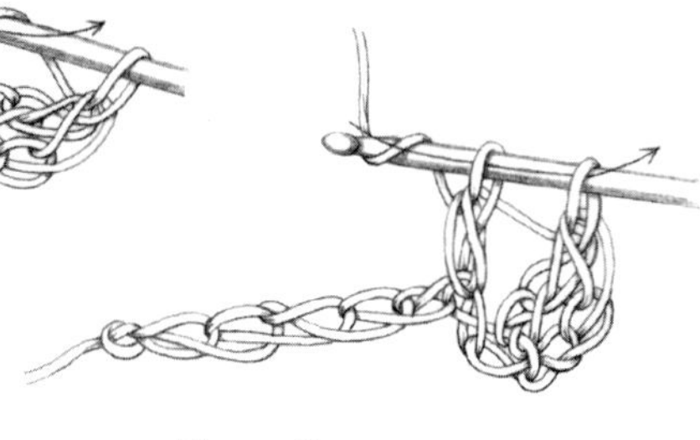

Figur 3

2 STÄBCHEN ZUSAMMENHÄKELN

[Faden holen, Nadel in die nächste Masche einstechen, Faden holen und eine Schlaufe durchziehen (Figur 1), Faden holen, durch 2 Schlaufen durchziehen] 2 Mal (Figur 2), Faden holen, durch alle Schlaufen auf der Nadel durchziehen (Figur 3) – 1 Masche abgenommen (Figur 4).

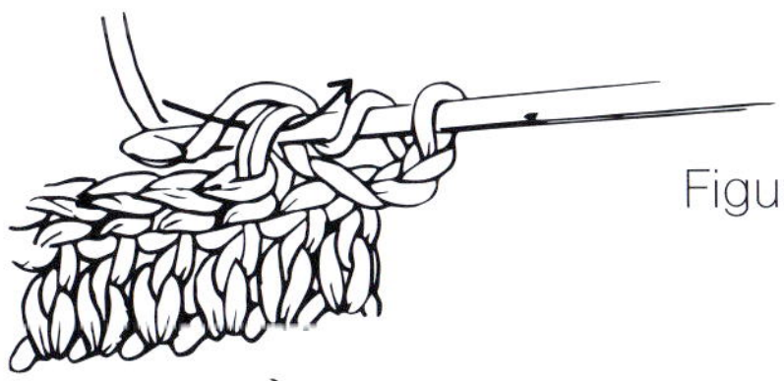

Figur 1

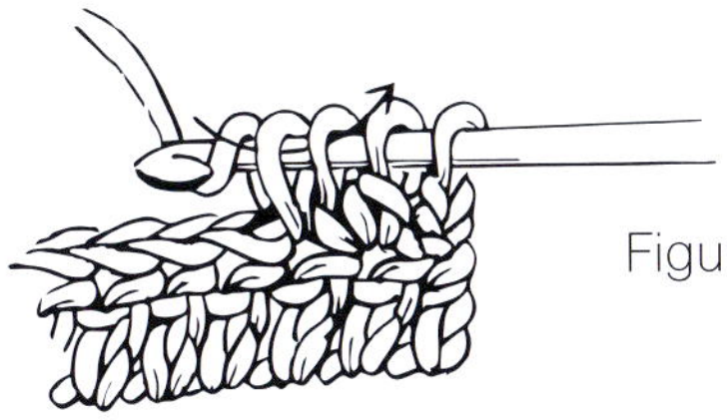

Figur 2

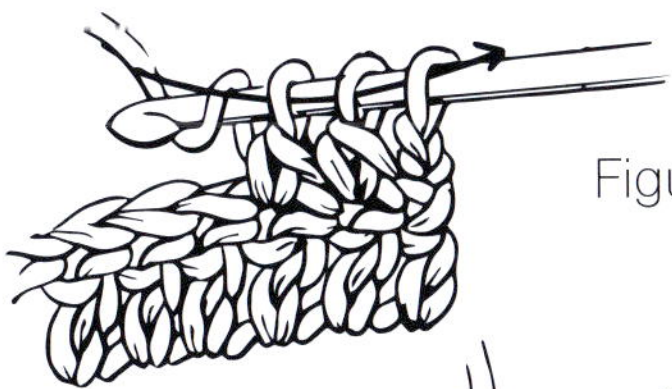

Figur 3

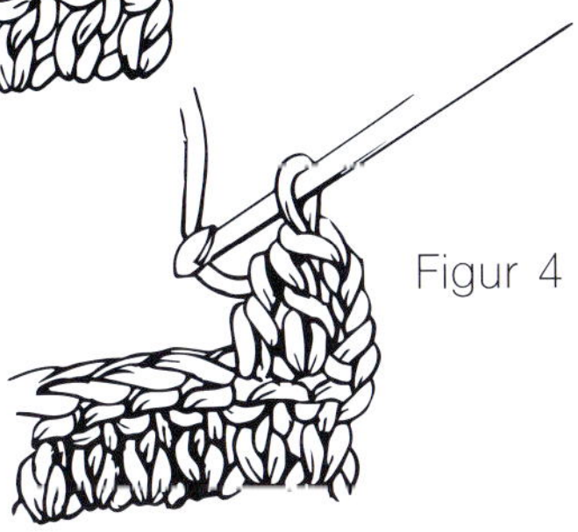

Figur 4

HALBSTÄBCHEN

* Faden über die Nadel holen, Nadel in Masche einstechen, Faden über die Nadel und eine Schlaufe durchziehen, Faden über die Nadel holen und durch alle 3 Schlaufen auf der Nadel durchziehen (Figuren 1 und 2). Ab * wiederholen.

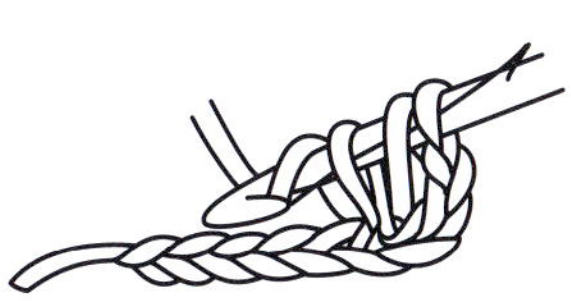

Figur 1

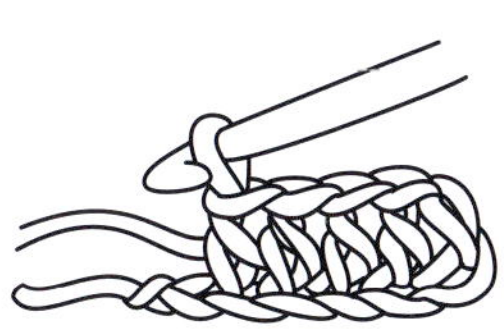

Figur 2

2 HALBSTÄBCHEN ZUSAMMENHÄKELN

[Faden über Nadel holen, Nadel in die nächste Masche einstechen, Faden über Nadel holen und eine Schlaufe durchziehen] 2 Mal (Figuren 1 und 2), Faden über Nadel holen und duch alle Schlaufen auf der Nadel durchziehen (Figur 3) – 1 Masche abgenommen.

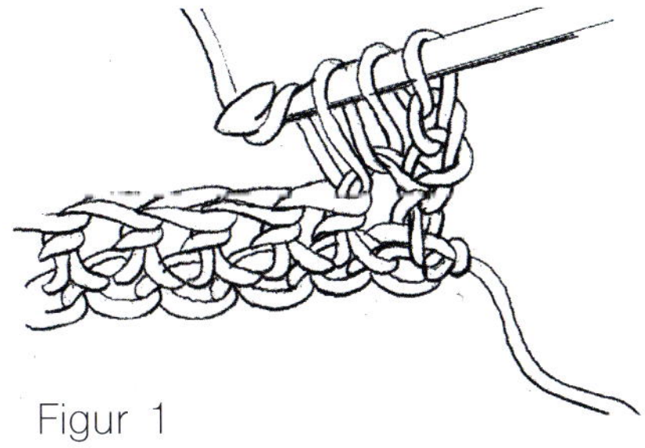

Figur 1

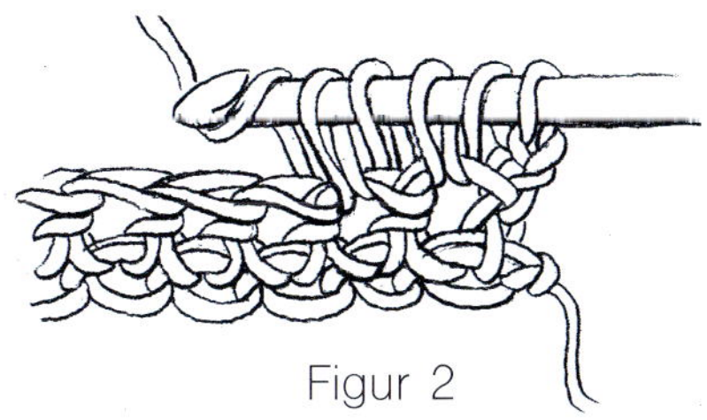

Figur 2

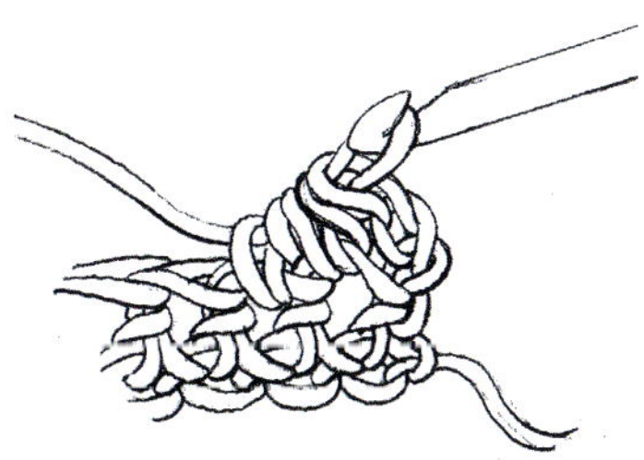

Figur 3

3 HALBSTÄBCHEN ZUSAMMENHÄKELN

[Faden holen, Nadel in die nächste Masche einstechen, Faden holen und Schlaufe durchziehen] 3 Mal, Faden holen und durch alle Schlaufen auf der Nadel durchziehen – 2 Maschen abgenommen.

VERBUNDENES HALBSTÄBCHEN

Nadel in die zweite Luftmasche von der Nadel einstechen, Faden holen, eine Schlaufe durchziehen (Figur 1), Nadel in die nächste Luftmasche oder Masche einstechen, Faden holen, eine Schlaufe durchziehen (Figur 2), Faden holen, durch alle 3 Schlaufen auf der Nadel durchziehen, Nadel in den einzelnen vertikalen Faden links von der vorigen Masche einstechen, Faden holen, eine Schlaufe durchziehen (Figur 4), Nadel in die nächste Luftmasche oder Masche einstechen, Faden holen, Schlaufe durchziehen (Figur 5), Faden holen, durch alle 3 Schlaufen auf der Nadel durchziehen (Figur 6).

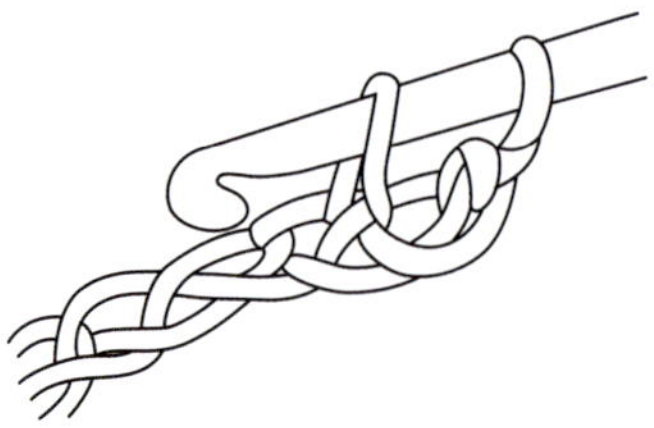

Figur 1

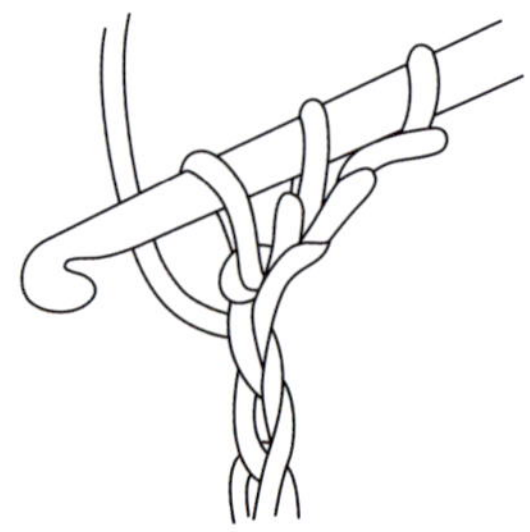

Figur 2

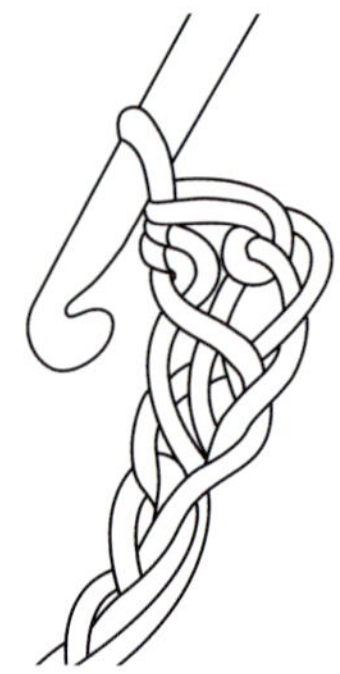

Figur 3

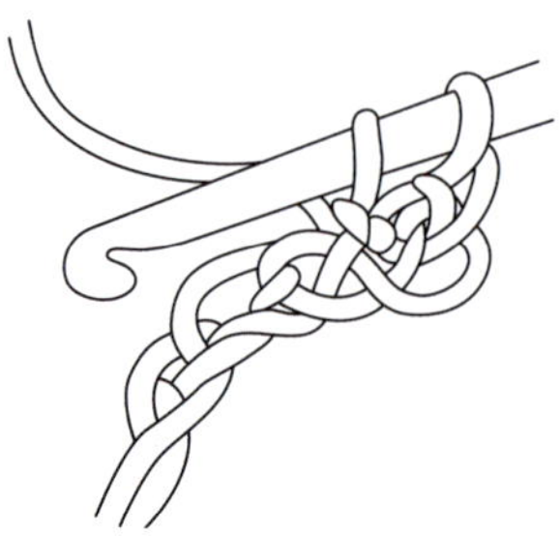

Figur 4

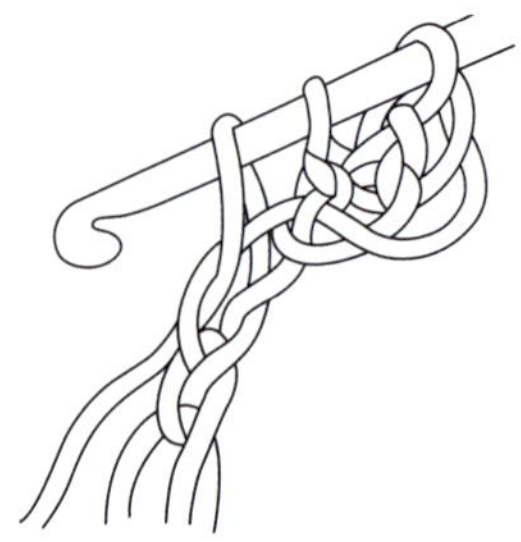

Figur 5

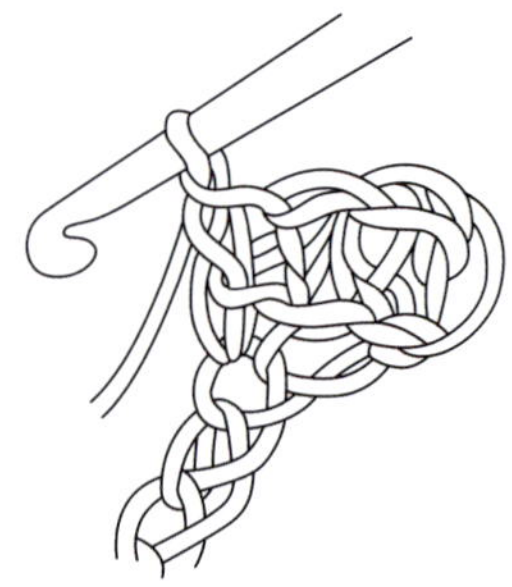

Figur 6

RELIEFSTÄBCHEN VORNE

Faden holen, Nadel von vorne nach hinten und wieder nach vorne einstechen, Faden holen, eine Schlaufe durchziehen, Faden holen, durch 2 Schlaufen auf der Nadel ziehen, Faden holen und durch die letzten 2 Schlaufen auf der Nadel ziehen.

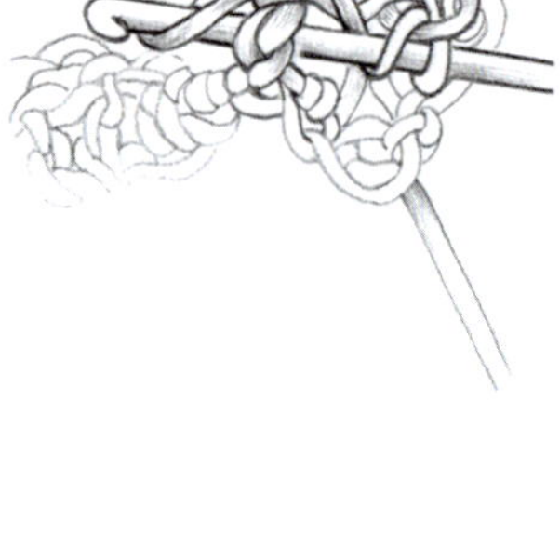

RELIEFSTÄBCHEN HINTEN

Faden holen, Nadel von hinten nach vorne einstechen und wieder nach hinten einstechen, Faden holen, eine Schlaufe durchziehen, Faden holen, durch 2 Schlaufen auf der Nadel durchziehen, Faden holen und durch die letzten 2 Schlaufen auf der Nadel ziehen.

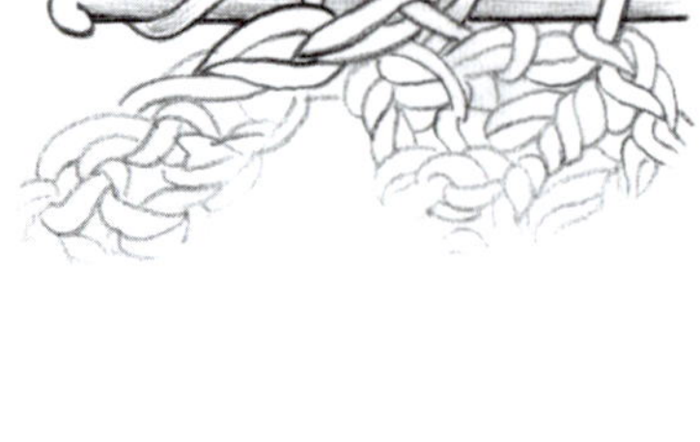

VERLÄNGERTE FESTE MASCHE

Eine Schlaufe durch die nächste Masche durchziehen, Faden holen, durch die 1 Schlaufe auf der Nadel ziehen, Faden holen, durch die 2 letzten Schlaufen auf der Nadel ziehen.

MATRATZENSTICH

Rechte Seite nach oben, eine Nadel mit Faden * in die Mitte der ersten Masche oder in den Maschenhals auf der einen Seite einstechen, dann in die Mitte des Gegenstücks auf der anderen Seite (Figuren 1 und 2). Ab * wiederholen.

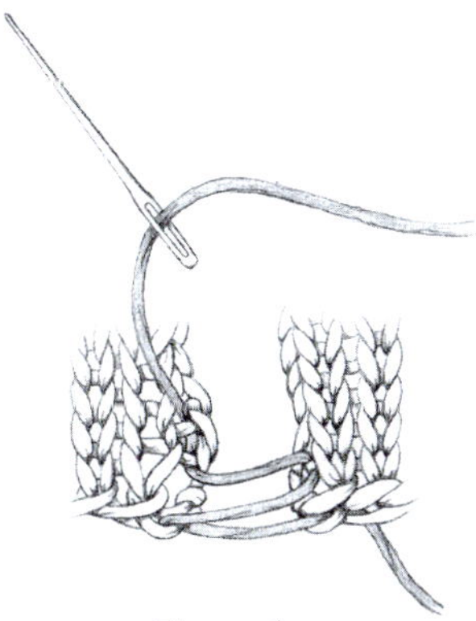

Figur 1

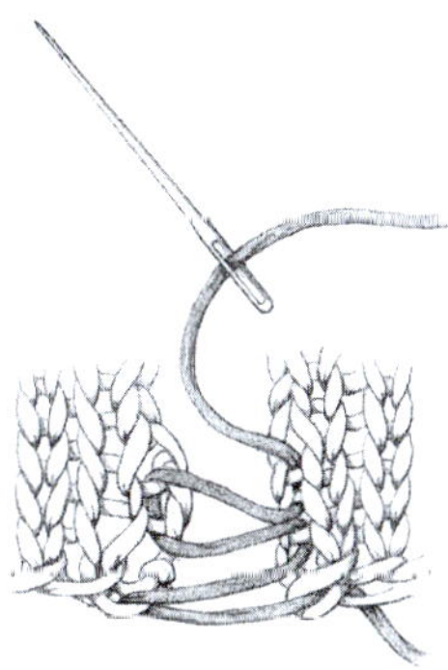

Figur 2

STÄBCHENGRUPPE

[Faden über die Nadel holen, Nadel in Masche einstechen, Faden holen, eine Schlaufe aufziehen, Faden über die Nadel holen, durch die 2 Schlaufen auf der Nadel durchziehen] x-Mal, Faden über Nadel holen, durch die restlichen Schlaufen auf der Nadel durchziehen.

SPITZE ZUSAMMENNÄHEN

Rechte Seite des Sockens nach oben, Spitze so falten, dass alle Maschen parallel liegen und die Naht horizontal auf dem Fuß liegt. Mit Matratzenstich die Spitze zusammennähen.

Alternativ kann die Spitze auch mit festen Maschen zusamengehäkelt wird, was aber eine deutlich sichtbare Naht ergeben würde.

QUELLEN

BÜCHER UND MEDIEN

Kate Atherley, Custom Socks
Loveland, Colorado: Interweave, 2015
Von Kate Atherley lernte ich, die „Sockenwissenschaft“ wirklich zu schätzen.
Ohne sie hätte ich dieses Buch tatsächlich niemals geschrieben.

Ann Budd, Sock Knitting Master ClassLoveland, Colorado: Interweave, 2011
Ann Budd ist die „Königin der Stricksocken“ und ein unerschöpflicher Quell an Wissen darüber.
In diesem Buch stellt sie einige Techniken für den Aufbau von Fersen, Spitzen und deren Kombinationen vor, die auch für Häkelsocken angepasst und verwendet werden können.

Anne Merrow, Sockupied: 10 Knit Projects to Satisfy Your Sock Obsession
Loveland, Colorado: Interweave, 2014
Sockupied *ist eine wahre Schatztruhe für Leute, die gerne Socken stricken. Diese Anleitungen sind vollgepackt mit nützlichen Informationen und Know-How von einer der besten Designerinnen, die es gibt.*

Charlene Schurch and Beth Parrott, The Sock Knitter's Handbook
Bothell, Washington: Martingale, 2012
Das Standardwerk für jeden Socken-Fan. Geschrieben für Stricksocken, lässt es sich aber genauso für Häkelsocken nutzen.

ERZEUGER UND BEZUGS-QUELLEN FÜR GARNE

BLUE SKY FIBERS
bei: Spud & Chloe
PO Box 88
Cedar, MN 55011
spudandchloe.com

CASCADE YARNS
cascadeyarns.com

LION BRAND YARNS
135 Kero Rd.
Carlstadt, NJ 07072
lionbrand.com

LOUET NORTH AMERICA
3425 Hands Rd.
Prescott, ON
Canada K0E 1T0
louet.com

MADE IN AMERICA YARNS
3114 E. Thompson St.
Philadelphia, PA 19134
madeinamericayarns.com

MISS BABS HAND-DYED YARNS AND FIBERS
P.O. Box 78
Mountain City, TN 37683
missbabs.com

SWEETGEORGIA YARNS
110-408 E. Kent Ave. S
Vancouver, BC
Canada V5X 2X7
sweetgeorgiayarns.com

REGIA
schachenmayr.com

DEUTSCHSPRACHIGE ONLINE-SHOPS
www.buttinette.com
www.junghanswolle.at
www.woolmarket.at
www.wollzauber.com
www.trendgarne.de
www.wollewelten.de
www.wolle-roedel.com
www.handarbeitswaren.de

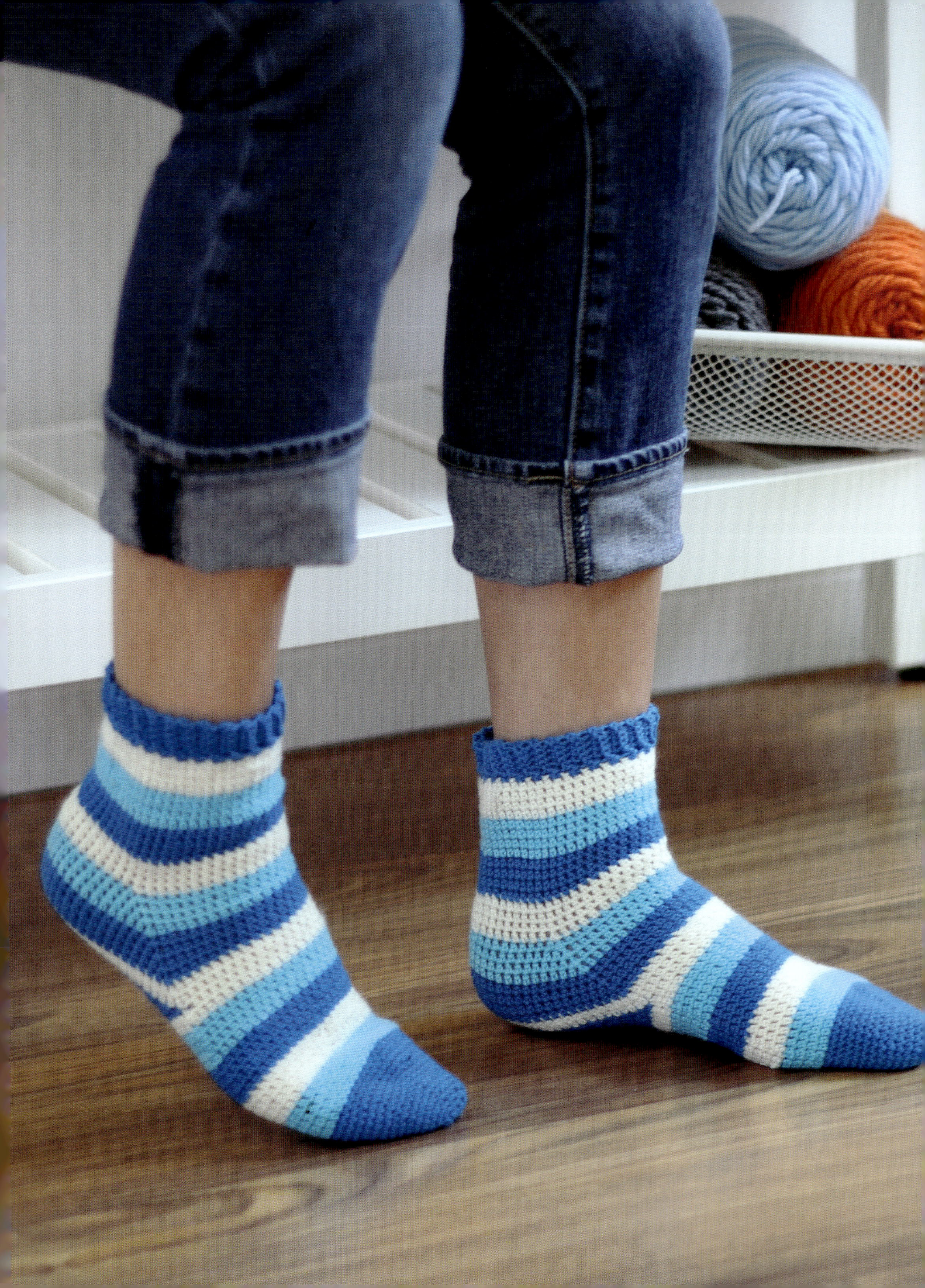

ÜBER DEN AUTOR

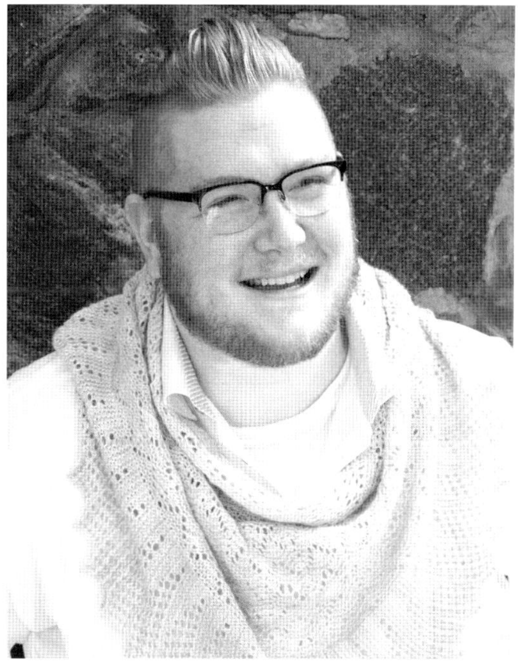

Rohn Strong ist ein erfahrener Häkeldesigner, der mehr als 200 Anleitungen entwickelt und zahlreiche Bücher, darunter den Bestseller „New Methods for Crochet Socks“ veröffentlicht hat.

Rohn hält auch Workshops bei Handarbeits- und Kunsthandwerkfestivals im ganzen Land ab und in seinen online-Kursen (www.rohnstrong.com) kann man ebenso von seiner leicht verständlichen Unterrichtsmethode profitieren.

Rohns Anleitungen und Artikel findet man in *Interweave Crochet, Crochet!, Crochet World, Love of Crochet, Happily Hooked, und Peacework*, sowie in Publikationen verschiedener Garnerzeuger.

Auch im TV ist Rohn zu sehen, in der *Knit and Crochet Now!* Show des US-Networks PBS.

DANKSAGUNG

Ich hätte niemals gedacht, dass ich so viel Hilfe, Rat und Zuspruch brauchen würde, wie ich dann von meiner Mutter während der Arbeit an diesem Buch bekommen habe.

Stylische Socken selbst häkeln ist die Leistung des ganzen Teams bei meinem Verlag F&W/ Interweave, dem ich hiermit meinen großen Dank ausspreche, genau so wie:

- Kerry Bogert für ihre Hilfe bei der Entwicklung dieser Idee.
- Leslie O'Neill, die es mir leicht gemacht hat, einen klaren und prägnanten Stil zu finden.
- Charles Voth, weil er der beste technische Redakteur ist, mit dem ich jemals gearbeitet habe.

Vielen Dank auch an meine Häkelfreunde – Ihr habt alle in individueller Weise etwas beigetragen und ich danke Euch für Eure Freundschaft und Euren Rat.

Und schließlich möchte ich meiner Familie für ihre Liebe, Wärme und Ermutigung danken. Eure Unterstützung hat mich durch die durchgearbeiteten Nächte gebracht.

INDEX

UMRECHNUNGSTABELLE FÜR LÄNGENMASSE		
AUSGANGSMASSEINHEIT	**ZIELMASSEINHEIT**	**MULTIPLIKATIONSFAKTOR**
Inches	Zentimeter	2,54
Zentimeter	Inches	0,4
Fuß	Zentimeter	30,5
Zentimeter	Fuß	0,03
Yards	Meter	0,9
Meter	Yards	1,1

AUS UNSEREM PROGRAMM

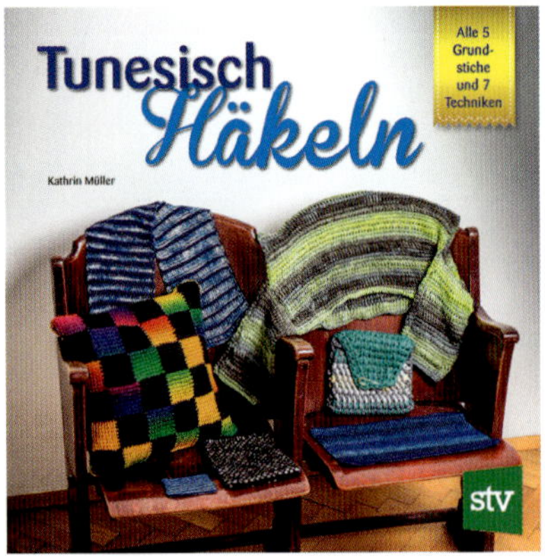

ISBN 978-3-7020-1547-3

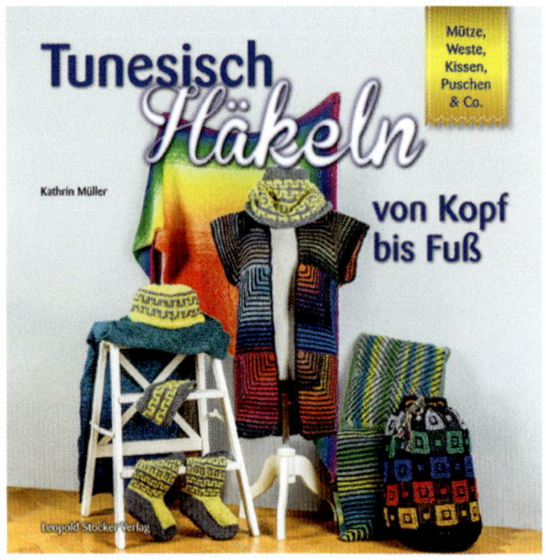

ISBN 978-3-7020-1620-3

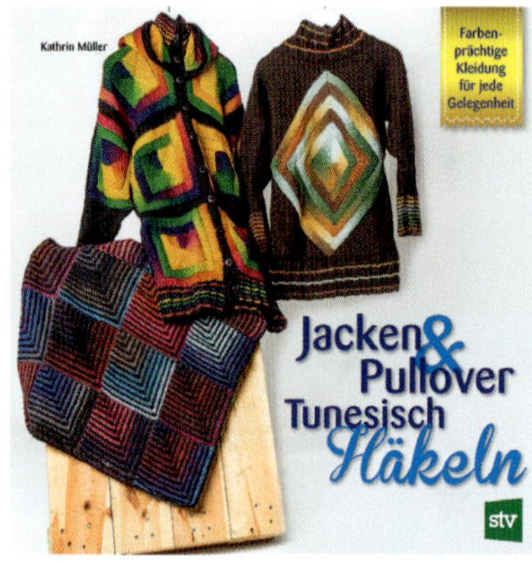

ISBN 978-3-7020-1656-2

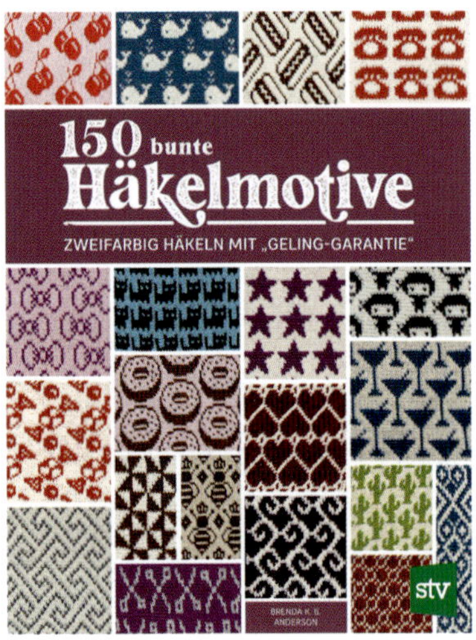

ISBN 978-3-7020-2086-6

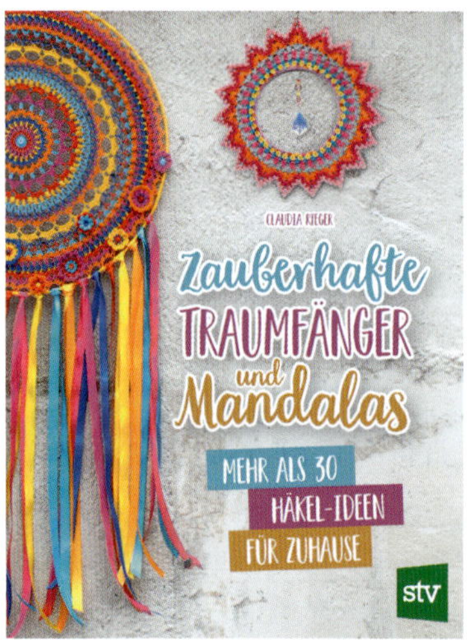

ISBN 978-3-7020-2085-9

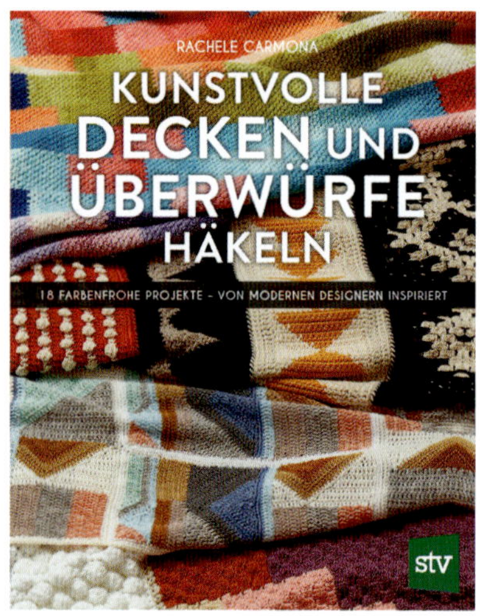

ISBN 978-3-7020-1799-6

LEOPOLD STOCKER VERLAG

www.stocker-verlag.com

Graz – Stuttgart